freedom
letters

I0528102

КОДА

№ 100

Андрей Козырев

ЖАР-ПТИЦА

*Перевод с английского Владимира Знаменского,
дополненный автором с учётом событий,
случившихся после выхода американского издания,
и интересов русскоязычного читателя*

Freedom Letters
Нью-Йорк
2024

freedom letters

Издатель *Георгий Урушадзе*
Технический директор *Владимир Харитонов*
Редактор *Вера Бурякова*
Художник *Денис Батуев*
Корректор *Наталья Иванова*

Андрей Козырев. Жар-птица. Нью-Йорк: Freedom Letters, 2024.

ISBN 978-1-998447-69-5

Мемуары первого министра иностранных дел России (1990–1995) Андрея Козырева — честная попытка разобраться, почему Россия-2024 так отличается от той, которую собирались построить российские реформаторы в девяностые. Как получилось, что страна, объявившая себя году демократией западного образца, оказалась через тридцать лет в одном ряду с Ираном и Северной Кореей? Кто в этом виноват? Российская элита, которая не выдержала испытания деньгами и властью? Общество, ностальгирующее по советской империи? Или западные политики, которые не смогли ответить на вызовы и возможности момента?

Пытаясь ответить на эти вопросы, Андрей Козырев обнародует остававшееся до сих пор за кадром — разговоры с глазу на глаз с президентом Ельциным, свою сложную дипломатическую игру со Слободаном Милошевичем и Саддамом Хусейном, детали закрытых переговоров Москвы с западными дипломатами, интриги в Кремле, в результате которых Россия не только не вступила в НАТО, но и оказалась её противником номер один.

Книга Андрея Козырева — о том, как Россия и Запад упустили шанс на демократическое переустройство постсоветского мира. Но ещё и о том, что этот шанс для России и Запада — не последний.

Посвящается Наталье и Андрею, моим детям

Содержание

Благодарности

Эта книга не была бы написана, если бы мне не выпала честь работать с людьми, которые определили ход исторических событий. Среди них особенно важными для меня были первый в истории всенародно избранный лидер России Борис Ельцин, российские демократы Геннадий Бурбулис, Сергей Шахрай, Сергей Ковалёв, Виктор Шейнис, мои коллеги по министерству иностранных дел Андрей Колосовский, Галина Сидорова, Георгий Мамедов, Виталий Чуркин, Владимир Лукин. Лидеры и политики других стран: Джордж Буш-старший, Джеймс Бейкер, Дуглас Херд, Франсуа Миттеран, Аллен Жюппе, Ханс-Дитрих Геншер, Клаус Кинкель, Вацлав Гавел, Карл Бильд.

Эти мемуары оставались бы до сих пор кипой листов с записанными в разное время воспоминаниями, если бы не дружеская поддержка, советы и помощь, которые я получил как сотрудник Международного научного центра имени Вудро Вильсона в Вашингтоне. Я благодарен Институту Кеннана и его директору Мэтью Рожански, глубокому исследователю России, а также его сотрудникам. Моя особая признательность Джозефу Дризену, чья редактура и умные советы были незаменимы при завершении работы над рукописью. За годы сотрудничества мы с Мэтью Рожански и Джо Дризеном стали близкими друзьями.

Дружба и сотрудничество с Херманом Перчнером-младшим, президентом Американского совета по внешней политике (АСВП/AFPC), и с его коллегами помогли мне лучше понять историю российско-американских отношений.

И, конечно, глубокая благодарность двум женщинам, которые так много для меня значат, — моей бывшей (в то время) жене Ирине Козыревой и моей нынешней жене Елене Козыревой.

* * *

В этой книге я часто цитирую себя и других. Эти цитаты являются изложением моих разговоров, как я их запомнил, и не должны считаться дословным воспроизведением.

Введение

Вопрос жизни и смерти

Это было в декабре 1991 года. Из охотничьего домика в Беловежской пуще мне предстояло совершить телефонный звонок, который должен был изменить жизни миллионов людей. Подробность, которая сегодня может показаться удивительной: в моём распоряжении не было ничего, кроме обычной проводной линии для связи с державой, которую большинство моих соотечественников десятилетиями считали главным врагом. Глядя на густой сосновый лес за окном, я понимал, что меня сначала соединят с Белым домом в Вашингтоне, а затем и с самим президентом Соединённых Штатов Джорджем Бушем. У меня было две важных новости для него. Первая: его бывшего противника в холодной войне, Советского Союза, больше нет, а на его месте теперь двенадцать независимых государств. И вторая новость: только Россия унаследует и будет контролировать советский ракетно-ядерный потенциал, который даже сегодня мог бы уничтожить Америку.

В тот момент я мог только догадываться, как это изменит мир. Советские люди моего поколения постоянно чувствовали, что цивилизация находится на грани полного уничтожения. За время холодной войны Советский Союз и противостоящий ему Запад добились такого равенства ядерных арсеналов, что ситуация оценивалась термином «гарантированное взаимное уничтожение» (англ. — mutual assured destruction). Аббревиатура для этого термина — MAD (англ. — безумный) — полностью соответствовала его смыслу.

Тогда, в 1991 году, да и в последующие несколько лет я очень надеялся, что мир отойдёт от края пропасти. Но, к сожалению, спустя тридцать три года можно сказать, что ядерное безумие MAD по-прежнему угрожает нашей цивилизации. Россия, заняв место СССР, вновь проводит политику конфронтации с Западом и остаётся опасным игроком на международной арене.

Рождение новой — демократической — России, как казалось, обещало мировому сообществу новое светлое будущее и конец холодной войны. По крайней мере, это было моей мечтой. Как первый министр иностранных дел демократической России я видел свой долг в том, чтобы мечта стала реальностью. Ради этого и работал.

Некоторые критики впоследствии упрекали меня в наивности. Но на самом деле я не был наивен. Просто сопротивление реакционных сил оказалось сильнее нас. Об этом, собственно, и пойдёт речь в этой книге. Есть знаменитая сказка про Жар-птицу, которая принесёт счастье тому, кто её поймает. Но на пути к счастью надо пройти через тяжелейшие испытания. Я с самого начала чувствовал, что гнался за Жар-птицей. И не раскаиваюсь. Ведь лёгкого пути просто не было и не будет.

Сегодня трудно даже поверить, насколько многообещающими были первые контакты между Соединёнными Штатами и демократической Россией. Президенты Джордж Буш и Борис Ельцин всего через месяц после рождения нового государства подписали декларацию, в которой говорилось: «Россия и Соединённые Штаты не рассматривают друг друга как потенциальных противников. Отныне отношения будут строиться на основе дружбы и партнёрства». В документе прямо указывалось на основу такой перемены: «общая приверженность демократии и экономической свободе».

Продвижение вперёд шло стремительно — на следующей встрече 16–17 июня 1992 года президенты договорились сократить стратегические ядерные арсеналы почти на две трети. Согласованные сторонами сокращения всерьёз уменьшили российское превосходство в тяжёлых ракетах наземного базирования и резко сократили американский перевес в ракетах морского базирования и стратегических бомбардировщиках. Эти прорывные решения были закреплены в Договоре о сокращении стратегических наступательных вооружений (СНВ-2), подписанном двумя президентами в январе 1993 года. Договор СНВ-1, напомню, был подписан за два года до этого президентами Бушем-старшим и Михаилом Горбачёвым.

Для Соединённых Штатов с этого начались десятилетия процветания, чему в значительной мере способствовали «дивиденды мира», полученные с окончанием холодной войны. Однако Россию ждала другая участь. При переходе от советской системы к капитализму россиянам пришлось пережить много экономических и внутриполитических потрясений.

Сегодня Россия навязывает миру новую холодную войну. Российская агрессия в Украине, из-за которой от Москвы отвернулся весь цивилизованный мир, самое очевидное тому подтверждение.

Но и до февраля 2022 года действия России на международной арене последовательно отбрасывали страну в прошлое. Военная операция в Грузии, аннексия Крыма и военные действия в Донбассе, поддержка режима Асада, провокации в мировом киберпространстве… При этом все президенты США с конца девяностых начинали свой срок с намерением улучшить отношения с Россией, которая при этом продолжала вести себя вызывающе. Когда они покидали свой пост, отношения оказывались даже хуже, чем они были в начале.

Как мы пришли к такому положению вещей? Американцы и русские справедливо задают себе вопрос: что случилось и есть ли надежда на то, что отношения улучшатся в предстоящие месяцы и годы? В этой книге я попытаюсь ответить на эти вопросы.

Находясь на своём посту, я был свидетелем первых признаков нараставшей враждебности российской бюрократии по отношению к новому российскому порядку (или беспорядку, каким он часто тогда казался). Как министр иностранных дел я был убеждён, что жёсткое противодействие демократическим реформам и прозападной внешней политике связаны между собой и неудача одной из них приведёт к неудаче обеих. Время подтвердило моё предположение.

Несмотря на всё, что произошло впоследствии, я и сегодня верю в слова, обращённые мной к более чем миллиону моих соотечественников, вышедших на улицы в августе 1991 года в знак протеста против путчистов:

«Я убеждён, что демократическая Россия должна стать таким же естественным союзником демократической Америки, каким её врагом был тоталитарный Советский Союз».

Обычный советский мальчик

Я родился не в России, а в Бельгии, и всю жизнь расплачивался за это случайное обстоятельство. Моё место рождения — Брюссель, штаб-квартира НАТО, часто вызывало подозрения в советские годы, что осложняло мне жизнь. А дело в том, что мой отец, Владимир Михайлович Козырев, два года (с 1949 по 1951) работал инженером в советском торговом представительстве в Бельгии. Через три месяца после моего рождения наша семья вернулась в Москву, где я и вырос. Бельгию я снова увидел только в сорокалетнем возрасте.

Историю моей семьи можно считать советским ответом на американскую мечту. Мой отец был десятым ребёнком в крестьянской семье. Выжившие четверо братьев и сестра один за другим уехали из деревни в Москву, получили образование, нашли в городе работу. Братья сделали карьеру: двое дослужились до полковников Советской армии, один — до должности главного инженера на крупном оборонном предприятии в Свердловске. И братья, и сестра отца, как и он, были членами партии.

Мама, Евгения Михайловна, была учительницей и тоже членом партии. Только уже во взрослом возрасте я сообразил, что день её рождения, 24 декабря, совпадает с рождественским сочельником. В нашей семье Рождество не праздновали. Ни 25 декабря, ни 7 января. Пасха отмечалась, но только как возможность собрать гостей на традиционные праздничные блюда. Мама прекрасно их готовила.

Подавая на стол, она обычно с благодарностью вспоминала свою покойную бабушку, которая научила её этим рецептам и передала кулинарную традицию. Только позднее я смог оценить ироническую особенность этой культурной преемственности: получалось, что у начала православного обычая стояла девочка из провинциальной еврейской семьи. Но тогда это для меня ничего не значило. Никакой связи с иудаизмом, как и с православием, у меня не было. В детстве я не слышал ни про синагогу, ни про Тору.

Во всех моих официальных документах, от свидетельства о рождении до паспорта (в Советском Союзе в нём указывалась национальность наряду с гражданством), я, как и мои родители, числился русским. Но по наследству мне достался типичный еврейский нос. Так что со времён детских драк я слышал среди прочих оскорблений в свой адрес: «еврей».

Примерно в то же время, когда я узнал о своих еврейских корнях, я осознал тот факт, что быть даже наполовину евреем в Советском Союзе непросто. И хотя большинство русских не антисемиты, я был убеждён, что мой нос должен ограничить размах моих амбиций. Надо сказать, что мои стартовые возможности в СССР и без еврейских корней были не слишком благоприятными. Родители никогда не входили в советскую пархозноменклатуру. Между тем я хотел поступить в едва ли не самый элитный в то время вуз — Московский государственный институт международных отношений. Шансов попасть туда прямо со школьной скамьи у меня, в отличие от отпрысков советских начальников, не было. Несколько легче было поступить абитуриенту с рабочей биографией — для таких даже в МГИМО была особая квота.

Вот почему после средней школы я пошёл работать наладчиком на крупный завод. Одновременно участвовал, как тогда говорили, в общественной работе. Это тоже повышало шансы на поступление. Впрочем, моя общественная работа не была формальной и доставляла мне удовольствие. Мы ставили смешные сценки и показывали их на конкурсах художественной самодеятельности. В результате я получил рекомендацию в МГИМО.

Спустя пять лет я окончил институт с отличием и с помощью отца одного из моих сокурсников был принят на работу в министерство иностранных дел СССР.

У большинства моих коллег были высокопоставленные родственники, и поначалу они опережали меня в карьерном росте. Я надеялся, что моя кандидатская диссертация, посвящённая созданию механизма принятия решений в Организации Объединённых Наций, поможет мне занять более высокую должность. Наконец мне представилась возможность проявить себя на совещании коллегии МИД, куда меня вызвали подменить заболевшего секретаря коллегии, и сказали сидеть тише воды, ниже травы. Заседание проводил сам министр иностранных дел СССР Андрей Громыко. Мои коллеги, делавшие записи передо мной, ужасно мучились, потому что уже очень немолодой и больной Громыко говорил отрывочными предложениями, из которых трудно было составить связанный текст. Просматривая свои записи, я решил, что единственно правильный путь — выбрать ключевые слова и построить на их основе высказывания, которые будут соответствовать тому, что *должно быть* сказано советским министром в соответствии с политикой партии. Это понравилось. Но на коллегии должны были присутствовать гораздо более высокопоставленные сотрудники. И моя карьера стала расти как на дрожжах.

Мне удалось вступить в партию в двадцать лет, ещё в институте, — я очень этим гордился, главным образом потому, что мои старшие товарищи за меня проголосовали.

Разрыв с коммунизмом
Мои первые впечатления от «вражеской державы» относятся к осени 1975 года. Я был направлен на работу в советское пред-

ставительство ООН в Нью-Йорке в качестве младшего сотрудника. Я сразу влюбился в этот город и использовал любую возможность, чтобы свободно побродить по улицам, разглядывая небоскрёбы, витрины магазинов, машины... Иногда заходил в недорогие китайские ресторанчики. Всё это казалось роскошью в сравнении с серой и скудной жизнью в СССР.

Скоро я понял, что эта «роскошь» была доступна не только «горстке богатых капиталистов», как нас убеждали в Советском Союзе, а большинству американцев. А бедные и бездомные, которых регулярно показывали по советскому ТВ, составляли в США ничтожное меньшинство. Было очевидно, что даже средние американцы имели такой уровень жизни, о котором большинству советских людей не приходилось и мечтать. Оказалось, капитализм имеет колоссальные экономические преимущества перед социализмом, что прямо противоречило тому, чему меня учили в Советском Союзе, — это стало для меня шоком и откровением.

Однажды весенним воскресным утром я купил в книжном магазине роман «Доктор Живаго» Бориса Пастернака. Устроился на солнечной скамейке в Центральном парке и начал читать. Просидел там до темноты. А потом... оставил книгу на скамейке, так как боялся брать её с собой в советскую миссию, где я жил. Как известно, Пастернак не смог издать свой роман в СССР и переправил рукопись на Запад.

Книга взволновала меня. И честно говоря, я не сразу понял, почему она была запрещена в Советском Союзе, а её автор подвергся настоящей травле. Никакого антикоммунизма в романе я не обнаружил. Этот вопрос не давал мне покоя несколько дней. И только потом я понял, что преступление Пастернака состояло в том, что его книга воспевала личную свободу и право человека на независимость от государства. Этого писателю простить, конечно, не могли.

Так, постепенно, я растерял все иллюзии относительно политического устройства, при котором жили советские люди. Я знал, что не могу стать перебежчиком. И не из верности системе, а потому, что такой шаг разрушил бы жизнь моих родственников на родине. Вместо этого я превратился в так называемого внутреннего диссидента, отвергающего советскую систему, но никогда не выступающего открыто. Я всегда восхищался Андреем Сахаровым и немногими другими открытыми диссидентами, но чувствовал, что не могу стать с ними рядом, потому что бороться с системой, по моему убеждению, было безнадёжно.

Горбачёв и перестройка

Когда Михаил Горбачёв пришёл к власти в 1985 году и начал перестройку, реформы поначалу касались только экономики. По сути, это была попытка улучшить советскую плановую систему с помощью рыночных инструментов. Мне показалось, что это значило не больше, чем открыть окно в душной комнате. Я глубоко сомневался, что в дальней перспективе он серьёзно намерен бросить вызов системе и изменить её.

Скоро стало ясно, что Горбачёв хотел и обновить советскую систему, и понизить уровень её конфронтации с Западом, что позволило бы повысить шансы СССР в экономическом соревновании. Состояние экономики в стране неуклонно ухудшалось, и она стала сильно зависеть от экспорта на Запад сырой нефти и других минеральных ресурсов. Страна была не в состоянии прокормить себя, и в 1984 году импорт зерна с Запада, который увеличивался с конца 70-х, побил все рекорды. В то же самое время государственный долг резко вырос, и поддерживать колоссальные расходы на оборону становилось всё тяжелее. Когда Горбачёв встретил сопротивление советской бюрократии, он прибегнул к наиболее опасному для неё оружию — гласности, открытой дискуссии, и приоткрыл «железный занавес». Я думаю, он сам был искренне удивлён результатом. Оружие, которое он применил против своих противников внутри советской системы, оказалось смертельным для самой этой системы. Коммунизм просто не мог существовать без тотального контроля, основанного на устрашении.

Так как Горбачёв хотел стать уважаемым мировым лидером, в министерстве иностранных дел была создана специальная группа для отслеживания реакции в мире, в частности в Соединённых Штатах, на нововведения советского лидера во внутренней и внешней политике и информирования Кремля. Команду возглавлял мой начальник Владимир Петровский, и я входил в её состав. Вместе с парой молодых коллег мы старались писать наши доклады с максимальной прямотой и честностью (насколько это могло позволить наше осторожное начальство). Мы неоднократно писали, что одного ослабления напряжённости с Западом недостаточно. Хрущёв и Брежнев тоже пытались это сделать, но их усилия всегда подрывались неприглядными действиями КГБ.

Горбачёву предстояло доказать, что его перестройка касается политики не только внешней, но и внутренней.

Когда началась подготовка важнейшего выступления Горбачёва на Генеральной Ассамблее ООН, назначенного на 26 сентября 1989 года, наша группа предложила, чтобы он поддержал Декларацию ООН по правам человека, которая провозглашала в числе прочего принцип свободы слова. Мы считали, что это могло стать ключевым моментом в речи советского лидера. Но главный партийный идеолог и соратник Горбачёва Егор Лигачёв зарубил наше предложение. Нам передали, что он назвал его очередной «формулировочной диверсией».

Однако на этом подковерная борьба не закончилась. Ситуацию переломил министр иностранных дел СССР Эдуард Шеварднадзе, которому удалось убедить Горбачёва включить слова о поддержке Декларации в своё обращение к ООН. Шеварднадзе, как и Лигачёв, был назначенцем Горбачёва, но оппонентом Лигачёва в политбюро. За пышную седую шевелюру и замечательную способность лавировать среди партийных бюрократов, проводя политику разрядки с Западом, его за глаза называли «белым лисом».

К свободе слова мы вернулись при подготовке следующего доклада Горбачёву. Мы отметили, что упоминание Декларации было встречено на Западе с одобрением, но не без сомнения. Давление на прессу продолжалось. К нашему удивлению, Горбачёв согласился публично поддержать принцип свободы слова и ограничить цензуру. Мы были воодушевлены: слова, произнесённые советским лидером за океаном, теперь должны были превратиться в дела в нашей собственной стране. Но мы, конечно, понимали, что Лигачёв и его товарищи постараются ограничить применение провозглашённых Горбачёвым свобод.

Присоединяюсь к демократической оппозиции

Летом 1989 года я написал статью, в которой предложил сотрудничество с Западной Европой и Соединёнными Штатами вместо поддержки стран-изгоев, например, диктаторского сирийского режима на Ближнем Востоке. Вышедшая в журнале «Международная жизнь» статья получила отклик, а затем была перепечатана в *The Washington Post* и других крупных изданиях по всему миру. Это принесло мне первое признание на международной арене.

Статья предсказуемо привлекла внимание моего начальства и вызвала острую критику со стороны крупных партийных чиновников дома и зарубежных «товарищей», особенно на Кубе и в Югославии. Министр иностранных дел Шеварднадзе наперекор им назначил меня главой престижного управления международных организаций МИД СССР. Я был самым молодым начальником управления, и передо мной открывалось светлое будущее в министерстве иностранных дел Советского Союза.

Но летом 1990 года Борис Ельцин победил на выборах народных депутатов СССР от Москвы и скоро стал председателем Верховного Совета РСФСР. Вокруг него формировалась команда демократически настроенных политиков. Как только я это понял, я стал добиваться назначения министром иностранных дел Российской Федерации. Тогда это был скорее декоративный пост, без реальной власти и ответственности, обычно на него распоряжением министра иностранных дел СССР назначался какой-нибудь посол преклонного возраста перед выходом на пенсию. Но после избрания Ельцина это назначение перешло в компетенцию Верховного Совета РСФСР.

Позднее Ельцин рассказал мне, что выбор предстояло сделать из нескольких кандидатов, включая Анатолия Адамишина и моего начальника Владимира Петровского, уважаемых и способных дипломатов. Вначале он рассматривал меня в качестве заместителя одного из них. Однако группа демократически настроенных депутатов настояла на включении моей кандидатуры в список для прямого голосования на октябрьской сессии 1990 года. Главный посыл моего выступления перед депутатами и суть ответов на многочисленные вопросы состояли в том, что мы должны продвигать реформы. Это совпадало с убеждениями большинства моих слушателей. В отличие от курса Советского Союза на ограниченное сближение с Европой и США, я прямо заявил о потенциальном союзе с наиболее развитыми странами Запада и равноправных отношениях с Китаем, Японией и другими соседними странами, что могло бы создать благоприятные условия для внутреннего социально-экономического развития. Мои ответы, должно быть, произвели впечатление на депутатов, и я получил большинство голосов. Добившись назначения на пост министра иностранных дел РСФСР, я вошёл в ельцинскую команду реформаторов.

Поначалу Ельцин присматривался ко мне, держал на расстоянии. Думаю, я завоевал его доверие, только когда организовал его успешный визит в Прагу летом 1991 года. Его предыдущие зарубежные поездки, включая довольно скандальное посещение Соединённых Штатов в 1990 году, складывались до тех пор не очень удачно. В ходе того визита в США Ельцин провёл слишком много времени со знаменитым американским «Джеком Дэниелсом», за что подвергся резкой критике в прессе. Поэтому он буквально пришёл в ужас, когда президент Вацлав Гавел предложил ему прогуляться в знаменитую пражскую пивную, где он некогда любил посидеть со своими товарищами-диссидентами. Убеждая Ельцина принять приглашение, я чуть не лишился своей должности. Я заверил его, что приглашение Гавела — это не намёк на любовь Бориса Николаевича к выпивке, а глубоко символичный жест доверия российскому лидеру. Президент последовал моему совету просто ограничить выпивку и хорошо провёл время в пивной. Через несколько дней я смог показать ему вырезки из газет, в которых эпизод с посещением пивной оценивался весьма положительно.

Поездка в Прагу оказалась важным делом, однако события, развернувшиеся позже тем летом, стали намного более важными для страны и всего мира.

Часть первая

Россия против Советского Союза. 1991

Глава 1.
Путч. Советские танки против российского Белого дома

Будем сопротивляться

Девятнадцатое августа 1991 года. Обычное утро. Одна неожиданность: вместо утренней разговорной программы по всем телеканалам идёт балет «Лебединое озеро». Тот самый, который традиционно предварял в эфире сообщения о смерти советских руководителей. С 1982 года — трижды. Те, кто в этот ранний час оказался перед телевизором, сразу поняли: в стране что-то происходит.

Михаил Горбачёв в свои шестьдесят выглядел слишком здоровым, чтобы последовать за предшественниками — Брежневым, Андроповым и Черненко. Тогда что же? Ответ дали экстренные выпуски новостей. Диктор объявил, что Горбачёв заболел и находится на даче в крымском Форосе. Власть перешла к новому советскому руководству — Государственному комитету по чрезвычайному положению, члены которого обещали «советским трудящимся» восстановить социалистический «закон и порядок».

Во время этого объявления я был уже в машине на пути в город с госдачи, находившейся в пятнадцати километрах от Москвы, в Архангельском. Президент России Борис Ельцин занимал дом неподалёку от меня, здесь же жили другие российские руководители. Этот посёлок служил неформальным местом встреч для команды российского президента и членов его правительства. По пути я заметил признаки необычной активности на местном посту ГАИ. Рядом с постом стояли бронетранспортёры, автоматчики и люди в серых плащах, в которых безошибочно можно было определить сотрудников КГБ.

Ого! Какие контрастные чувства в одно серое утро понедельника, отметил я про себя. Сначала восхищение — «Лебединое озеро», русская классика во всей красе. Теперь страх — советская репрессивная машина во всей силе. Какие сияющие вершины и зияющие бездны...

«Едем дальше или разворачиваемся?» — спросил меня побледневший водитель. Я понимал, что он чувствовал, и постарался говорить предельно спокойно: «Поехали, нет проблем». И тут же понял, что мы едем по обычному маршруту к маленькому обшарпанному особняку министерства иностранных дел Российской Федерации, который находился вдали от Белого дома, где размещалось российское правительство и Верховный Совет. Я попросил водителя изменить маршрут и ехать в Белый дом. Не было сомнений, что главные события будут разворачиваться именно там.

Подъехав на Краснопресненскую набережную около 8:30 утра, я, как обычно, дружески поддразнил молодого милиционера у входа: «Привет, командир! Что у тебя сегодня в кобуре на завтрак?» Он ответил неожиданно серьёзно: «Сегодня пистолет. Нам надо вас охранять». Милиционеров было совсем немного, и надежды на то, что они способны защитить нас, конечно, не было.

В пустом здании я встретил председателя парламентского комитета по законодательству Сергея Шахрая. С иронической усмешкой он поздравил меня с тем, что государственный переворот, которого мы ожидали от сторонников жёсткой линии уже почти десять месяцев, произошёл, и, разумеется, мы к нему оказались не готовы.

— Ты говоришь «переворот», — ответил я. — А я бы сказал — просто новое советское руководство.

Действительно, все путчисты занимали руководящие должности. Во главе ГКЧП стоял вице-президент Геннадий Янаев, предложенный на эту должность самим президентом СССР

Михаилом Горбачёвым и под его давлением одобренный депутатами только при повторном голосовании. Кроме Янаева, членами ГКЧП были премьер-министр СССР Валентин Павлов и главы важнейших советских силовых ведомств: председатель КГБ Владимир Крючков, министр обороны Дмитрий Язов и министр внутренних дел Борис Пуго.

— Мы должны потребовать публичного выступления Горбачёва, как бы он ни был болен. Если он не может этого сделать, пусть врачи обнародуют диагноз. Иначе это переворот! — не согласился со мной Шахрай. — Сейчас я позвоню Ельцину. Он на даче с несколькими помощниками. Они работают над заявлением с осуждением переворота. Посоветую ему вернуться в Москву. Будем надеяться, что его, как и нас, никто не остановит. Ты что предлагаешь?

— Я думаю, моему министерству надо обзвонить западные посольства и средства массовой информации и попросить их представителей прибыть сюда, скажем, к 10:30. К этому времени Ельцин будет либо в Белом доме, либо под арестом. В любом случае мир должен услышать от нас, что происходит.

Шахрай позвонил на дачу Ельцина и поговорил с Геннадием Бурбулисом, в то время ближайшим помощником российского президента. Наши предложения были одобрены. Я немедленно перезвонил в своё министерство и с удовлетворением обнаружил, что все ключевые сотрудники на месте и готовы выполнить свою работу без долгих объяснений. Штат министерства был невелик — около шестидесяти человек. Союзное министерство иностранных дел располагало тысячами дипломатов и служащих, которые тоже делали свою работу, но только для наших политических противников.

К десяти часам в здании на Краснопресненской набережной собрались все российские руководители. Удивительно, но никого из них на пути в Белый дом не задержали. В том числе президента России Бориса Ельцина.

По предложению Геннадия Бурбулиса мы направились в его кабинет на встречу с группой сторонников из числа политиков-демократов. Их возглавлял академик Юрий Рыжов, известный физик и искренний сторонник демократических реформ в России. Рыжов был ярким человеком. Позднее Ельцин предлагал ему пост премьер-министра, Рыжов отказался. Но через некоторое время согласился стать послом России во Франции, где много лет прекрасно работал. А тогда, 19 августа 1991 года, Юрий Алексеевич просто пришёл в пустой Белый дом и обзвонил своих единомышленников. В результате собралось не менее тридцати учёных, юристов, журналистов. К вечеру к нам присоединился и всемирно известный виолончелист Мстислав Ростропович, который срочно прилетел из-за границы в Москву. Тот факт, что рядом оказались такие выдающиеся люди, был очень важен для нас. Они верили в нашу правоту и нашу победу. Мы не имели права обмануть их надежды.

Другой момент, который отпечатался в памяти, — разговор в кабинете вице-президента России Александра Руцкого. Руцкой был человеком военным, неудивительно, что мы застали его за проверкой пистолета. Он сказал, что берёт на себя оборону Белого дома. Я помнил, как многих демократов удивил выбор Ельцина в пользу Руцкого. Полковник, герой афганской войны, с весьма смутными политическими взглядами. Но в дни путча Руцкой вёл себя очень достойно. Чего не скажешь о его поведении в дальнейшем. Амбиции и дешёвый популизм в конце концов превратили его в противника президента и привели в лагерь коммунистов и национал-патриотов.

Не могу не добавить, что Руцкой, как и другой советский генерал, Леонид Ивашов, в 1991-м тоже резко критиковавший меня за прозападную политику, в 2023 году открыто выступил против военной операции в Украине. При всех спорах с ними я всегда в душе предполагал, что у обоих есть некий, хоть и во многом по-советски превратно понимаемый, но искренний патриотизм. И теперь рад, что не ошибся.

После Руцкого я зашёл в кабинет премьер-министра России Ивана Силаева. Бывший министр авиапромышленности СССР, он был для Ельцина и его команды компромиссной фигурой.

Верховный Совет одобрил его после того, как более последовательные кандидаты-демократы, включая Шахрая, были отвергнуты. Можно было предположить, что Силаев не захочет рисковать. Тем не менее в то августовское утро он осудил путч, а правительство единогласно одобрило соответствующую резолюцию. Большинство российских министров были людьми Силаева, и его позиция имела для них решающее значение. Правда, на следующий день Силаев неожиданно покинул Белый дом, сославшись на семейные обстоятельства.

Подъехал председатель Верховного Совета России Руслан Хасбулатов. Как и Руцкой, он в скором будущем из сторонника Ельцина превратился в его непримиримого оппонента, но в тот момент Хасбулатов был с нами. Он публично осудил путч и не покидал Белый дом до нашей победы.

Несмотря на то, что руководство России проявило такое единство, я понимал, что шансов в силовом противостоянии у нас очень мало. Ни президент Российской Федерации, ни её правительство, ни парламент не обладали никакой властью. Силовики подчинялись союзному руководству. А у нас был только моральный авторитет.

Между танками и лимузинами

Из окна кабинета Силаева я наблюдал, как сверкающие «мерседесы» и БМВ, бывшие тогда ещё редкостью в Москве, подвозили западных дипломатов и журналистов ко входу в Белый дом. Сначала мне показалось странным, что все они подъезжают с правой от меня стороны. Я посмотрел налево и всё понял. По мосту через Москву-реку медленно ползли колонной по одному боевые танки. До этого москвичи видели их только в дни военных парадов по случаю государственных праздников. Контраст между лакированным блеском чисто вымытых лимузинов и этими запылёнными чудовищами выглядел символичным. Он как будто бы олицетворял выбор, который до сих пор стоит перед Россией: идти вперёд к демократии западного типа или вернуться назад к милитаристскому авторитаризму.

В комнату вбежал охранник: «Пожалуйста, возьмите автоматы на складе!» Силаев отреагировал мгновенно: «Нет! У нас будет другое оружие. Мы выйдем к прессе и расскажем правду о происходящем».

По пути к залу пресс-конференций кто-то вспомнил старую шутку о человеке, который звонит в КГБ, чтобы заявить: его улетевший попугай говорит исключительно от своего имени. Никто не засмеялся — слишком велико было напряжение. Зал оказался почти полон. Войдя в него, я увидел дипломатов из западных стран. Польша, Венгрия и другие центрально- и восточноевропейские государства, до недавнего времени находившиеся в сфере советского влияния, были представлены послами. Память о том, как советские танки подавляли демократические революции в их собственных странах, ещё была свежа, они быстрее остальных поняли остроту ситуации и поспешили выразить нам поддержку.

Ельцин зачитал заявление, осуждающее путч и призывающее к возвращению Михаила Горбачёва. Потом он обратился к нам с вопросом: как могло случиться, что заговорщики ввели танки в Москву, но не помешали ему провести пресс-конференцию? Ответ был единодушен: путчисты не посмели применить силу против первого в истории всенародно избранного лидера России спустя всего два месяца после выборов.

Последовали вопросы журналистов. Через некоторое время Ельцин попросил меня продолжить без него и вышел. Позже CNN и другие мировые новостные агентства передали видео — Ельцин пожимает руки солдатам, взбирается на танк и зачитывает обращение российского руководства. Фотография российского президента, стоящего на броне танка, была опубликована в СМИ по всему миру и стала символом гражданского сопротивления диктатуре.

В это же время небольшие, но быстро растущие группы стали собираться вокруг Белого дома, чтобы нас поддержать. За несколько часов они полностью окружили здание живой стеной. Мы ощущали растущую поддержку общества. Однако танки не уходили, и правительственное здание оставалось в осаде. Машины не могли подъехать к зданию или выехать из него. Мы понимали, что одержать победу будет нелегко, по верили, что шанс у нас есть.

Лидеры советских республик хранили молчание. Исключением были главы Литвы, Латвии и Эстонии, которые обратились к Западу за защитой и признанием их суверенитета. Однако крупнейшие столицы Запада явно не торопились и были очень осторожны в комментариях.

Ельцин предпринял шаги, которые должны были застраховать нас на случай трагического развития событий. Он направил своего старого друга Олега Лобова в Свердловск (ныне Екатеринбург), где они когда-то вместе работали в обкоме партии, чтобы подготовить резервную площадку для правительства, на случай если заговорщики вытеснят нас из Москвы. Лобов должен был возглавить правительство в изгнании.

Я был отправлен в Европу с поручением представлять позицию законного президента и правительства Российской Федерации за пределами страны. В документе, который я получил перед поездкой, не было упоминания о правительстве в изгнании, потому что это могло быть использовано против нас, если бы мы были задержаны до пересечения советской границы. Я предлагал, чтобы поехал председатель парламентского комитета по международным делам Владимир Лукин. Как депутат Верховного Совета он мог рассчитывать на неприкосновенность и гарантированно доехать до аэропорта и пересечь границу. Однако кто-то, кажется Шахрай, сказал Ельцину: по принятому в международных делах обычаю министр иностранных дел мог без специальных полномочий объявить о создании правительства в изгнании в случае свержения законной власти в его стране.

«Скажите официальным лицам и прессе, что президент Российской Федерации наделил вас всеми необходимыми полномочиями, чтобы объявить о создании правительства в изгнании, — напутствовал меня Ельцин перед отъездом. — Так эти безумцы будут знать, что даже если они убьют меня, борьба продолжится».

Я ответил, что доверие президента — честь для меня. И добавил, что не думаю, что мы дойдём до необходимости говорить о правительстве в изгнании. При этом я понимал, что такое предуведомление будет полезным. Я собирался сделать это конфиденциально, чтобы не появились сомнения в нашей победе. Все, включая преступников в Кремле, должны почувствовать нашу решимость вернуть Горбачёва и отдать под суд путчистов. Ельцин согласился.

В разговоре с Ельциным я упомянул Горбачёва, прекрасно сознавая возможную реакцию, и поэтому почти не удивился эмоциональному ответу президента.

— Я знаю, что Горбачёв вам нравится больше, чем я. Мне не раз говорили об этом. Но не забывайте, что вы едете в качестве посланника президента и правительства Российской Федерации. Почему мы всё время должны призывать к возвращению Горбачёва? Это Шахрай начал. И я согласился упомянуть Горбачёва на пресс-конференции. Но людям нет до него дела. Они поддерживают президента России.

— Согласен. И мы с Шахраем тоже не питаем иллюзий по поводу Горбачёва, — сказал я. — Мы все знаем разницу между ним и первым всенародно избранным президентом России. Однако на Западе многие доверяют Горбачёву. Мы должны призвать к возвращению Горбачёва и выступить как защитники закона. Это обеспечит нам международную поддержку.

— Возможно, вы правы. Сначала надо разбить заговорщиков, а затем сделать так, чтобы Горбачёв не смог их или таких же клоунов, как они, снова назначить, — Ельцин был погружён в свои мысли и разговаривал как бы сам с собой.

— Я восхищаюсь вашим мужеством, Борис Николаевич, — сказал я ему на прощание. Он встал, и мы обнялись. «Нужный человек оказался в нужном месте и в нужное время, чтобы изменить историю», — подумал я, выходя из кабинета.

«Поддержите нас»

Пока я ждал машину, чтоб добраться до аэропорта, я позвонил своему другу Аллену Вейнстейну, тогда президенту вашингтонского Центра за демократию (позднее он стал Архивариусом Соединённых Штатов, то есть главой Национального управления архивов и документации). Я описал ему ситуацию в России, а он рассказал о несколько растерянной реакции Запада.

Аллен предложил мне написать комментарий для мировых СМИ. Я согласился. За пятнадцать минут мы прямо по телефону набросали главные тезисы, надеясь, что нас не разъединят. На основе этих набросков Вейнстейн написал статью, и утром 21 августа она вышла в качестве редакционной в *The Washington Post*. Это было первое прямое обращение из мятежного российского Белого дома к американской публике. Заголовок говорил сам за себя: «Поддержите нас».

Около полуночи я покинул Белый дом. У меня в памяти осталась поразившая мое воображение картина. На площади собрались десятки тысяч людей, внешне атмосфера была скорее весёлая, чем тревожная. Парни и девушки в джинсах *Made in USA* смешались со своими ровесниками в военной форме, стоявшими у танков. Гражданские угощали военных бутербродами, иногда они вместе пели песни. При этом все думали о том, что будет дальше. Военные ждали приказа и не знали, каким он окажется. Гражданские не знали, рискнут ли люди в погонах открыть огонь, если получат такой приказ. А если рискнут? Несмотря на внешнее спокойствие, воздух был наэлектризован.

Я позвонил домой, жена Ирина сказала, что наша одиннадцатилетняя дочь Наташа переночует у одноклассницы. Её родители сами предложили убежище, догадываясь, в какой опасности находится моя семья. Той ночью я понял, за каких людей мы боремся.

Мой друг и помощник, молодой дипломат Андрей Шкурко отвёз меня в Шереметьево на личной машине. По дороге мы прикидывали, как мне избежать ареста в аэропорту. Московские гэбэшники, решили мы, будут действовать по простой схеме. Раз мне как министру положено проходить через випзал, значит, там меня и будут ждать. И скорее всего, они решат, что лечу я в Лондон — я был уверен, что они прослушивали наши телефонные разговоры с британским посольством. Но на самом деле я летел в Париж, так как билетов в Лондон не было. И в вип-зал я не пошёл, встал в очередь на обычную регистрацию. Наш расчёт оказался верным. Гэбэшники меня так и не вычислили — об этом мне позже рассказали коллеги из министерства иностранных дел СССР.

Несмотря на то, что моя виза и направление вылета не совпадали, пограничники беспрепятственно пропустили меня на паспортном контроле — похоже, они были за нас. Во всяком случае мне так показалось, и я всегда буду вспоминать их с признательностью. Революция начинается, когда люди в форме чувствуют то же, что и все остальные. Это единство и делает радикальные перемены возможными.

Не успел я занять своё кресло в самолёте, как ко мне подошла стюардесса и тихо сказала: «Вы российский министр? Мы узнали вас. Вы летите в командировку? Мы так и подумали. Добро пожаловать!» В течение трёх часов полёта меня обслуживали по-королевски.

Когда началась подготовка к посадке, уже сам командир экипажа подошёл ко мне и спросил, встречает ли меня кто-нибудь у трапа самолёта. Я оценил скрытое значение этого вопроса, который несведущему человеку мог бы показаться простой вежливостью. Но я-то знал, что согласно международному праву, воздушное судно является территорией «страны флага», то есть той страны, где оно зарегистрировано. Пока я не перешагну порог самолёта, я буду находиться на территории Советского Союза. Поэтому гипотетически советские агенты (особенно обладающие дипломатическими паспортами) могли бы войти и удерживать меня в салоне в качестве заложника, не допуская ко мне французских представителей и требуя моего возвращения обратным рейсом. Примерно так они поступали, когда пытались помешать советским перебежчикам.

Видимо, и командир слышал о подобной тактике. Я сказал ему, что определённо не рассчитываю встречаться с советскими представителями в Париже, тем более у выхода из самолёта. Но буду рад, если меня встретят французские официальные лица, как это принято в случае визитов на высоком уровне. «Хорошо, — понял мой замысел командир. — В таком случае мы не откроем дверь, пока французские официальные лица не подойдут к порогу. Если появится кто-то другой, думаю, могут возникнуть технические проблемы с этой дверью. Знаете, её давно уже пора отремонтировать. Не беспокойтесь, мы всё сделаем, как надо». И опять я подумал, что путч, да и вся советская система, были обречены.

Когда мы приземлились, сотрудник протокола французского МИДа вместе с группой людей, очевидно охраной, встретил меня прямо у дверей лайнера. С тех пор они неотступно сопровождали меня.

Французы помогали во всём: от организации встреч с послами США и некоторых других стран до проведения пресс-конференций. Однако беседы, проведённые во французском МИДе, меня скорее разочаровали. Я чувствовал, что мои собеседники морально и эмоционально на моей стороне, но официально они занимали уклончивую позицию. Это меня не удивило. Отправляясь в Париж, я не питал иллюзий, понимая, что Запад, несмотря на симпатии к российским демократам, поведёт себя осторожно. Судьба России будет решаться в России, а не в США или Франции.

Французы честно признались мне, что пока они ведут переговоры со мной, в соседней комнате находится пара высокопоставленных советских дипломатов. И та делегация представляет совершенно отличную от моей оценку событий, разворачивающихся в Москве.

— Собственно, вы их всех знаете, господин Козырев. Возглавляет их ваш бывший начальник Владимир Петровский, — сказал мне один из французских коллег. Я считал Петровского своим учителем и высоко ценил его профессионализм. «Неужели он отказался от своих принципов ради карьеры?» — подумал я. И почувствовал тошноту. То же самое чувство я испытал через много лет, когда мои бывшие заместители и друзья Сергей Лавров и Виталий Чуркин, один в качестве министра иностранных дел и другой как представитель России в ООН, стали защищать российское вторжение в Украину.

— Хотите встретиться с советскими коллегами или предпочитаете подождать здесь ещё минуту-другую, пока они пройдут по коридору? — продолжил француз.

— Пожалуй, я лучше выпью ещё одну чашечку кофе и подожду, пока они уйдут, — сказал я. Француз понимающе кивнул:

— Похоже, это единственный пункт, по которому вы, русские, пока пришли к согласию.

Я понял, что Петровский и компания тоже предпочитают не сталкиваться со мной.

Советские спецслужбы обошлись без дипломатии. Как только я приехал в свой отель (это был Hôtel de Crillon на площади Согласия), мне позвонили. Намеренно изменённый голос напомнил мне, что у КГБ длинные руки даже в Париже, а тем более в Москве, где оставалась моя семья. Последнее замечание заставило меня вздрогнуть.

Это была ночь на 21 августа. В Москве все с напряжением ждали штурма Белого дома. Военные подтянули свежие подразделения, защитники Белого дома готовились к сопротивлению. Всё происходящее транслировало CNN и другие мировые телеканалы. Я всю ночь смотрел трансляцию и комментировал события в прямом эфире из офиса BBC в Париже.

В какой-то момент я сказал, что происходящее в Москве очень похоже на события в Вильнюсе в январе того же года. Тогда советские военные, подавляя выступления демократических сил, захватили телевизионную башню, погибли люди... Я воспользовался эфиром, чтобы сказать: мировое сообщество должно немедленно признать независимость балтийских государств. Мой призыв был только отчасти эмоциональной реакцией в критический момент. На самом деле курс на уважение независимости балтийский республик был важной частью политики Ельцина. За последние восемь месяцев он и члены его правительства не раз встречалось с новыми демократическими властями этих республик и поддерживали их.

В марте министр иностранных дел Эстонии (позднее её первый президент) Леннарт Мери приезжал в Москву, и мы подписали декларацию о дружественных отношениях между Российской и Эстонской республиками. Подобные соглашения были также достигнуты с Латвией и Литвой. Все документы включали обязательства балтийских республик защищать права русского меньшинства в своих странах. Подписав их, Россия первой установила официальные отношения с этими государствами, которые в 1940 году были оккупированы СССР согласно условиям заключённого им с фашистской Германией так называемого пакта Молотова — Риббентропа..

Я понимал, что мои публичные комментарии — часть важной работы, которую мне поручено выполнять. Но наблюдать со стороны за событиями в Москве было невероятно трудно. Тем не менее я верил, что моя миссия помогает российским демократам выстоять в борьбе с ГКЧП.

Естественно, я не только комментировал ситуацию для СМИ. Мы встретились с министром иностранных дел Франции Роланом Дюма, а потом и с президентом страны Франсуа Миттераном. Разговор с Миттераном был непростым. Я уже знал, что президент Франции фактически признал ГКЧП. Не поддержал, но отнёсся к путчу как к неизбежности, видимо, опираясь на свои представления о русском народе как о покорном любой жёсткой руке. В начале разговора Миттеран показался мне холодным и немного высокомерным. Но потом разговор стал более дружелюбным. Надо сказать, что вскоре президент Франции признался в прессе, что был рад провалу путча. После этой встречи мы с Франсуа Миттераном встречались не раз, и у меня была возможность оценить его глубокий интерес к российской истории и заинтересованность в контактах с Россией. К сожалению, у Бориса Ельцина отношения с Миттераном складывались непросто. Они были слишком разными. Французский президент был изысканным интеллектуалом, а российский — народным лидером, не чуждым популизма. Понять друг друга им было трудно.

В Париже я также встретился с послом Соединённых Штатов и получил приглашение выступить на встрече министров иностранных дел НАТО, намеченной на 23 августа в Брюсселе.

А потом мне позвонил друг из российского Белого дома и сообщил, что путч провалился. Надо ли описывать чувства, которые в этот момент переполняли меня? Это была наша победа. Вечером я вылетел в столицу Бельгии. Таким оказался мой второй визит в город, где я родился. Несмотря на плотный график, хозяева любезно показали мне больницу, где рожала моя мама.

Перед отъездом я встретился с бельгийским министром иностранных дел, а затем и с государственным секретарём США Джеймсом Бейкером. На следующее утро газеты вышли с большой фотографией, на которой мы обнимаемся и улыбаемся, позируя перед камерами. Бейкер высоко поднимает руку со знаком победы. На меня произвело большое впечатление знание Бейкером советских общественно-экономических проблем и его искреннее желание помочь нам в их решении. Я предложил развивать новое партнёрство между Россией и Америкой. Что до будущего Советского Союза, оно, сказал я, теперь зависит от двух вещей. Первое — от желания Горбачёва порвать со своими друзьями-коммунистами. И второе — от способности Горбачёва и Ельцина подняться над своими амбициями и вместе работать над проведением политических и экономических реформ. Я не верил, что всё это возможно, но с Бейкером своими опасениями делиться не стал.

Как бы там ни было, нам выпал уникальный исторический шанс.

Граждане свободного мира

Прилетев в Москву, я сразу же отправился на многотысячный митинг на Манежной. Выступающие один за другим призывали к решительным реформам — единственной надёжной гарантии от возврата к прошлому. Меня подтолкнули к микрофону. К тому времени в моей жизни уже был некоторый опыт выступления на митингах, но ничего подобного мне испытывать не приходилось. Когда ты видишь сотни тысяч лиц, обращённых к тебе, трудно формулировать мысли. Не менее трудно контролировать свой голос, чтобы не кричать, но быть услышанным. Я понял, что от меня, как и от других ораторов, ждали выступления о прекрасном будущем, а не о текущем моменте.

«Граждане свободного мира! Сегодня мы заслужили право называть себя так. Мы только что отразили грубую попытку вернуть нас назад в унизительное положение за железным занавесом. Больше нет и никогда не будет свободного мира где-то там снаружи и другого мира здесь внутри. Мы научимся жить в том же свободном мире, где живут другие. Во внешней политике демократическая Россия должна стать таким же естественным союзником демократических Соединённых Штатов и других западных стран, каким их естественным врагом был Советский Союз. Ясно, что потребуется время и тяжёлый труд, чтобы воплотить такой образ новой России. Но мы должны держаться своего курса и не предавать свои принципы».

Буря аплодисментов встречала каждую мою фразу.

После митинга я прошёл несколько кварталов до парковки в сопровождении западных и восточноевропейских послов и нескольких журналистов, которые тоже были на митинге. Они хотели знать, что реально сможет сделать российское руководство. Горбачёв оставался президентом Советского Союза, и союзное министерство иностранных дел по-прежнему подчинялось ему. А значит, правительства других стран будут вынуждены работать в партнёрстве с ними. Дипломаты и журналисты ждали моих комментариев.

— Теперь, — сказал я, выдавая желаемое за действительное, — Горбачёв и Ельцин будут работать вместе, и президентские команды последуют их примеру.

После митинга я поспешил в Белый дом, в кабинет Ельцина. Он поднялся со своего кресла в дальнем конце кабинета и обнял меня.

— Я говорил вам, что ждать недолго, — сказал он. И быстро перешёл к делу, — нам необходимо обдумать сильные ходы, чтобы закрепить наше лидерство во внешней политике.

— Если речь о сильных ходах, думаю, есть один…

Тут Ельцин быстро поднял руку, и на его лице появилось хитрое выражение: — Я знаю, что вы собираетесь предложить. В Париже вы говорили о полном признании балтийских государств.

— Вы читаете мои мысли…

— Некоторые внешнеполитические эксперты, — продолжил он, стараясь выглядеть сурово, но на самом деле с удовольствием, — полагают, что это было с вашей стороны слишком — обещать такое, не посоветовавшись с президентом.

— Я просто выразил своё мнение, зная, что у российского президента, в отличие от советского, хватит силы, чтобы совершить такой шаг.

«Хорошенькое дело, — подумал я. — Эти „некоторые внешнеполитические эксперты" опять за своё. Теперь они докладывают обо мне, представляя мои действия как поспешные и обвиняя меня в нарушении субординации». Я понимал, что истинной мишенью оппонентов была моя прозападная политика, которую они хотели изменить, избавившись от меня.

— А сейчас, Андрей Владимирович, — наставительно произнёс Ельцин, — делайте то, что вам велит президент. Через час я жду в этом кабинете представителей трёх прибалтийских республик, — он сделал паузу, чтобы насладиться произведённым эффектом. — Да, я пригласил их, чтобы объявить об официальном признании Российской Федерацией этих республик в качестве независимых государств. Пожалуйста, подготовьте всё необходимое и возвращайтесь вместе с ними.

В этот момент я его просто обожал. Тут же бросился звонить своему заместителю Андрею Колосовскому. Андрей был моим полным единомышленником. Он, вслед за мной, отказался от перспективной карьеры в союзном МИДе и присоединился к команде Ельцина. Когда начался путч, он находился в отпуске за границей и, несмотря на мои рекомендации сидеть тихо, вернулся в Москву первым же рейсом 19 августа.

— Привет, шеф! — услышал я голос Андрея за спиной, как только взялся за телефонную трубку.

— Привет! Есть хорошая новость. Ты удивишься, когда узнаешь, какое поручение я только что получил от президента.

— Как раз хотел вам сообщить, что поручение, о котором вы говорите, было выполнено минуту назад. Проекты указов президента Российской Федерации об официальном признании трёх балтийских государств находятся в этой папке. Представители Литвы, Латвии и Эстонии ждут в приёмной. СМИ готовы запечатлеть это историческое событие.

Андрей отличался не только твёрдыми принципами, но и отличным чувством юмора.

Приглашённые гости догадались: предстоит нечто очень важное. Мы вместе с ними вошли в кабинет. Ельцин встал и жестом предложил нам с Андреем встать рядом с ним. Голос его звучал торжественно:

— Высокие представители, я пригласил вас сегодня, чтобы объявить, что президент Российской Федерации принял решение официально признать Литву, Латвию и Эстонию суверенными и независимыми государствами. Сейчас я подпишу соответствующие указы и вручу вам копии.

Он вернулся за стол и медленно подписал каждую страницу. Ему была свойственна привычка подписывать указы на месте в присутствии официальных лиц и журналистов — медленно и торжественно. Поставив подпись, он поднял и показал всем свою авторучку.

— Этой ручкой я подписывал указы и документы во время путча. Сейчас я подписываю ей документы о признании независимости ваших стран. Можете оценить символичность этого, — заявил Ельцин. Он хорошо чувствовал моменты высокого драматизма и любил играть на сцене истории. В этот момент у него это хорошо получилось, и я восхищался им.

Последовала торжественная и эмоциональная церемония. Один за другим представители балтийских государств говорили об исторической важности этого решения для построения демократического общества с равными правами для всех своих граждан — независимо от национальности.

— Как этот акт признания повлияет на позицию Михаила Горбачёва? — спросил латвийский дипломат.

— Если у него есть мозги, он немедленно последует нашему примеру. В противном случае Советский Союз опять окажется в хвосте событий, — резко ответил Ельцин.

В последующие несколько дней признания независимости балтийских государств пошли лавиной. Руководители бывших советских республик один за другим выступали с официальными заявлениями. Советский Союз сделал это только через две недели, 8 сентября 1991 года.

Двадцать третьего августа президент СССР и всё ещё генеральный секретарь ЦК КПСС Михаил Горбачёв выступил на встрече с народными депутатами России. В ходе обсуждения Борис Ельцин сказал ему, что подписал указ «О приостановке деятельности компартии РСФСР». Горбачёв в своей привычной манере попытался уйти от этой темы, Ельцин настаивал. В результате он был вынужден поддержать приостановку деятельности компартии до выяснения её роли в подготовке путча. Депутаты стоя аплодировали президенту России.

Через два дня я был приглашён в кабинет премьер-министра на короткое заседание правительства. Почти все министры получили новые поручения. Некоторые должны были заменить своих советских коллег, поддержавших путч и потерявших свои посты. Некоторым, включая меня, были указаны новые адреса для размещения офисов и персонала.

Министерство иностранных дел Российской Федерации переводилось в здание на Старой площади, которое до недавнего времени занимал международный отдел ЦК КПСС. На входе милиционеры сурово попросили меня показать документы, но, увидев их, радостно приветствовали. Переезд в здание ЦК КПСС придавал мне новые силы, но было в этом что-то сюрреалистичное. Для многих поколений советских граждан это огромное серое здание недалеко от Кремля ассоциировалось со всевластием партии. Неудивительно, что все, кто входили в эти двери, испытывали дрожь. Теперь я ходил по пустым коридорам и кабинетам. Ещё недавно сверхсекретные документы валялись буквально под ногами, превращённые в мусор ветром истории. Более семидесяти лет советская власть тратила сотни миллионов долларов, предпринимая огромные усилия для поддержки революционных движений по всему миру. Наверное, когда-то некоторые из большевистских лидеров искренне верили, что помогают «пролетариату» в борьбе за свободу и равенство. Однако сначала Сталин, а затем и его наследники цинично использовали коммунистические партии и революционеров по всему миру как послушную им пятую колонну в глобальной конфронтации с Западом. Одни из этих организаций усилиями Москвы превращались в террористические группировки, другие были такими с самого начала.

Я хорошо знал это место, потому что провёл здесь шесть месяцев как стажёр на последнем курсе института. Я был переводчиком с английского, испанского и португальского языков у «братских» коммунистов, в основном пожилых функционеров. Исключением были гости из бывших португальских колоний — Анголы, Мозамбика и Гвинеи-Бисау. Большинство из них были молодыми и горячими, они недавно вышли из боёв и искренне боролись за освобождение своих стран от колонизаторов. Мне тогда нравилось, что в этой справедливой борьбе они рассчитывали на нашу помощь.

Для меня, студента МГИМО, стажировка в международном отделе ЦК, конечно, была престижной. В отличие от многих моих однокурсников, детей партийных функционеров, которые предпочитали проходить практику в советских посольствах в западных странах. В течение нескольких месяцев после путча я не раз проводил экскурсии по прежде недоступным кабинетам Старой площади. И надо признать, получал от этого особое удовольствие.

Вскоре после путча президент Ельцин исчез из публичного поля. У меня тоже не было к нему доступа. Мне это казалось странным, пока один из личных помощников президента, который работал с ним уже несколько лет, не сказал, чтобы я не беспокоился. Для Ельцина, объяснил он, это обычная модель поведения — он впадал в депрессию после выплеска энергии во время кризиса. Позднее президент сообщил прессе, что берёт отпуск и проведёт его в Сочи.

Вернувшись в Кремль, российский президент некоторое время по-прежнему избегал публичной активности. Похоже, у него, как и у Горбачёва, не было ясного видения того, что необходимо сделать для окончательного демонтажа советской системы. Одно стало ясно — эти два человека не могли работать вместе. Оба были слишком увлечены борьбой друг с другом.

После провала августовского путча я не питал иллюзий относительно ближайшего будущего. Было очевидно, что демократия вряд ли легко придёт на смену рухнувшему коммунистическому режиму. Горбачёв оказался не способен возглавить реформы, но и Ельцин явно терял темп. На смену общественному подъёму пришло разочарование.

Одной из центральных проблем оставалась реформа КГБ. Ключевые кадры комитета уже давно отбросили коммунистическую идеологию как бесполезный анахронизм. На самом деле многие в организации мечтали избавиться от партийной опеки. Чекисты были готовы сменить красный коммунистический флаг на российский триколор и даже принять некоторые рыночные и либеральные реформы, но только при одном условии: закулисный контроль за всем, что происходит в стране, должен остаться в их руках.

Однажды я спросил Ельцина, почему в последний день путча он остановил тысячи протестующих, собиравшихся взять штурмом главное здание КГБ, и заблокировал российских демократов, которые хотели по примеру Восточной Европы демонтировать тайную полицию и провести люстрацию.

Он ответил:

— КГБ — единственная работающая структура, оставшаяся от старого режима. Конечно, она была преступна, как и все остальные. Но, если бы мы её разрушили, могли бы получить полный хаос.

У меня было противоположное мнение, но я промолчал.

Вспоминаю и о других разговорах вскоре после путча. Один из советских диссидентов, отсидевший пять лет в колонии, пришёл ко мне, чтобы поделиться своей тревогой.

— Ельцин, — сказал мой гость, — был достаточно хорош, чтобы выступить против путча. Но он не разогнал КГБ, и это о многом говорит. Когда он получит реальную власть, он не воспользуется ей для построения демократических и рыночных институтов, необходимых для преобразования страны. Поэтому вы — Шахрай, Бурбулис, другие молодые люди в российском руководстве, — должны выдвинуть нового лидера и потребовать отставки Ельцина.

— Для меня это слишком большая задача, — дипломатично ответил я. По сути, это было предложение нового, пусть и более мягкого, переворота. Я не мог его поддержать, хотя разделял сомнения моего собеседника в отношении Ельцина и его опасения относительно КГБ.

Второй разговор был с моей матерью. У неё случился сердечный приступ в день путча, и я хотел подбодрить её, уверяя, что благодаря победе над ГКЧП уже многое достигнуто:

— Страна уже никогда не будет таким же тоталитарным монолитом, каким она была на протяжении семидесяти лет. Есть хороший шанс превратить её в современное общество.

У неё были сомнения:

— Ты всегда жил в мире иллюзий. Да, были какие-то надежды после путча, что дела пойдут лучше. Но они быстро исчезают. Не раз уже эта страна отвергала перемены и тех, кто их защищал. Просто слишком многие из тех, кто сегодня у власти, хотят сохранить её любой ценой. А обычные люди подвержены инерции: они привыкли бояться всего нового.

— Поверь мне, — продолжала она, — Ельцин плоть от плоти и тех и других, и в этом секрет его сохранения у власти до сих пор и его выживания в будущем. Я знаю этот тип с юности, когда сама была партийной активисткой. Его программа очень далека от твоей и таких же, как ты. Он просто использует вас в борьбе за власть и скоро выбросит вон. А я вижу, что ты не повернёшь назад. Поэтому будь осторожен и помни о своей семье.

Я вспоминаю оба эти разговора каждый август в годовщину поражения ГКЧП.

Российская пресса и сегодня отмечает годовщину путча, но всё более сдержанно и скептически. Все путчисты были амнистированы в феврале 1994 года постановлением государственной думы. Член ГКЧП Василий Стародубцев впоследствии стал губернатором Тульской области. Главу КГБ Владимира Крючкова можно было видеть во время инаугурации президента Путина...

Иногда я спрашиваю себя, выступил бы я против путча в августе 1991 года, если бы мог предвидеть будущее. Без сомнения, да. Победа над путчистами стала высочайшей точкой морального и политического подъёма граждан моей страны. Она показала демократический потенциал общества и создала тем самым важный прецедент. Через несколько месяцев была поставлена точка в истории СССР. На постсоветском пространстве возникли новые независимые государства. На пути к демократии их ждали серьёзные испытания. Не все с ними справились.

Глава 2.
Новая Россия рождалась в борьбе

После поражения путча президент СССР и его правительство стали быстро терять власть. И напротив, полномочия лидеров новых независимых государств становились всё более обширными. Советское государство разваливалось на глазах, порождая огромную неопределённость, риски и возможности, что ставило политиков перед тяжёлым, а иногда и судьбоносным выбором. Я понимал всю сложность ситуации и теоретически мог бы отстраниться от проблем, которые возникали в отношениях между постсоветскими республиками. Тем более что до декабря 1991 года советское руководство оставалось легитимным. Но я считал, что взаимоотношения России с новыми независимыми государствами очень важны. И как министр иностранных дел России серьёзно занимался ими. Для меня было очень важно, чтобы процесс установления новых отношений между Россией и другими республиками (неважно, выберут ли они объединение с Россией или независимость) был мирным, дружественным и основанным на международном праве.

Границы

Одной из причин путча, как известно, было недовольство «ястребов» проектом нового Союзного договора, который главы республик и президент СССР должны были подписать 20 августа 1991 года. Заговорщики считали, что проект подрывает центральную власть и ставит под угрозу их карьеры. Но в результате путчисты сами разрушили и то и другое. Фактически это они окончательно похоронили Советский Союз.

Уже до попытки переворота правительства пятнадцати республик обладали в глазах населения намного большей легитимностью, чем центральная власть Горбачёва. Прямые всенародные выборы депутатов, а позже и президентов, прошли в республиках в 1990–1991 годах. Между тем сам Горбачёв так и не рискнул пройти через процедуру прямых выборов. Он был избран президентом на съезде народных депутатов СССР, что, конечно, сильно ударило по репутации. Особенно на фоне всенародной избирательной кампании Бориса Ельцина.

Процесс обретения независимости начал набирать обороты ещё до путча, а после него стал необратимым. Декларация о государственном суверенитете Российской Республики была почти единогласно одобрена Съездом народных депутатов РФ в июне 1990 года. Однако за этим видимым единством скрывались серьёзные политические противоречия, которые в дальнейшем не раз раскалывали российскую власть.

Демократически ориентированные депутаты составляли в высшем законодательном органе России — съезде — около пятидесяти процентов. Они голосовали за принятие документа о суверенитете, чтобы покончить с властью Коммунистической партии, учредить частную собственность и свободу слова. То есть сделать всё то, чего не смог сделать Горбачёв и его правительство. Мы считали, что, если наши реформы будут успешными, Россия сможет увлечь за собой и остальные республики. В результате удастся сохранить союз республик на новой демократической основе.

Коммунисты и националисты, в свою очередь, видели в декларации о суверенитете ступеньку к возрождению «великой России». По их мнению, Российская Федерация должна была вернуть себе территории, исторически принадлежавшие Российской империи, а также некоторые новые земли, ныне плотно населённые этническими русскими. Полуостров Крым, переданный Украинской Советской Социалистической Республике центральными властями в 1954 году, отвечал обоим этим критериям и был первым в списке притязаний националистов. Популярность в России таких идей больше всего отпугивала постсоветские государства и удерживала их от вступления в новый союз.

Демократы доказывали, что опасность имперских амбиций ярко подтверждалась событиями в Югославии, которая, как и Советский Союз, была многонациональным социалистическим государством. Правительство Милошевича в Белграде выбрало путь грубого насилия для осуществления своей мечты о замене коммунистической Югославии «Великой Сербией», спровоцировав кровавые войны со своими соседями. К тому времени, когда нам надо было решать, как поступать при распаде Советского Союза, болезненный урок был очевиден. Меня, например, не отпускал югославский кошмар, и я поклялся, что он не повторится в России.

Большинство сторонников Ельцина, как и я, хотели мирно превратить Советский Союз в свободную федерацию (как Соединённые Штаты или Германия) или жёсткую конфедерацию (как Швейцария или ОАЭ), сохранив единое государство. Российская Федерация должна была играть решающую роль в этом процессе, но только как объединитель равных участников — *primus inter pares,* — ясно и решительно отказавшись от любых имперских амбиций. Однако такая возможность оказалась под угрозой уже в начале сентября 1991 года после неудачного публичного комментария одного из членов команды Бориса Ельцина.

Пресс-секретарь президента России Павел Вощанов заявил в одном из интервью, что нерусские республики, провозгласившие независимость, столкнутся с мощными требованиями россиян изменить границы в пользу России. Как только я узнал об этом, спешно послал Ельцину служебную записку, указывая, что не только границы между советскими республиками, но фактически все существующие в мире границы были проведены произвольно. Но это не может быть поводом к их пересмотру. Миллионы людей, не только русских, но и украинцев, и казахов, и людей других национальностей жили и живут на обширных территориях по соседству со «своими» республиками. Безупречную границу, которая удовлетворила бы все этнические общности, провести невозможно. Споры по поводу территориальных претензий автоматически приведут к конфликту и войне. Мы должны подтвердить свою верность принципу нерушимости границ, закреплённому в Заключительном Акте, подписанном в 1975 году в Хельсинки всеми европейскими странами, а также Соединёнными Штатами и Канадой. Советский Союз тоже подписал этот документ, и любой его преемник должен выполнять его обязательства. Решение нужно было принять раз и навсегда: ящик Пандоры ни при каких обстоятельствах открывать нельзя. Идея в той или иной ситуации поддержать территориальные претензии одной бывшей советской республики к другой, — писал я президенту, — должна быть исключена из нашей политики.

Ущерб от имперского заявления пресс-секретаря президента нарастал с каждым часом, проходившим без официального опровержения со стороны российской власти. Поэтому, говорилось в моей записке, министерство иностранных дел Российской Федерации выпустит официальный пресс-релиз с разъяснением: заявление Вощанова не представляет позицию России, а отражает только его личную точку зрения, российский президент и правительство твёрдо придерживаются принципов Хельсинкского акта в целом и принципа нерушимости границ в частности.

У министерства было всего две машины. Одну из них я послал с запиской в администрацию Ельцина, а другую, с пресс-релизом, — своему другу в информационное агентство «Интерфакс» для немедленной публикации. Я, конечно, рисковал, действуя от имени президента до его одобрения, но посчитал, что риск того стоит. Если бы Ельцин принял другое решение, я бы подал в отставку и выступил бы против его решения публично. Слава богу, этого не случилось. Когда позже один из корреспондентов спросил Ельцина про границы, он ответил: «Россия придерживается Хельсинки и нерушимости границ».

Однако урон уже был нанесён. Пресс-релиз российского министерства иностранных дел появился через два часа. К этому моменту заявление Вощанова уже разошлось в СМИ постсоветских республик и везде вызвало возмущение, особенно в Украине, которая в официальном заявлении осудила российские имперские амбиции и угрозы.

В своих дискуссиях с депутатами парламента и в публичных интервью я в то время много и подробно говорил о проблеме границ. Я считал, что теоретически этот вопрос можно поднимать между соседями, но только после того, как на практике будет достигнуто политическое равенство и мы сможем прийти к добровольной интеграции (или дезинтеграции). Европа демонстрировала хорошие исторические примеры. В 1957 году входивший в состав Франции Саар, регион, бывший веками причиной кровавых войн, после референдума стал частью Германии. Но это произошло только потому, что обе страны были зрелыми демократиями и близкими союзниками и референдум проводился после исчерпывающей свободной и справедливой дискуссии. Моя позиция состояла в том, что мы могли бы вернуться к судьбе, скажем, Крыма, но только после того как построим демократию и в России, и в Украине.

Помимо имперских амбиций сохранению единого государства в том или ином формате мешало отсутствие лидера, который мог бы довести эту идею до реализации. Горбачёв и его команда оказались неспособны адаптироваться к переменам. Ельцин после путча тоже не решался брать на себя лидирующую роль, отчасти из опасения быть обвинённым в разрушении государства, отчасти потому, что у него не было своего плана.

Как-то в откровенном разговоре с Ельциным один зарубежный гость указал на растущую безответственность со стороны советского правительства и пассивность российской власти. Ельцин ответил, что это Горбачёв ничего не делает и при этом ревниво реагирует на инициативы российского президента. «Так что не надо меня подталкивать!» — раздражённо бросил он. Он был явно не готов воспринимать упрёки на свой счёт и хотел от них отмахнуться.

Присутствуя при этом разговоре, я подумал, что Союз обречён, в том числе из-за соперничества этих двух, действительно выдающихся, лидеров: они никогда не смогут договориться, и это будет тормозом для любых преобразований на территории СССР.

Договорённость с президентом

Только в конце октября 1991 года Борис Ельцин перешёл к решительным действиям. В одном из интервью он заявил, что министерство иностранных дел СССР надо преобразовать в некий центр по координации политики постсоветских государств, в то время как полномочия министерства иностранных дел Российской Федерации (и, соответственно, других республиканских министерств) должны резко увеличиться. Я быстро обзвонил моих коллег в республиках, их реакция была достаточно позитивной. Похоже, это был сильный шаг к сохранению единого государства. Разумеется, союзный МИД решительно отверг эту идею.

Я попытался убедить своего бывшего начальника, а теперь второго человека в МИД СССР Владимира Петровского в необходимости таких реформ. Приводя доводы в пользу предложения Ельцина, я сказал, что готов уступить свой пост министра иностранных дел России кому-нибудь из союзного министерства. И в этом случае могу поехать послом в Соединённые Штаты или какую-то другую страну.

Через несколько дней в разговоре с Ельциным я уловил какое-то раздражение по отношению ко мне. Я спросил у него, что я сделал не так, и вдруг он взорвался. Всю жизнь, сказал он, ближайшие к нему люди ранили его наиболее глубоко. Он никогда не ожидал, что я могу предать его, тем более в такое тревожное время.

Моё непритворное изумление на время прервало его тираду — было ясно, что я не имею понятия, о чём он говорит. Оказалось, ему передали из союзного министерства иностранных дел, что я якобы просил должность посла в США. Когда я пересказал ему наш реальный разговор с Петровским, он снова взорвался. На этот раз его негодование вызвало умышленное извращение моих слов и неприглядная попытка дискредитировать меня.

— Борис Николаевич, — сказал я, — позвольте мне быть с вами откровенным. Я пришёл в правительство Российской Федерации не для того, чтобы сделать дипломатическую карьеру. Наоборот, я отказался от этой карьеры по политическим соображениям. Я вижу в вас настоящего лидера демократических перемен и хочу помогать вам. Поэтому я всегда буду верен первому свободно и всенародно избранному президенту России. Если я когда-нибудь подумаю об отставке или по какой-либо причине изменю свою позицию, я приду к вам и прямо скажу об этом. И я уйду только с вашего согласия. Если вы хотите перевести меня или уволить, просто скажите — и я приму это без проблем. В этих исторических преобразованиях все заменимы, кроме избранного лидера, и у него должна быть свобода манёвра.

— Хорошо, — ответил он, — пусть это будет договорённостью между нами — вы скажете мне первому, и я скажу вам первому.

Мы скрепили договор рукопожатием. Ему нравились подобные джентльменские соглашения, и он обставлял их несколько театрально. Наше соглашение твёрдо выполнялось на протяжении почти шести лет. Оно поддерживало меня в моменты огромного политического давления, когда коридоры власти или СМИ полнились слухами о моём увольнении. Время было такое, что многие из моих коллег узнавали о своей отставке из утренних газет.

Правительство реформ

В октябре 1991 года Ельцин решительно взялся и за экономику. Он привлёк к работе команду экономиста Егора Гайдара и поручил им подготовить программу перехода к рынку. По предложению Геннадия Бурбулиса эта команда позже вошла в российское «правительство реформ».

Егору Гайдару шёл четвёртый десяток. На первый взгляд он выглядел как рано располневший «ботаник», погружённый в академические изыскания. Неудивительно, что многие ошибочно полагали, что он оторван не только от реальной экономики, но и от реальной жизни. Его дед, отец и даже тесть были знаменитыми советскими писателями. Сам Егор работал сначала в научных институтах, потом в партийных изданиях — журнале «Коммунист» и газете «Правда». Его манера речи была наукообразной и малопонятной для человека без высшего образования. Вскоре после своего назначения в правительство он поехал на завод с намерением объяснить политику реформ. Отвечая на вопросы рабочих о росте цен, он пустился в пространные рассуждения о «кривой инфляционных ожиданий». А говоря о религиозных взглядах, определил себя как агностика, безо всяких дальнейших разъяснений. Неудивительно, что рабочая аудитория не приняла нового вице-премьера. И на первых порах, и позже Гайдару мешало его неумение говорить с широкой публикой, доносить до людей свои идеи. Но, безусловно, он был убеждённым реформатором и смело взялся за создание в России новой рыночной экономики.

К сожалению, большинство членов правительства, приведённых Гайдаром, недооценивали важность политической поддержки реформ и вели себя как технократы, обладающие чрезвычайными полномочиями для решения экономических проблем. Они редко снисходили до подробных объяснений — не только перед широкой публикой, но и в парламенте.

В вопросах внешней политики у нас с ними были расхождения. Они в целом поддерживали мои усилия, направленные на большую открытость по отношению к Западу. Но при этом рассматривали постсоветские республики как экономическое бремя и препятствие на пути быстрого прогресса в более развитой России. Я не считал это правильным.

Беловежская встреча

В октябре 1991 года Горбачёв тоже попытался выйти из политического тупика. Он организовал новый раунд переговоров об обновлённом Союзе с президентами республик. При этом он полагал, что такой Союз возможен на прежних, согласованных до путча, условиях. Однако 25 ноября Ельцин заявил, что время для образования федерального государства уже прошло — в этом его поддержали лидеры остальных республик. Ельцин привёл свой самый важный политический аргумент: не могло быть федерации или конфедерации без Украины. Прямое всенародное голосование — стать независимой или остаться в Союзе — было намечено в Украине на 1 декабря. Никакое решение не могло быть принято до получения результатов референдума.

К утру 2 декабря мы знали, что исход украинского референдума превзошёл все ожидания. Несмотря на то, что одну треть украинского населения составляли этнические русские, жившие в промышленных областях, соседних и тесно интегрированных с Россией, более восьмидесяти процентов всего населения проголосовало за независимость.

Я был рад, что Украина отвергла старую систему и таким образом похоронила её окончательно. Но нового Союза, советского или нет, не могло быть без Украины. Поэтому ответ на простой вопрос: что будет дальше с нашей родиной, нужно было дать до того, как её распад станет неконтролируемым, хаотичным и потенциально насильственным.

Я направил Ельцину проект заявления, признающего волю народа Украины и выражающего готовность России установить новые межгосударственные отношения с этой страной. Заявление было немедленно одобрено президентом и опубликовано как выражение официальной позиции Российской Федерации. Зная, что в окружении Ельцина были люди, советовавшие ему не признавать результаты референдума, я был удивлён и обрадован его решительной реакцией. У него был отличный политический инстинкт, и он умел делать правильный исторический выбор.

Спустя несколько лет я спросил Леонида Кравчука, который был в момент референдума президентом Украины, что могло бы случиться, если бы Российская Федерация не признала голосования за независимость и таким образом развязала бы советскому правительству руки для подавления «украинского бунта». Кравчук ответил, что не исключал такого поворота событий и понимал, что ответом Москве будут не мирные манифестации. К тому времени 90 процентов личного состава Вооружённых сил республики принесли официальную присягу на верность Украине. Высшее военное командование выражало верность украинскому правительству и всенародно избранному президенту Украины. «Если бы Москва попыталась применить силу, мы бы ответили силой, — сказал он. — У нас не было бы иного выбора».

А тогда, в декабре 1991 года, мы думали о том, как вовлечь Украину в соглашения, призванные заменить собой Советский Союз. Прямые официальные переговоры привлекли бы огромное внимание прессы и ограничили бы поле для манёвра и пробного обмена взглядами. Некоторая напряжённость возникла уже на ранней стадии выбора места встречи. Кравчук, было очевидно, не захочет лететь в Москву, это выглядело бы как вызов к «большому брату». Помимо того, он не мог вести переговоры с Ельциным в Москве, игнорируя Горбачёва. Если бы Ельцин полетел в Киев, российская пресса могла преподнести это как признак слабости России. Поэтому наилучшим выбором представлялась «случайная» неофициальная встреча Ельцина и Кравчука в каком-нибудь третьем месте.

Хорошая возможность для этого открылась во время намеченного заранее визита Ельцина в Беларусь. Ельцин до этого посетил Украину и Казахстан и подписал с ними двусторонние договоры о дружбе и сотрудничестве, давно пора было сделать то же самое и с Беларусью.

Договорились со Станиславом Шушкевичем, председателем белорусского парламента, и Вячеславом Кебичем, премьер-министром республики, о том, что они пригласят Кравчука провести выходные с ними и Ельциным. Чтобы подчеркнуть неофициальный характер встречи, решено было организовать её в охотничьих угодьях Беловежской пущи.

Мы разработали гибкий поэтапный подход, по которому Россия сначала постаралась бы выстроить наиболее тесные федеративные отношения с Беларусью. Затем эти две страны совместно вовлекли бы в союз Украину, ослабляя, в случае необходимости, предложенную форму интеграции до конфедерации или, как последнее средство, до содружества. В любом случае централизованный и объединённый контроль за ядерным оружием, где бы оно ни было размещено, должен был сохраняться. Чтобы это не выглядело как чисто славянское объединение, три республики могли бы пригласить в новый союз все остальные постсоветские государства.

Однако инцидент, который произошёл в Минске, чуть было не поставил крест на наших планах.

Мы прилетели в столицу Беларуси рано утром и после возложения венков к Могиле Неизвестного солдата отправились в здание парламента. Торжественная речь Ельцина на специальной пленарной сессии, которую в прямом эфире транслировало белорусское телевидение, началась с заверений в дружбе между двумя народами. Затем президент России вспомнил славные эпизоды нашей общей истории. Ельцин был в ударе. Не раз его речь прерывали овации. Внезапно я поймал обеспокоенный взгляд Бурбулиса. Ельцин демонстративно отложил в сторону подготовленный текст и сказал, что у него в запасе есть особенный подарок для «наших белорусских братьев». Мы с Бурбулисом переглянулись, слишком хорошо зная любовь Ельцина к незапланированным и опасным импровизациям.

— Как вы знаете, — торжествующе продолжал Ельцин, — в Кремле сейчас находится кабинет не только президента Советского Союза, но и кабинет президента России, и кто из них там в гостях — это государственная тайна.

Эти слова произвели смешанный эффект. Они подтверждали дальнейшее ослабление нелюбимого Горбачёва и центральной советской бюрократии. Однако у слушавших, очевидно, возникло подозрение, что Россия просто собирается заменить союзный диктат на свой собственный. Зал молчал в ожидании разъяснений.

— В кремлёвских архивах я нашёл документ, которому сотни лет и который я сейчас вам передам. Он сможет положить начало вашим собственным государственным архивам. Это указ русского царя. Он подтверждает, что Россия веками испытывала искренние братские чувства к Белоруссии.

С этими словами Ельцин обернулся к своему помощнику и взял у него старинный документ с размашистой царской подписью. Депутаты пришли в замешательство. Ельцин, очевидно, ожидал, что его широкий жест примут с большим энтузиазмом. Для пущего эффекта он стал читать документ, написанный на старославянском, вслух. И тут все поняли, что царский указ отмечал победу русских войск над армией Речи Посполитой, которая в то время занимала территорию сегодняшней Польши, Прибалтики и Беларуси. Более того, царь, празднуя победу, обещал никогда не оставлять территорию, которая позже стала называться Белоруссией, без защиты и управления со стороны Российской империи.

Зал взорвался криками негодования. Некоторые депутаты, поднявшись со своих мест, громко требовали объяснений. Шушкевичу с трудом удалось успокоить аудиторию, чтобы позволить президенту России закончить своё выступление.

Когда позже в тот же день мы спросили у Шушкевича, можем ли мы рассчитывать на поддержку нашего предложения о сохранении Союза на новой демократической основе, он ответил уклончиво. Сказал, что убедил депутатов воздержаться от комментариев для прессы, а государственную телекомпанию — не показывать в повторе речь Ельцина.

На следующий день, уже в Беловежской пуще, Шушкевич снова уклонился от прямых оценок наших предложений, зато президент Украины Кравчук наотрез от них отказался. По его мнению, ни федерация, ни конфедерация с Россией была невозможна. Даже самый компромиссный из наших вариантов —

альянс (наподобие НАТО, но с намного лучше интегрированными вооружёнными силами и всеми ядерными вооружениями под объединённым командованием) плюс общий рынок — был встречен негативно.

Вечером за ужином Бурбулис всячески старался защитить идею хоть какого-то единства. Он напомнил слова Киплинга — «мы одной крови» — и, заметив, что они произвели впечатление, несколько раз повторил их. Егор Гайдар подчёркивал выгоды экономического сотрудничества. Я указывал, что ядерные вооружённые силы нельзя разделить без запредельно высоких внутренних и внешних рисков. После долгой дискуссии мы, несмотря ни на что, решили попробовать написать устраивающий всех проект соглашения и утром представить его президентам для рассмотрения.

Российская команда — Егор Гайдар, Сергей Шахрай, я — и белорусский министр иностранных дел Пётр Кравченко сели за работу. Помощники Кравчука отказались к нам присоединиться. Они боялись быть втянутыми в обсуждение документа, который мог обязать Украинскую Республику участвовать в новом союзе. Но пока мы работали ночью, они не раз заходили в наш домик и интересовались, как продвигается документ.

Мы начали с перечисления того, что должно было остаться неизменным: в первую очередь централизованный контроль за ядерным арсеналом; открытые границы для населения во всех направлениях и экономическое сотрудничество. Основная трудность состояла в том, что декларация должна была объявить о прекращении существования Советского Союза как государства и члена международного сообщества. Одновременно три республики провозглашали себя суверенными государствами и полноправными участниками международных отношений.

Я считал, что такое заявление нельзя было делать в Беловежской пуще, потому что не все члены Союза там присутствовали. На мой взгляд, мы могли только составить проект договора, приемлемого для трёх присутствующих республик, а затем призвать остальные республики собраться на конференцию и присоединиться к нам.

Сергей Шахрай раскритиковал мой подход как чреватый рисками в дальнейшем и настоял на праве трёх республик распустить Союз сразу. Он выдвинул исторически обоснованный довод. Четыре суверенных субъекта образовали в 1922 году СССР: Российская Федеративная Республика, Беларусь, Украина и Закавказская Федерация. Поскольку Закавказская Федерация уже прекратила своё существование, оставшиеся три республики имели законное право пересмотреть своё прежнее решение.

В школьных учебниках истории мы читали о том, как республики, бывшие суверенными государствами, добровольно объединились в СССР, но воспринимали это как ещё одну сказку, которые так любила советская пропаганда. Все знали, что Советский Союз как централизованное государство всегда управлялся железной рукой Коммунистической партии, армии и КГБ. И вдруг старая сказка дала нам реальное основание действовать легитимно. И так изменился ход истории.

Мы закончили проект документа к утру. Украинцы внимательно прочитали текст и сочли его приемлемым. Тем не менее они сказали, что представят текст президенту как проект, составленный двумя другими делегациями. Эта крайняя осторожность хорошо иллюстрировала фундаментальную трудность стоявшей перед нами задачи.

На следующий день собрался узкий круг, в который вошли президенты и премьер-министры, а также Геннадий Бурбулис, занимавший в тот момент пост государственного секретаря РФ. Участники собрания ещё раз перечитали проект. Их самое существенное изменение касалось наименования нового объединения: слово «Содружество», которое мы предлагали, было расширено до «Содружества независимых государств». После этого документ был одобрен.

Короткая церемония подписания прошла после полудня. Настроение было деловое и приподнятое. По окончании церемонии лидеры решили позвонить президенту СССР Михаилу

Горбачёву и проинформировать его о том, что произошло. Я предложил также позвонить президенту США Джорджу Бушу.

— Зачем нам звонить американцам? — спросил один из участников. — Мы должны думать о внутренней реакции. Сторонники жёсткой линии в Москве могут оценить то, что мы сделали, как государственную измену. А американцы выступают за сохранение статус-кво — Советского Союза.

— Да, американцы за Союз, потому что они боятся дестабилизации. Их, как и нас, пугает пример кровавой гражданской войны в Югославии, — ответил я. — Больше всего они озабочены тем, что будет с нацеленными на них ядерными ракетами. Поэтому сегодняшнее решение мирно заменить разваливающийся Советский Союз Содружеством независимых государств и сохранить ядерное оружие под объединённым контролем — это хорошая новость для них. Кроме того, их может оскорбить, если они получат эту информацию не от нас, а из утренних газет, тем более что эти сообщения могу быть не совсем точны. А если это приведёт к ядерному кризису?

Было решено сделать два звонка. Шушкевич как хозяин встречи взял на себя разговор с Горбачёвым. Ельцин, которому предстояло взять контроль над ядерным оружием, должен был позвонить Бушу.

Шушкевич сразу же поднял трубку прямого кремлёвского телефона. Аппарат правительственной связи был установлен в охотничьем хозяйстве много лет назад для удобства партийных функционеров, которые любили прилетать сюда на выходные пострелять медведей и оленей. Голос со стальными нотками ответил, что президент Горбачёв будет извещён о запросе на разговор и порекомендовал Шушкевичу подождать у телефона. Пауза явно затягивалась.

Меня попросили установить связь с президентом США. К счастью, в моём блокноте оказался номер телефона Государственного департамента в Вашингтоне. Секретарь ответила, что сейчас воскресенье, время к вечеру, и ей не до глупых шуток.

— Пожалуйста, подождите! — почти закричал я. — Я звоню из Советского Союза по поручению президента России Бориса Ельцина. Жизненно важно, чтобы он поговорил с президентом Бушем! Позвольте мне объяснить!

Я глубоко вдохнул и постарался получше объяснить, что Россия это уже не то же самое, что Советский Союз, и разницу между двумя президентами: Горбачёвым, о котором она слышала, и Ельциным, о котором не знала. После подробных расспросов она связала меня с кем-то ещё. Прошло не меньше тридцати минут, пока меня соединили с тем, кто, похоже, имел полномочия организовать разговор на высшем уровне. Но простой и вполне естественный вопрос — куда мне перезвонить, когда президент Буш будет готов взять трубку, — чуть было не погубил все мои усилия.

— Простите, но дело в том, что мы звоним не из Москвы, — я старался звучать спокойно и уверенно, хотя был близок к панике. Я знал, что телохранитель Ельцина отослал администратора и больше никто в доме не знает телефонный номер резиденции. — Это довольно удалённое место, — сказал я собеседнику, — и, боюсь, займёт немало времени узнать региональный код и сам номер. Пожалуйста, вы не могли бы оставаться на связи, пока президент не откликнется?

— Я вас правильно расслышал, господин Козырев, что господин Ельцин имел исторически важную встречу с другими лидерами... в этом месте... Как, вы сказали, оно называется?

— Встреча началась в Минске, столице Республики Белоруссия, два дня назад, — ответил я. — Затем лидеры решили провести выходные в более непринуждённой обстановке, и мы сейчас находимся недалеко от Минска, в Беловежской Пуще.

— И там вы только что договорились заменить СССР чем-то другим, и это так важно, что господин Ельцин должен срочно проинформировать президента Буша. Я вас правильно понял, господин Козырев?

— Именно так. Я знаю, что это звучит странно, но так делается история, если позволите мне это выражение.

— Окей, я попрошу оператора поддерживать связь, пока я не сообщу президенту. Я вернусь к вам как можно скорее.

Через несколько минут два президента начали свой исторический разговор.

Это был первый из ключевых звонков. Звонок президенту СССР, дозвониться до которого удалось нескоро, оказался вторым. Потом Горбачёв и оппозиционная пресса изображали эту последовательность как доказательство непатриотичности беловежской группы и её зависимости от американцев. Эти лживые обвинения повлияли в дальнейшем на сверхчувствительность Ельцина к любым намёкам на американское превосходство, даже в процедурных вопросах.

У нас, понятно, не было английского переводчика, а у них русского, учитывая воскресный день и срочность разговора. Я выступил в этой роли. Мне было ясно, что Бушу и его помощникам надо слышать голос Ельцина, чтобы убедиться, что это он, и судить о его настроении по интонации. Поэтому я сначала давал трубку президенту, а потом переводил беседу.

Когда Ельцин взял трубку, я понял, что он сильно волнуется. Каждое предложение он начинал с обращения: «Глубокоуважаемый господин президент Буш!» Бывший секретарь обкома партии, он имел ограниченный международный опыт, плюс, как мне казалось, в нём жило традиционное для советских людей чувство — странная смесь из недоверия к Западу и преклонения перед ним.

— Зовите его Джордж. Вы встречались раньше. Тон этого разговора должен быть чуть дружелюбнее и человечнее, — шептал я Ельцину. — Вы звучите так напряжённо и официально, что он может испугаться. Вы просто информируете друга о важном шаге и рассчитываете на его понимание.

Похоже, совет помог. Ельцин быстро сменил тон:

— Дорогой Джордж, мы приняли трудное, но неизбежное решение заменить Советский Союз на новое содружество государств. Я хотел быть уверен, что, когда это будет публично объявлено, это не станет для тебя сюрпризом. Мы рассчитываем на твоё понимание и будем на связи.

После этого Буш также зазвучал более свободно:

— Да, Борис, я знаю, это тяжело. Ты должен найти решение в соответствии с волей людей, избравших тебя. Я благодарю тебя за звонок и желаю тебе и другим лидерам всего наилучшего. Я рад, что вы собираетесь поступить с Горбачёвым справедливо. Да, будем поддерживать связь.

Подписанный документ, учреждавший Содружество независимых государств, был фактически смертным приговором Советскому Союзу. Для всех нас это был очень эмоциональный момент. Однако мы верили, что поступаем правильно, и относились к потенциалу Содружества с осторожным оптимизмом.

Я говорю об осторожном оптимизме, потому что у демократических реформ в каждой из постсоветских стран были серьёзные противники. В России их было достаточно много. И мы ожидали их сопротивления. Когда мы летели обратно в Москву, кто-то в шутку предложил заключить пари, что нас не собьют по приказу какого-нибудь «ястреба» — например, командующего средствами ПВО под Москвой. Желающих не нашлось. Но мы никогда не забывали о том личном и политическом риске, который добровольно приняли на себя.

Когда наш самолёт приземлился в Москве, мы испытали большое облегчение, увидев среди встречающей нас группы министра обороны СССР маршала Евгения Шапошникова. Участники беловежской встречи предусмотрительно назначили Шапошникова главнокомандующим новообразованного Объединённого командования стратегическими силами СНГ, и именно в этом качестве Шапошников встречал Ельцина и всех нас в аэропорту, выражая свою лояльность.

А если бы он выбрал другой вариант и приехал с группой спецназа — как министр обороны Советского Союза, — чтобы арестовать несколько человек, которые только что подписали соглашение о прекращении существования СССР? Теоретически это был вполне реальный вариант. Шапошников не принимал участия в демократическом движении и не был известен как реформатор. К счастью, он оказался честным и здравомыслящим офицером, который осознал, что Советский Союз исторически обречён. России повезло, что во главе Объединенных вооружённых сил в тот критический момент оказался порядочный и ответственный человек.

Спустя несколько месяцев Ельцин назначил министром обороны Российской Федерации бывшего десантника генерала Павла Грачёва. Как и вице-президент Руцкой, Грачёв был награждён звездой Героя Советского Союза за участие в афганской войне. У Грачёва, в отличие от Шапошникова, был вкус к бюрократической интриге и материальным благам. Рядом с президентом, который был существенно старше, он умело играл роль восхищённого ученика. В частной обстановке он называл его «отец». Во время дружеских ужинов Ельцин говорил мне, как он ценит молодого министра обороны. Он рассказывал, что знает его с июня 1991 года, он тогда посещал его десантную бригаду. И, конечно, много раз вспоминал, что именно Грачёв отказался штурмовать Белый дом 19 августа 1991 года, несмотря на приказ вышестоящего командования. Вскоре после назначения Грачёва Шапошников ушёл в отставку с поста командующего Объединенными вооружёнными силами и перешёл в руководство «Аэрофлота». Для офицера, прослужившего всю жизнь в ВВС, это было естественное продолжение карьеры после отставки.

Вернувшись в Москву, я с головой погрузился в работу сразу на трёх фронтах. Первый — взаимодействие со СМИ. Текст соглашения о создании СНГ был сразу же передан в «Интерфакс». Второй фронт — работа с Верховным Советом. Мы немедленно направили законодателям официальное письмо, содержавшее текст соглашения и просьбу о его ратификации. Третий фронт — диалог с главами других постсоветских республик. Им всем было направлено приглашение вступить в Содружество. Они нуждались в информации и разъяснении относительно того, что произошло в Беловежской пуще, но предварительная реакция в целом обнадёживала. Большинство выражали облегчение по поводу разрешения затянувшегося кризиса.

Сначала не все политики, да и просто люди, понимали природу нового альянса. Некоторые полагали, что он обладал настолько широким набором полномочий — общее командование ядерными силами, единая валюта, единые границы, координация во внешней политике, — что по сути являлся новым союзным государством. Тем более что президент СССР по-прежнему находился в Кремле и даже вновь назначил министром иностранных дел Советского Союза Эдуарда Шеварднадзе. Очевидно, он рассчитывал на его высокий авторитет в международной и внутренней политике, заработанный министром в 1987–1991 годах.

Шеварднадзе стремился к сотрудничеству с Западом, но постоянно подвергался давлению и даже прямой травле со стороны кремлёвских «ястребов». Когда я пришёл к нему попрощаться в октябре 1990 года, после назначения министром иностранных дел Российской Федерации, я почувствовал, каким одиноким и загнанным он себя ощущал. Всего через два месяца после этого он публично предупредил об угрозе государственного переворота в СССР и подал в отставку. Запоздалое возвращение Шеварднадзе в МИД (теперь его должность называлась министр внешних сношений СССР) в ноябре 1991 года было для меня загадкой. Неужели он не видел, что Советский Союз рушится? Позже, когда он стал президентом Грузии, я спросил его об этом. Он ответил, что не мог отказать в этой просьбе своему старому другу Горбачёву.

Может быть, за согласием Шеварднадзе стояло нечто большее, чем просто дружеские чувства. Он хотел быть рядом с Горбачёвым, чтобы поддержать первого и последнего президента СССР в исторически критическую минуту.

А минута была действительно критически историческая. Президент СССР стоял перед выбором: согласиться с ходом событий или поддаться искушению и обратиться к армии и КГБ с требованием применить силу для сохранения Советского

Союза. Едва ли это могло бы изменить ход истории, но кровопролитие было вполне возможно. Он этого не сделал. Надо отдать ему должное. И не только за это. Он искренне пытался реформировать отжившую советскую систему. К сожалению, в созидательной работе по строительству обновленной страны он был не слишком успешен, проявляя непоследовательность и нерешимость. Его уникальная роль как руководителя государства состояла не только и не столько в том, что он сделал, сколько в том, чего он не сделал. В отличие от предшествующих советских правителей и царей, он наотрез отказался проливать кровь собственного народа для удержания власти. В этом он проявил железную волю, последовательность и решительность. И в этом его великая историческая заслуга.

Но вернусь к реакции на создание СНГ. Как я уже сказал, многие посчитали это вариантом Советского Союза. Другие увидели в СНГ инструмент для отстранения от власти Горбачёва и советской бюрократии и замены их на Ельцина и его команду. Были даже те, кто настаивал: новое государство должно быть основано на панславянской идее, и отказывал среднеазиатским или закавказским республикам в праве на присоединение к СНГ. Такая неоднозначная реакция, естественно, вызвала беспокойство за рубежом.

Мы были вынуждены многократно публично объяснять, что Содружество — это не государство. Напоминали, что по настоянию Украины в документе было заявлено: вся деятельность государственных органов бывшего Советского Союза должна быть немедленно прекращена. Следующая фраза подчёркивала, что новое Содружество не будет иметь признаков нового государства. Более того, чтобы преодолеть подозрение в отношении Москвы других государств — членов СНГ, в соглашении устанавливалось, что новые координирующие органы будут размещены не в столице России, а в Минске. Подчёркивалось, что новая группа государств объединялась на добровольной, неэтнической, нерелигиозной основе и открыта для вступления других республик. Действительно, например, президент

Казахстана Нурсултан Назарбаев был с самого начала приглашён в Минск и в Беловежскую пущу. Он пообещал прилететь, но потом предпочёл не появляться там, пытаясь сохранить за собой возможность политического выбора, поскольку Горбачёв обещал ему должность премьер-министра Советского Союза.

Вообще-то всё было ясно из текста соглашения, однако нам приходилось повторять его основные тезисы ещё и ещё раз.

Парламенты дают «добро»

Беловежским соглашениям ещё предстояло преодолеть самый важный барьер — ратификацию парламентами России, Украины и Беларуси.

Голосование в Верховном Совете России было событием особой исторической и политической важности. В случае отрицательного результата не только легитимность Бориса Ельцина как президента была бы серьёзно подорвана и возникла бы угроза российским демократическим реформам. На карту было поставлено нечто большее — от исхода голосования в Москве зависела судьба всего постсоветского пространства.

Большинство депутатов, похоже, понимали серьёзность ситуации. Однако на обсуждение итоговой резолюции ушло три часа и полемика была бурной. В коротком и энергичном вступительном слове Ельцин ясно дал понять, что у Содружества независимых государств есть одна альтернатива — неконтролируемый и потенциально катастрофический процесс распада Советского Союза. Он напомнил про безуспешные попытки создать федерацию, затем конфедерацию суверенных государств... После них стало очевидно, что содружество — единственно возможная форма интеграции, которая устраивает большинство бывших советских республик. Упускать такую возможность нельзя. Он описал СНГ как перспективную структуру для сотрудничества и реинтеграции новообразованных государств на прочной основе равенства и свободы выбора.

Выступление Ельцина задало позитивный тон всей процедуре. Его поддержали другие ораторы.

Когда пришла моя очередь, я как министр иностранных дел представил дополнительные аргументы в пользу содружества и ответил на множество вопросов. Два из них затрагивали темы, особенно важные для меня. Один вопрос касался легитимности СНГ. Я воспользовался случаем и сообщил депутатам, что Европейское сообщество и Соединённые Штаты приняли наши объяснения и приветствовали образование СНГ как выражение свободной воли и законного выбора народов бывшего СССР.

Второй вопрос был связан с будущим СНГ. Я постарался объяснить депутатам, что от них будут зависеть отношения между Россией и её соседями. Если они будут привержены курсу реформ, проявят уважение и признают равенство всех членов Содружества, Россия станет привлекательным партнёром в процессе реинтеграции. Но если реформы у нас провалятся и Россия поддастся имперским амбициям, тогда и Содружество окажется непрочным.

Процедура завершилась почти единодушным голосованием за ратификацию Беловежских соглашений. Это было очевидным подтверждением общего желания покончить с эпохой Советского Союза и создать условия для новой демократической России. Короткое время спустя депутаты единогласно проголосовали за изменение официального названия страны. Российская Советская Федеративная Социалистическая Республика, РСФСР, превратилась в Российскую Федерацию, Россию.

Не менее бурно проходило обсуждение Беловежских соглашений и в Верховной Раде Украины 12 декабря 1991 года. В ходе дискуссии депутаты обратили внимание на две важных для страны позиции — гарантированный роспуск всех федеральных структур и нерушимость границ. По решению Рады эти принципы были зафиксированы в дополнениях к Беловежским соглашениям, которые прилагались к акту о ратификации.

При обсуждении в парламенте Беларуси был поднят вопрос о закреплении нейтрального статуса республики.

По понятным причинам все республики стремились упрочить свою новообретённую независимость. Отчасти это было реакцией на противоречивые сигналы из Москвы. Они исходили не только от Горбачёва, но и от Ельцина, который многократно публично заявлял, что взял под свой контроль центральные властные структуры в Москве и, в частности, «ядерный чемоданчик». Всё это вызывало в бывших советских республиках тревогу.

Показательно, что российский президент решил остаться в Кремле, хотя демократы из его окружения предлагали ему занять кабинет в Белом доме. Их логика была понятна. Кремль был символом авторитарного государства, в то время как Белый дом после путча стал символом победы демократии. Предлагалось освободить Кремль от государственных учреждений и превратить его в исторический памятник, открытый для публики. Ельцин не поддержал эти предложения. Меня это беспокоило. В его решении я увидел приверженность внешним атрибутам власти и желание продемонстрировать всем свою победу над Горбачёвым. Не об этом надо было бы заботиться лидеру, который взял на себя ответственность за демократические реформы в стране.

В конце концов все страны, подписавшие Беловежские соглашения, ратифицировали их через демократические парламентские процедуры. И это было принципиально важно. Оставалось ждать реакцию остальных постсоветских государств.

Казахстан и другие

Прошло несколько дней, и независимость провозгласил Казахстан, который взял на себя инициативу созвать встречу на высшем уровне всех бывших советских республик в своей столице Алма-Ате. Саммит состоялся 21 декабря. В нём приняли участие лидеры одиннадцати республик. Кроме балтийских государств, встречу проигнорировала Грузия. Её лидер Звиад Гамсахурдиа заявил, что независимость его страны не нуждается в подтверждении и что СНГ представляет собой слишком тесную интеграцию с Россией и другими бывшими советскими республиками.

При подготовке к саммиту пришлось решать ряд довольно сложных задач. Сразу было ясно, что лидеры республик не хотят играть в Содружестве второстепенную роль. Такая опасность, как казалось им, существовала. Страны, инициировавшие создание СНГ, могли претендовать на роль «старших товарищей».

Надо было думать о такой формуле, которая гарантировала бы всем участникам СНГ равное положение. И тогда я вспомнил о процедуре создания ООН. Как известно, Польша отсутствовала на церемонии подписания Хартии Объединённых Наций и присоединилась к ней только около месяца спустя. Однако эта страна числится среди стран — основателей ООН. С этим согласились все другие участники. «Польский прецедент» был использован при подготовке проекта соглашения, которое предлагалось подписать в Алма-Ате. В нём было специально оговорено, что любое государство, которое вступает в СНГ сейчас или в будущем, считается его членом-основателем с равными правами. Главы всех заинтересованных республик согласились с таким порядком и подписали соответствующий протокол, который стал неотъемлемой частью Беловежских соглашений. Это позволило другим республикам принять Беловежские соглашения с достоинством.

Другой проблемой при подготовке Алма-Атинского саммита были взаимоотношения России с внешним миром. Перейдёт ли статус великой державы, несущей обязательства ядерного государства и занимающей постоянное место в Совете Безопасности ООН, к России? И если да, то при каких условиях?

Вскоре после подписания Беловежских соглашений я позвонил государственному секретарю США Джиму Бейкеру, министрам иностранных дел Великобритании — Дугласу Херду — и Франции — Ролану Дюма, чтобы обсудить с ними эту проблему. Мои собеседники считали, что по закону все республики имели равные права как наследники Советского Союза и теоретически могли бы разделить его активы и обязательства между собой — или по взаимному согласию на дипломатической конференции, или через процесс международного арбитража. Но как именно разделить законные обязательства бывшего единого образования, его участие в договорах и место в ООН и наделить ими в равной мере все страны-наследники? Ни у меня, ни у моих собеседников сходу не было ответов на эти вопросы.

Опыт решения подобных юридических головоломок был, пожалуй, только у британцев. Они сталкивались с похожими проблемами, когда сначала создавали, а потом демонтировали свою империю. В нашем разговоре министр иностранных дел Великобритании Дуглас Херд напомнил, что Лондон использовал концепцию «государства-продолжателя». В нашем случае таким «государством-продолжателем» могла бы стать Россия, приняв на себя обязательства СССР по договорам и его дипломатические функции, включая членство в ООН и в Совете Безопасности. Для этого не нужно было никакого формального решения международной конференции. Но было критически важно, чтобы ни одна великая держава не поставила под вопрос этот статус.

Мои западные коллеги в принципе соглашались, что ядерный и ооновский статус должен перейти к России, но только с согласия бывших республик Советского Союза и стран — членов ООН.

Президент Ельцин согласился добиваться для России статуса государства-продолжателя, и мы с американским, английским и французским министрами иностранных дел стали готовить осуществление этого плана. Нам также нужно было одобрение Китая (или как минимум его нейтральная позиция) — единственной незападной страны — постоянного члена Совета Безопасности. Я пригласил китайского посла и заверил его в нашей решимости развивать добрососедские отношения с его страной и попросил его о поддержке. Я почему-то верил, что Китай не создаст проблем, и не ошибся: Пекин быстро дал положительный ответ.

Тем временем нам нужно было закрепить статус России как страны-продолжателя через одобрение странами СНГ. На саммите в Алма-Ате республиканские лидеры, а теперь главы независимых государств должны были рассмотреть все вопросы, касающиеся наследования. Они решили сделать это на весьма важном заседании в узком кругу и довольно быстро ратифицировали предварительно согласованные экспертами решения об учреждении важнейших органов Содружества, включая советы глав государств и глав правительств и Объединённое военное командование стратегическими силами. Документы по стратегическим силам подтверждали, что практический контроль и обслуживание всех ядерных вооружений, где бы они в то время ни находились, будет осуществляться Россией и управляться штабом из Москвы.

Бо́льшую часть времени, однако, участники обсуждали неотложные экономические проблемы уже с участием своих премьер-министров. Экономики всех стран находились в плачевном состоянии. Это не было секретом. И тем не менее участники встречи испытали сильные чувства, когда узнали, что у советского правительства не было валютных и золотых резервов, зато скопился огромный международный долг. В этой ситуации они довольно легко согласились, что Россия возьмёт на себя обслуживание всего долга СССР, а взамен получит бо́льшую часть советских активов. Детали подлежали разработке при дальнейшем рассмотрении. Таким образом, республики избегали дефолта по советскому долгу и могли свободно вступать в международные финансовые и торговые отношения, что было жизненно важно для восстановления их разрушенных экономик.

Допуск в зал заседаний, где совещались высшие руководители, был ограничен. На него не пригласили даже министров — только узкий круг помощников. Два-три раза меня и моих коллег вызывали для предоставления объяснений или статистических данных, которые были известны только тем, кто имел допуск к советской статистике в Москве.

Я воспользовался одним из таких вызовов и попросил Ельцина поднять вопрос о месте постоянного представителя в Совете

Безопасности ООН. Мы обсуждали это заранее, и он хорошо понимал, какие тут могут возникнут проблемы. Ельцин осмотрительно перешёл к этой теме сразу после эмоциональных дискуссий о финансовом наследии Советского Союза.

Российский президент заметил, что для преодоления финансовых сложностей республики должны поддерживать друг друга как на внутренней арене, так и в их многообразных отношениях с внешним миром. Вступив в мировые финансовые организации, особенно в Международный валютный фонд и Всемирный банк, новые независимые государства смогут делать заимствования на международных рынках. «В этой ситуации, — сказал Ельцин, — очень важно всем постсоветским государствам добиваться вступления в ООН».

Он напомнил, что Украина и Белоруссия являются членами — основателями ООН изначально. Другие республики, включая Россию, по процедуре должны будут подать заявления на вступление как новые государства. Сообщение о том, что Россия, в отличие от Украины и Беларуси, не является членом ООН, поразило всех своей нелепостью. Было видно, что никому из лидеров это раньше не приходило в голову, и сейчас они готовы принять любое разумное решение. У президента России такое решение было.

«Давайте согласимся, — предложил Ельцин, — что Украина и Белоруссия должны использовать свой членский статус в ООН, чтобы помочь другим вступить в организацию как можно быстрее». Он подчеркнул привилегированное положение двух государств и апеллировал к их моральному обязательству помочь остальным. «Что касается России, продолжал он, — она сможет взять на себя бремя обязательств Советского Союза, вытекающих из международных договоров, включая Хартию ООН. Таким образом, она также останется членом всемирной организации, но как „страна-продолжатель". Такое решение никак не ущемляет права новых независимых государств».

Это предложение было с облегчением поддержано всеми участниками саммита как самый лёгкий и безболезненный выход из неловкой ситуации. Но всё оказалось не так просто. Кто-то вспомнил, что процедура предполагает наличие проекта документа, подготовленного экспертами, который должен быть вынесен на обсуждение. Но именно этого мы хотели избежать. Я предвидел неминуемое сопротивление со стороны Украины и Белоруссии, и знал по опыту, что белорусский министр иностранных дел Пётр Кравченко готов спорить часами по поводу текста любого документа. Но саммит заканчивался, время было позднее, все устали...

Я шепнул Ельцину, что проект резолюции, касающейся ООН, уже есть, хотя он и не был роздан вместе с остальными проектам. Это был краткий текст на полстраницы, который легко можно было прочитать вслух и принять без голосования. Ельцин сходу понял мой замысел, и его реакция была быстрой — верный своей склонности к импровизации, он объявил, что я подготовил текст, но по ошибке не распечатал его в достаточном количестве копий, за что ему, Ельцину, сейчас приходится извиняться. Несмотря на это, он верит в то, что ошибка его министра иностранных дел не должна помешать главам государств принять правильное решение.

Голос Ельцина звучал так раздражённо, что, казалось, он готов был уволить меня на месте из-за моей мнимой ошибки. И эта ставка сыграла — никто не хотел проблем, меня хорошо знали, и я был в тёплых отношениях со многими из присутствовавших. Кроме того, все участники встречи хотели закончить её на оптимистической ноте хотя бы в международных делах, внутренние были в слишком плачевном состоянии. Все быстро согласились, что нехватка бумажных копий — не проблема, и подготовленный мной документ был принят после прочтения вслух.

Сразу же после заседания Кравченко и его коллеги из украинской делегации попытались убедить своих начальников оспорить резолюцию как некорректно принятую. Но ужин был уже накрыт, и главы государств настроились праздновать, а не спорить. Тем более что само по себе решение казалось всем здравым и правильным.

Но в тот момент мы ещё не знали, как поведёт себя ООН. Успех наших усилий зависел от избранного генерального секретаря ООН Бутроса-Гали и уходящего главы ООН Хавьера Переса де Куэльяра. Оба фактически поддержали нашу позицию. Бутрос-Гали просто приказал сменить табличку с надписью USSR в Совбезе ООН на другую — Russian Federation. Это был один из редких моментов в истории, когда судьба великой державы зависела от решения генерального секретаря. Как правило, сам высший руководитель ООН зависит от постоянных членов Совета Безопасности, имеющих право вето при его назначении.

На нашей стороне оказался и постоянный представитель Советского Союза при ООН Юлий Воронцов. Он мог или заблокировать усилия Российской Федерации стать государством — продолжателем Советского Союза, или наоборот, «уволить» СССР из всемирной организации, что он и сделал. Опытный дипломат, он сразу воспринял нашу идею, когда я объяснил её суть по телефону. После смены таблички Воронцов спокойно занял место Российской Федерации и выступил на заседании Совета Безопасности уже как постоянный представитель России, сделал это как само собой разумеющееся, будто речь шла о пустяке. Если бы он отказался это сделать и возразил против замены, вопрос наследования превратился бы в международную проблему. После того как Воронцов показал пример, за ним последовали советские послы во всём мире, присягнув на верность России. Российская Федерация беспрепятственно заняла своё законное место великой державы.

Итак, 21 декабря 1991 года главы восьми новых независимых государств подписали в Алма-Ате протокол, по которому все они становились членами СНГ и признавали легитимность роспуска Советского Союза. А уже 23 декабря Европейский Союз и всё международное сообщество в соответствии с решением глав государств — наследников СССР и участников СНГ официально признали Россию как государство — продолжателя СССР, ядерное государство и постоянного члена Совета Безопасности ООН.

В соответствии с нашим запросом Европейское сообщество и США выразили также свою готовность признать другие бывшие советские республики, как только эти государства «предоставят гарантии» приверженности демократии, защиты прав меньшинств, поддержки нераспространения ядерного оружия и уважения нерушимости границ.

Первые шаги во внешней политике

Как министр иностранных дел я мог видеть своими глазами, с какой надеждой лидеры по всему миру воспринимали трансформацию России. Это было очевидно во время визита Бориса Ельцина в Италию 17 декабря 1991 года. Визит был запланирован намного раньше, но неожиданно превратился в первую зарубежную поездку президента Российской Федерации как главы независимого государства. Ельцина приветствовали как уважаемого лидера великой страны, решительно двинувшейся по пути реформ. Поменять пришлось лишь немногие детали протокола, а Декларация о дружеских отношениях, которую подписали президенты России и Италии, осталась неизменной. В то время Вашингтон и многие другие европейские столицы всё ещё вели переговоры с президентом СССР Михаилом Горбачёвым и его министерством иностранных дел. Наша поездка продемонстрировала прозорливость итальянских дипломатов и политиков, которые предвидели, с кем в ближайшем будущем им придётся вести дела в Москве.

Красота римской исторической архитектуры покорила Ельцина, который, как известно, был профессиональным строителем. Наши итальянские коллеги постоянно говорили о демократических реформах в России, подчеркивали, что это шанс вдохнуть новую жизнь в культурное и духовное наследие России как части европейской цивилизации. Во время короткой прогулки по центру Рима мы с Ельциным говорили о том, насколько же нелепы заявления русских националистов, считающих, что демократия западного типа, тесные связи с Америкой или членство в НАТО наносят ущерб культурной идентичности народов.

Нас принял папа Иоанн Павел II, урождённый Кароль Юзеф Войтыла. Ельцин выразил понтифику глубокое почтение. Прощаясь с нами, папа постарался к официальному протоколу добавить какой-то неформальный жест, адресованный каждому члену нашей маленькой группы. Он подошёл ко мне, задержал мою руку в своих ладонях, посмотрел мне в глаза и повторил несколько раз по-русски: «Я знаю, я знаю... Благослови вас Бог».

За день до отлёта в Италию, 16 декабря, Ельцин подписал указ, по которому все министерства Российской Федерации, включая моё, должны были взять под контроль советские министерства. Начиная с этого дня Горбачёв с горсткой помощников в кремлёвских кабинетах оставались единственным осколком советской системы. Из Рима я позвонил Эдуарду Шеварднадзе. Он собирал свои личные вещи и был готов к отъезду. «Завтра, — сказал он, — вы должны прийти на Смоленскую площадь и руководить министерством». Я выразил благодарность за его вклад в изменение внешней политики Советского Союза. Вскоре после отставки он уехал в Грузию, раздираемую межэтническими конфликтами, чтобы стать главой этой страны. Его смелое решение вызвало у меня большое уважение. Он легко мог выбрать другую жизнь, скажем, стать профессором в любом респектабельном западном университете. Но он предпочёл трудную судьбу.

Вернувшись в огромное здание МИДа после более чем годового перерыва, я испытывал сложные чувства. Часто, проходя мимо сталинской высотки на Смоленской площади, где начиналась моя карьера, я честно признавался себе, что мне недостаёт не только комфорта, сопутствующего высокой должности в могущественном учреждении, но и профессионального удовлетворения, которое я получал от дипломатической работы в ООН. Но ни одной секунды, даже в напряжённые часы путча, я не сожалел о своём выборе.

Я знал министерство изнутри и полностью сознавал, с какими масштабными трудностями мне придётся столкнуться.

Самой большой проблемой была обманчиво простая картина мира в головах советских дипломатов, в которой были только мы и они, наши враги на Западе. Люди с такими взглядами вряд ли смогли бы простить мне участие в Беловежских соглашениях.

Большинство политиков из демократического лагеря предлагали разрушить старую структуру и уволить большинство сотрудников министерства. Я не разделял эту точку зрения. Советские дипломаты были опытными профессионалами и свободно владели иностранными языками. Заменить их было непростой задачей. Они долгие годы были моими коллегами, и я должен был дать им шанс. Когда я сообщил Ельцину о моём решении, он с неохотой согласился, произнеся: «Это ваш выбор. Если потом вы пожалеете об этом, вам некого будет винить, кроме себя самого».

Я собрал высший эшелон сотрудников министерства и объявил им, что время неопределённости прошло, попытки «ястребов» толкнуть нас на ошибочный исторический путь провалились вместе с путчем. Теперь перед нами открывается возможность поставить свой профессионализм на службу демократической России, а прежние враги — западные демократии — станут новыми друзьями. Перед нами стояла беспрецедентная задача — установить дипломатические связи с бывшими советскими республиками. Я предложил ускоренное продвижение по службе тем дипломатам, кто пожелает переключиться на это новое перспективное направление.

Девятнадцатого декабря открылась встреча министров стран — членов НАТО. Ей предстояло учредить Североатлантический совет по сотрудничеству, которому надо было наладить контакты с Советским Союзом и странами Восточной Европы. Приветствуя эту идею, мы считали необходимым прояснить два обстоятельства. Первое. Советского Союза больше нет, и, соответственно, нет главной причины противостояния Востока и Запада. Как и европейцы, мы считаем НАТО важным компонентом безопасности всей Европы. На это указывалось в документе, только что подписанном в Риме. Мы предлагаем альянсу выстраивать отношения сотрудничества с Россией и другими республиками. И второе. Мы должны выработать собственное отношение к альянсу не как к противнику, а как к партнёру в обеспечении общей безопасности. Борис Ельцин подписал письмо генеральному секретарю НАТО. Оно начиналось с тезиса: реформы в России создали беспрецедентные возможности для взаимного доверия между нашей страной и НАТО, основанного на общих ценностях. Само по себе это утверждение было знаковым разрывом с традиционной советской позицией, которая опиралась на тезис о противоположности двух систем — социализма и капитализма, России и Запада.

«Сегодня мы не просим принять Россию в члены НАТО, но рассматриваем это как нашу долгосрочную цель», — написал Ельцин в письме генеральному секретарю НАТО — одной из первых политических деклараций новой России. Великий исторический момент не обошёлся без абсурда. Текст письма, переданный прессе, содержал техническую ошибку: слово «не» было пропущено в английском переводе. Выглядело это так: «Сегодня мы просим принять Россию в члены НАТО, но рассматриваем это как нашу долгосрочную цель». Мы внесли поправку, но ошибка помогла привлечь дополнительное внимание к этому документу и его значению, которое, по сути, было тем же самым, с «не» или без него.

Письмо было передано НАТО Николаем Афанасьевским, который ранее был первым в истории представителем СССР в альянсе. Как это ни удивительно, но западные дипломаты были настолько плохо информированы о переменах в Москве и загипнотизированы «горбиманией», что действия Афанасьевского в новом качестве шокировали их. «Ещё до окончания четырёхчасового заседания, — сообщала газета *The New York Times*, — господин Афанасьевский поразил министров иностранных дел заявлением о том, что его страны больше нет и он получил указание удалить все упоминания о Советском Союзе из финального коммюнике, которое уже было роздано прессе».

В значительной мере плохая осведомленность Запада была результатом целенаправленных усилий Горбачёва и назначенного им после путча министра иностранных дел Бориса Панкина. Оба вели дела так, как будто ничего не изменилось, и игнорировали растущую самостоятельность республик, желающих, чтобы их интересы принимались во внимание и во внешней политике. Замена в последний момент Панкина на Шеварднадзе уже не могла ничего изменить. Пользовавшийся авторитетом на Западе Горбачёв активно лично участвовал в международных встречах, очевидно, полагая, что дипломатические успехи помогут укрепить его позиции в собственной стране. На практике, однако, зарубежное представление одного актёра только усиливало раздражение в стране, шедшей к катастрофе.

Североатлантический совет по сотрудничеству был временным ответом на устремления тех посткоммунистических государств, которые хотели вступить в альянс как можно скорее. В Совете они видели нечто вроде «подготовительного класса» перед вступлением в члены НАТО. Альянс не мог ни принять неподготовленных кандидатов, ни навсегда закрыть перед ними двери.

Госсекретарь США Джеймс Бейкер нанёс визит в Москву 20 декабря. Довольно странно, но он провёл примерно равное время в отдельных переговорах с Горбачёвым и Ельциным, который был уже единственной реальной властью в столице. Бейкер заверил российского президента, что Североатлантический альянс готов пройти свою половину пути навстречу России в поисках общей основы для сотрудничества, и пообещал продолжить обсуждение необходимых шагов с другими странами — членами НАТО. Ельцин и я говорили Бейкеру о решимости России вести СНГ по пути демократии на основе хельсинкских принципов нерушимости границ и территориальной целостности, развития рыночной экономики и интеграции с Западом, в частности с его влиятельнейшими международными институтами, такими как МВФ, Всемирный банк и НАТО. Ельцин также заверил Бейкера, что он будет контролировать «ядерный чемоданчик» и займёт пост Верховного главнокомандующего. Евгений Шапошников, предполагалось, будет командовать Стратегическими силами Содружества. Американцы согласились, что ядерное вооружение Советского Союза должно остаться под контролем одной страны, и ей могла быть только Россия. Нераспространение ядерного оружия было признано общим приоритетом. Оставалось убедить три республики, которые сохраняли ядерное оружие на своей территории — Украину, Белоруссию и Казахстан, — избавиться от него как можно скорее. Бейкер намеревался добиваться этого в переговорах с лидерами этих стран и выполнил своё намерение в Киеве, куда отправился из Москвы.

Помощь

Зима 1991–1992 года обещала стать тяжёлой. Бывшие советские республики входили в неё с пустыми полками магазинов и тотальным дефицитом, оставленным им союзным правительством. Уличные протесты в декабре 1991 года продемонстрировали, насколько сильно страдало население новых независимых государств и как много народ ожидал от новой власти.

Поэтому мы обрадовались, когда Бейкер предложил начать немедленные поставки помощи, чтобы помочь людям пережить зиму.

Гуманитарная помощь, предоставленная впоследствии Соединёнными Штатами и другими западными странами, была щедрой, но результаты этой помощи редко доходили до обычных граждан, включая моих родных и друзей. Рассказы о коррупции и использовании помощи не по назначению стали появляться в прессе. Казалось, что порядки прошлого не изменились при новой российской власти. МИД получал ежедневные сводки из западных посольств в Москве, описывающие сомнительные действия российских правительственных организаций, получавших и распределявших помощь среди населения.

На основе этой информации мы подготовили несколько докладов о распределении помощи и недостатках в её организации, которые я вручал лично Ельцину, Бурбулису, Гайдару и парламентским лидерам. Несмотря на это, проблемы оставались, обнажая низкую эффективность правительства.

Это дало шанс председателю Верховного Совета России Руслану Хасбулатову и вице-президенту Александру Руцкому потребовать себе полномочий для контроля и оперативного управления распределением помощи. Правительство отвергло оба требования, сославшись на свои прерогативы как исполнительной ветви власти. Оппонирующие друг другу стороны использовали прессу для взаимных обвинений в особых корыстных интересах, стоящих за позицией каждой из них.

Линии политического раздела скоро оформились более чётко. Демократы стремились защищать правительство даже против обоснованной критики и разумного парламентского контроля. Консерваторы заняли обвинительную позицию и начали группироваться вокруг лидера парламента и вице-президента.

Коррумпированная советская бюрократия, беспрепятственно переходящая в новую российскую систему, легко манипулировала новыми лидерами, играя на их слабостях и разногласиях. У многих вызывало отвращение, когда глава какого-нибудь управления, ещё несколько месяцев назад носивший в кармане партбилет, отчитывался о своих усилиях по внедрению новых рыночных механизмов в своей сфере ответственности. Такие борцы за рыночную экономику часто имели родственников, занимавших места в парламенте, в то время как их деловые партнёры возглавляли частные фирмы с эксклюзивными контрактами на распределение иностранной помощи.

Чем больше опытные бюрократы возвращали своё влияние, тем чаще они прибегали к русской националистической риторике. Некоторые правительственные организации стали отвечать на обвинения в неэффективном распределении помощи утверждениями, что львиная доля ответственности за это лежит на самом Западе. По их мнению, доноры возвещали о своей щедрости, а значимой помощи не оказывали.

Но больше всего российскую бюрократию злили требования западных доноров указывать конечных получателей помощи. Хотя это была вполне оправданная предосторожность, бюрократы утверждали, что это приводит к искусственным задержкам и что продукты и медикаменты к моменту прибытия в Россию оказываются просроченными. В этой ситуации их якобы уничтожают и отчитаться за них невозможно. При этом не было никаких сомнений в том, что и просроченная продукция продавалась через те же сомнительные частные фирмы.

Самые большие объёмы поставок доходили до адресатов в основном через неправительственные организации или прямые контакты на местном уровне. В некоторых случаях эта помощь сыграла очень важную — даже жизненно важную — роль и помогла людям в бывших советских республиках пережить зиму 1991–1992 года. Спустя много лет я встречал врачей и учителей в моём избирательном округе в Мурманске и в других отдалённых местах по всей России, которые выражали благодарность за западную помощь в начале девяностых годов. Однако широкомасштабные бюрократические злоупотребления, сопровождавшиеся злобной пропагандистской компанией, значительно подпортили общественный имидж западного гуманитарного содействия.

В ответ на доклады моего министерства об узких местах, потерях и нецелевом использовании поставок некоторые ведомства стали обвинять министерство в защите Запада вместо защиты интересов России. Эти обвинения использовались парламентской оппозицией для публичных нападок на министерство иностранных дел и на меня лично. Разумеется, реальной мишенью была политика сотрудничества с Западом и продолжение реформ западного типа в целом. С тех пор бюрократия продвигала через парламент и прессу утверждения о том, что Ельцин и я делали политические уступки американцам в обмен на якобы испорченные гуманитарные поставки.

Я пытался привлечь внимание правительства и лично Егора Гайдара к проблемам, связанным с гуманитарной помощью. Но им было не до этого. Я чувствовал, что экономистам в правительстве не хватало политического опыта. Они искренне пытались приспособить чистую экономическую теорию к задаче реформирования общества, недооценивая важность политической стратегии и распространения правильной информации. Чем и пользовалась оппозиция, обвиняя новую власть в отсутствии патриотизма и сговоре с Западом.

...Двадцать шестого декабря 1991 года я ехал в Кремль. Когда машина пересекала Красную площадь, мой помощник обратил внимание на крышу президентского здания. На месте советского красного флага с серпом и молотом на ветру развевался российский триколор. Когда я вошёл в кабинет Ельцина, там уже были Бурбулис и Коржаков. Мне объяснили, что Горбачёв произнёс прощальное телеобращение к народу из своего кабинета и покинул его. Скоро туда переедет Ельцин. Мы подняли бокалы за окончательное прощание с Советским Союзом и его последним лидером и за начало новой эры.

Тридцатого декабря 1991 года в Минске состоялась первая регулярная встреча лидеров стран СНГ. В новой штаб-квартире ещё не хватало помещений и технической поддержки для приёма одиннадцати делегаций на высшем уровне. Некоторые правила и процедуры пришлось устанавливать на месте, что ещё больше усиливало неразбериху. Но всё же преобладал дух нового партнёрства. Начали работу важнейшие органы Содружества, приняты решения, направленные на политическое, военное и экономическое сотрудничество между странами СНГ. В основном это были декларации о намерениях, но поскольку они были единогласно одобрены главами новых правительств, можно было надеяться на их серьёзное развитие в будущем.

Тридцать первого декабря я отложил дела, чтобы пойти с семьёй в Большой театр на балет «Щелкунчик». Я смотрел на сцену, а краем глаза наблюдал за моей одиннадцатилетней дочерью, разделяя её волнение. Я по-детски болел за силы добра, которым противостояли силы зла. Возможно, потому, что такое же противоборство мы наблюдали в реальной жизни. Вот только добрых волшебников рядом с нами не было. Можно было надеяться только на себя. И тем не менее я встречал Новый год с оптимизмом и большими надеждами.

Часть вторая

Движение вверх.
Трудности нарастают.
1992–1994

Моим коллегам и мне предстояло выработать новую внешнеполитическую стратегию России. Мы исходили из того, что внешняя политика должна обеспечить наиболее благоприятные условия для проведения демократических и рыночных реформ в стране. В моём понимании «наиболее благоприятные условия» это добрососедские отношения с государствами, окружающими Россию, интеграция в сообщество наиболее развитых демократических государств и, наконец, взаимовыгодные отношения со всеми другими странами. Статус государства — продолжателя СССР означал лишь преемственность договорных и дипломатических, но никак не политических позиций. Например, Россия продолжила советское членство в ООН в качестве постоянного члена Совета Безопасности, но была вольна участвовать в работе всемирной организации в соответствии с другой или даже во многом противоположной политикой. Многие страны, особенно четыре других постоянных члена Совбеза, именно этого и ожидали в контексте наших предварительных контактов с ними.

Президент полностью разделял моё видение ситуации и, собственно, поэтому предложил мне пост министра иностранных дел новой России. Эту же программу я представил Верховному Совету в октябре 1990 года, когда Россия была частью Советского Союза, и тоже получил одобрение. С тех пор я делал всё возможное, чтобы новая Россия шла по этому пути, и оставался рядом с президентом до тех пор, пока он не поменял свой внешнеполитический курс.

Я понимал, что внешнюю политику России придётся строить с нуля. Опыт СССР был для нас принципиально неприемлем. На месте так называемого «социалистического лагеря» появились демократические государства, отношения с которыми надо было выстраивать совершенно по-другому. Часть бывших республик — Латвия, Литва, Эстония — вернули себе статус суверенных независимых государств и не хотели вступать ни в какие альянсы с Россией. Они были полны решимости присоединиться к клубу западных демократий. Другие постсоветские государства вошли в состав СНГ, но при этом путь, который они выберут в дальнейшем, оставался неясен. Опыта работы с такими партнёрами у нашего МИДа не было.

Глава 3.
Создание СНГ

Наши новые партнёры на постсоветском пространстве были решительно настроены против былой зависимости от имперского центра, но одновременно искали новые формы совместной деятельности с Россией. Всё-таки гуманитарные, культурные и экономические связи между нашими странами были очень тесными. Мы вместе двигались к новым отношениям буквально наощупь. Но некоторые принципиальные подходы, казалось, для всех нас бесспорны. Мы готовы были сделать всё возможное, чтобы избежать противостояния между бывшими советскими республиками. Трагический пример Югославии показал, какой может быть цена внешнеполитических ошибок. Цена наших промахов могла оказаться ещё более катастрофической с учётом ядерного оружия, размещённого на территории бывшего Советского Союза.

Создание СНГ давало нам шанс на превращение потенциальных конфликтов в новые возможности. И мы делали всё, чтобы этот шанс не упустить. В 1991–1992 годах прошла серия встреч между лидерами постсоветских государств и их министрами иностранных дел. В результате был подписан ряд двусторонних договоров и деклараций. Так постепенно выстраивалась основа отношений внутри СНГ и одновременно укреплялись личные отношения между лидерами.

Несмотря на очевидные успехи, министерство иностранных дел России сталкивалось с абсурдными обвинениями в том, что оно пренебрегает новыми независимыми государствами в своей одержимости Западом. Эти обвинения исходили от коммунистов и националистов, которые настаивали на неоимперской политике. Наш курс они называли «предательским». Надо признать, что нас критиковали не только политики. Непонимание новых реалий демонстрировали и некоторые СМИ. Они придумали термин «страны ближнего зарубежья», с помощью которого вольно или невольно исключали участников СНГ из контекста внешней политики. Этот термин, ставший популярным в 1991 году, был воспринят нашими партнёрами крайне негативно. Они видели в нём попытку перевести их в страны «второго сорта», ограничить их независимость. Я старался не использовать это двусмысленное выражение.

Проведение новой внешней политики буксовало не только из-за политических, но и из-за технических проблем. Никто в бывшем советском МИДе не специализировался на работе с советскими республиками. Эту работу координировал аппарат ЦК КПСС.

Мы подумали, что каких-то специалистов со знанием бывших союзных республик можно найти среди партийной бюрократии. С лёгкой неохотой мы предложили должности некоторым из них, но встретили отказ. Большинство партаппаратчиков к этому времени занялись бизнесом, кто-то просто отошёл от дел. Но главное — им всем категорически не нравилось новое направление российской внешней политики.

В конце концов я предложил пост первого заместителя министра, отвечающего за работу с парламентом и бывшими советскими республиками, демократически настроенному депутату Фёдору Шелову-Коведяеву. Он явно выделялся среди других независимостью мышления, умением ярко формулировать мысли и даже манерой одеваться. Высокий, с аккуратно подстриженной бородой, в цветном пиджаке, который особенно выигрышно выглядел на фоне унылых серых костюмов большинства депутатов. Он даже носил галстук-бабочку — советские карикатуристы любили изображать с такими «проклятых капиталистов». Как представитель парламента,

Шелов-Коведяев сопровождал Ельцина в Казахстан в августе 1991 года, и я обратил внимание на его здравые суждения по поводу отношений с соседями. Во время августовского путча его можно было видеть среди других депутатов-демократов, участвовавших в защите Белого дома. Сначала Ельцин отказывался поддержать его кандидатуру, ссылаясь на отсутствие у него дипломатического опыта. На что я возразил: дипломатов с необходимым нам опытом работы нет в принципе. Так Шелов-Коведяев стал моим первым замом и оказался весьма полезен на этой должности, особенно в начальный период становления нашей внешней политики.

Именно он создавал департамент СНГ в министерстве иностранных дел и подбирал дипломатов для службы в новых независимых государствах. Это было непростой задачей. Кадровые дипломаты не были готовы осваивать новую сферу. Традиционно самой престижной считалась работа в отделах, занимавшихся Европой и США. Практика до того момента была такова, что «западники» получали зарплату в твёрдой валюте страны пребывания, а те, кто работали в восточноевропейских странах, в «мягкой» валюте социалистических экономик. Советские дипломаты по понятным причинам отдавали предпочтение «вражеским» странам. И в постсоветской России они по-прежнему стремились работать на западном направлении. Между тем нам в департаменте СНГ и новых посольствах нужны были не просто специалисты, а профессионалы самого высокого класса. Им предстояло выстраивать отношения с новыми правительствами, в которых зачастую оказывались люди без международного опыта. При этом вопросы, которые нужно было решать в рамках СНГ, имели исключительно важное значение. Это и построение институтов Содружества, и безопасность, и общая валюта, и миротворческая деятельность...

Мы пообещали молодым дипломатам, которые согласятся заниматься СНГ, ускоренное продвижение по службе и другие стимулы, и это сработало. Вскоре у нас была хорошая работающая структура, готовая ответить на вызовы постсоветского пространства. Однако к этому моменту стало ясно, что Шелов-Коведяев утратил интерес к СНГ. Как-то я предложил ему недельную командировку в Женеву, чтобы он мог получить представление о том, как работают признанные международные организации, и с этого момента он стал там частым гостем, предпочитая заседания комитетов по разоружению работе со странами СНГ. Что не ускользнуло от внимания прессы и Ельцина, который прямо спросил меня об этом. Я ответил, что моему заму нужно приобретать международный опыт, чтобы использовать его в работе с дипломатами СНГ. Но честно говоря, даже мне самому такое объяснение показалось малоубедительным. Ситуация усугублялась тем, что мой первый зам упустил и другое направление своей работы — взаимодействие с парламентом, где оппозиция буквально атаковала министерство именно за его подходы к вопросам СНГ. Частые поездки Шелова-Коведяева на Запад подливали масла в огонь. В результате президент принял решение уволить моего первого заместителя. На его место был назначен куда более опытный дипломат Анатолий Адамишин, ранее работавший советским послом в Италии. Адамишин, надо признать, выполнял свои обязанности более профессионально, хотя и с меньшим пылом и политической энергией.

Восьмого января 1992 года министры иностранных дел стран СНГ собрались в Москве, чтобы продолжить обсуждение вопросов, затронутых на декабрьских саммитах глав государств. В течение следующих двенадцати месяцев такого рода коллективные встречи министров проводились более двадцати раз. Помимо этого, прошли шесть встреч глав государств и бесчисленное множество конференций с участием министров обороны, финансов, экономики и образования. Немногие из десятков принятых резолюций были реалистичны, и совсем малая их часть была претворена в жизнь. Тем не менее частые контакты помогли завязать личные отношения, благодаря которым были достигнуты многие конкретные договорённости. Взаимное доверие росло.

Почти все главы государств были знакомы ещё с советских времён, когда они встречались в коридорах ЦК КПСС. Это общее прошлое создавало особое чувство товарищества, несмотря на прежнее соперничество между ними или даже личные счёты.

Хотя некоторые республиканские лидеры, казалось, были не прочь продолжить старую советскую игру по выжиманию субсидий и экономических уступок от «Большого Брата» — России, они были категорически против сильных координирующих институтов в рамках СНГ. Неудача в построении таких институтов, хотя и была предсказуема, во многом способствовала поражению реформаторского движения и повлияла на дальнейшую судьбу некоторых республик.

Всё же отдельные решения имели историческое значение. Самое важное касалось объединённого контроля за Вооружёнными силами, оставшимися в наследство от Советского Союза. Это позволило предотвратить хаос, который мог возникнуть, когда новые государства взяли под контроль старые военные структуры на своих территориях и создали национальные вооружённые силы.

Россия также постепенно установила контроль над некоторыми военными объектами, расположенными за её границами. Прежде всего, в зонах гражданских и этнических конфликтов в Таджикистане, Грузии и Молдове. Если бы новая российская власть не сделала этого, бывшие советские вооружённые формирования, открыто не подчинявшиеся местному правительству и сохранявшие верность несуществующему СССР, оказались бы неуправляемыми. И это, конечно, крайне осложнило бы и без того нестабильную обстановку.

Не могу сказать, что новые российские, они же старые советские, военные командиры были идеальны. Но они могли поддерживать какой-то уровень дисциплины и чаще всего избегали участия в боевых столкновениях. Некоторые формирования под российским флагом сумели стабилизировать ситуацию в зонах конфликта и защитить гражданское население. Например, 201-я мотострелковая дивизия, которая была дислоцирована в Таджикистане, когда там вспыхнула гражданская война в 1992–1993 годах.

Бывшие советские войска и новые национальные армии не должны втягиваться в локальные конфликты — это понимали все лидеры СНГ и сообща противостояли «мини-войнам». Двадцатого марта 1992 года на саммите в Киеве было достигнуто соглашение о создании корпуса военных наблюдателей и совместных контингентов для проведения миротворческих операций на территории СНГ. Был выработан комплекс руководящих принципов, отвечающих Хартии ООН — и это ещё раз подтвердило готовность новых лидеров соблюдать международно-правовые нормы. Да, на практике совместные миротворческие операции свелись к российским операциям с мандатом СНГ, так как у остальных государств не хватало на это ресурсов. Но само проведение миротворческих операций с мандатом СНГ сыграло очень важную роль — действия миротворцев были сбалансированными и носили интернациональный характер. Другим серьёзным шагом к прочному миру стало подписание президентами девяти государств Ташкентского договора, направленного на создание системы коллективной безопасности. Это произошло 15 мая 1992 года.

Укрепление юридических основ СНГ и его институтов постоянно находилось в зоне нашего внимания. К концу 1992 года главам государств удалось согласовать Хартию СНГ, проект которой подготовили министры иностранных дел. Этот основополагающий документ определял главные цели дальнейшей интеграции и механизмы для их достижения. Он был подписан на саммите стран СНГ 22 января 1993 года. Хартия СНГ создала основу для Договора об экономическом союзе, одобренного главами государств 24 сентября 1993 года, и для документа об учреждении Межгосударственного экономического комитета, который был подписан в октябре 1994 года. Таким образом, была проделана огромная конструктивная дипломатическая и правовая работа. В результате — сотрудничество во многих областях вышло на новый уровень.

А вот сохранение единой валюты оказалось невыполнимой задачей, хотя страны СНГ первоначально согласились на неё. Но эти планы рухнули под давлением реальной экономической ситуации в каждой из стран — участниц СНГ и астрономической инфляции в России. Тем не менее, стремясь к усилению интеграции, Ельцин часто призывал республиканских лидеров оставаться в рублёвой зоне, даже при том, что российские финансовые власти старались избавиться от своих более слабых партнёров, которых считали балластом. Действительно, неконтролируемое использование рублей другими странами СНГ вносило хаос в денежное обращение. Однако неподготовленный отказ от рубля как единой валюты нанес тяжёлый удар по честолюбивым замыслам лидеров СНГ, которые не раз публично клялись сохранить высокий уровень экономической интеграции.

Нераспространение ядерного оружия и украинский узел

Выстраивая отношения с нашими партнёрами по СНГ, мы должны были решить очень болезненный вопрос: что делать со стратегическим ядерным арсеналом бывшего Советского Союза, который оказался распределён между четырьмя государствами: Украиной, Белоруссией, Казахстаном и Россией. Каждое из них располагало большей ядерной мощью, чем Франция, Великобритания или Китай.

Во время интенсивных многосторонних и двусторонних дискуссий в первые несколько месяцев 1992 года мы уладили технические аспекты нового соглашения по контролю и возможному применению ядерного оружия. Чёрный чемоданчик с ядерными кодами должен был остаться у президента России, который, предполагалось, будет консультироваться с главами Беларуси, Казахстана и Украины в случае тревоги. В принципе, эти три страны приняли обязательство в будущем избавиться от ядерного оружия на своей территории и присоединиться к Договору о нераспространении ядерного оружия, подписанному большинством стран — членов ООН в 1968 году. Они также согласились немедленно перевести тактические ядерные вооружения в Россию и начать процесс по передаче нам стратегических ракет и бомбардировщиков.

Беларусь первой взялась за дело, подписав соответствующие соглашения и предприняв практические меры по удалению ядерного оружия со своей территории. Казахстан последовал её примеру после двух-трёх месяцев колебаний. Отчасти потому, что президент Назарбаев пытался выторговать у России или у США какую-либо политическую или финансовую компенсацию за отказ от ядерного оружия. Наибольшие сложности возникли в переговорах с Украиной. Здесь вопрос об отказе от ядерного оружия оказался завязан в один узел с другими трудно разрешимыми проблемами в российско-украинских отношениях.

В октябре 1991 года российский вице-президент Александр Руцкой летал в Киев, чтобы обсудить цену на российский природный газ, экспортируемый в Украину и через её территорию — на Запад и в Турцию. Во время этого визита Руцкой прямо заявил о российских претензиях на Черноморский флот и базу на Крымском полуострове, прозрачно намекнув на необходимость российского суверенитета над всем этим регионом.

Когда киевские власти, как и ожидалось, резко отвергли эти претензии, Руцкой публично предупредил их, что упрямство в отношениях с Москвой, имеющей ядерное оружие, опасно. Украина в ответ на шантаж заявила, что тоже имеет ядерное оружие и будет защищать свои границы всеми средствами. После этого злополучного эпизода грубой дипломатии оба вопроса — обладание ядерным оружием и Крым — крепко связались в умах украинских политиков и свели к минимуму их участие в сфере сдерживания ядерных вооружений. Заявление Руцкого было первой угрозой на пути отказа Украины от ядерного статуса и установления дружественных российско-украинских отношений. Но настоящие нокаутирующие удары были нанесены двумя резолюциями, признающими Крым российским, которые принял Верховный Совет Российской Федерации в апреле 1992 года и повторно в марте 1993-го. Каждый раз, несмотря на то, что Кремль не поддержал эти резолюции и подтвердил отказ России от территориальных претензий , украинский парламент отвечал российским депутатам с удвоенной жёсткостью. За этими инцидентами последовало ужесточение позиции украинских дипломатов за столом переговоров и замораживание работ по ликвидации ядерных установок в Украине. Способность России вести дела с Украиной была таким образом подорвана, и Москва обратилась за помощью к Соединённым Штатам.

Мы понимали, что передача всех советских ядерных вооружений Москве — в интересах международного сообщества и нам нужно было работать совместно, чтобы решить эту задачу. Ключ к её решению находился в руках «ядерного клуба» — США, Великобритании, Франции и Китая. Вместе с ними мы координировали усилия по денуклеаризации Украины и Казахстана. Эти вопросы были наиважнейшими на моих встречах с госсекретарём США Джеймсом Бейкером и министрами иностранных дел Соединённого Королевства и Франции, Дугласом Хердом и Роланом Дюма, в ходе их визитов в Москву в январе 1992 года. Вопросы нераспространения ядерного оружия также преобладали на моих частных встречах в Нью-Йорке на юбилейной сессии Совета Безопасности ООН, которая впервые за пятьдесят лет проходила с участием глав государств и правительств. Я поговорил с министрами иностранных дел всех членов ядерного клуба, и они обещали убедить новые независимые государств, что отказ от ядерного оружия является необходимым условием для дальнейших отношений с великими державами. Позиция Китая имела особенно важное значение для его соседа Казахстана.

Следующий шаг был сделан в мае 1992 года при активном участии госсекретаря США Джеймса Бейкера на встрече министров в рамках Совещания по безопасности и сотрудничеству в Европе (СБСЕ, позже ОБСЕ). Министры иностранных дел всех трёх республик подписали соглашение и обязались стать безъядерными странами. Одновременно в Лиссабоне были предприняты особые международные усилия с целью обеспечить занятость бывшим советским учёным-ядерщикам в России и других странах СНГ, чтобы у них было меньше стимулов уезжать на работу по контрактам в такие страны, как Ирак или Иран. Эта инициатива получила название «КГБ» по первым буквам фамилий министров иностранных дел России, Германии и США — моей, Геншера и Бейкера. Ироничную аббревиатуру предложил Ганс-Дитрих Геншер.

Таким образом был заложен прочный международный фундамент для успешного решения проблемы, связанной с нераспространением советского ядерного оружия.

В результате 5 декабря 1994 года Российская Федерация, США и Великобритания подписали Будапештский меморандум. К ним вскоре присоединились Франция и Китай. Этот документ предоставил Украине, Беларуси и Казахстану гарантии безопасности в обмен на их участие в нераспространении. К концу 1996 года все ядерные вооружения были вывезены на территорию России. Тем самым три бывшие советские республики выполнили свои обязательства по меморандуму. К несчастью, этого нельзя сказать про Россию, несмотря на то, что в 2003 году кропотливая работа дипломатов, десятков специалистов и сотен представителей местных властей с обеих сторон завершилась согласованием деталей прохождения границы между Россией и Украиной не только на политической карте мира, но и непосредственно по лесам, полям и дорогам на земле. Договор об этом был подписан президентом РФ Путиным и ратифицирован российским парламентом.

В 2014 году Россия аннексировала Крым, а в 2022 году еще четыре области, которые на момент подписания меморандума в Будапеште и договора 2003 год были частью территории Украины. Между тем статья 1 Будапештского меморандума однозначно требует от России «уважать независимость и суверенитет Беларуси, Казахстана и Украины и существующие границы».

Мне часто задают вопрос: напала бы Россия, если бы у Украины осталось ядерное оружие? Думаю, нет, и советую всем странам поблизости от России и Китая подумать над своей безопасностью в свете трагического украинского опыта. Билл Клинтон заявил в 2023 году, что не стал бы подписывать Будапештский меморандум и настаивать на его выполнении Украиной. Я, однако, считаю, что мы поступили в соответствии с национальными интересами России и Украины. Историческую ошибку и международное преступление совершил Кремль под руководством Путина. Россию из-за этого ждут тяжёлые последствия.

Восточная Европа: концепция моста

Одновременно с развитием партнёрства в рамках СНГ нам предстояло заново выстроить отношения с восточноевропейскими странами. Ещё недавно они находились не просто под влиянием Москвы, но под её жёстким контролем. Было важно принципиально изменить саму природу этих отношений. В значительной мере, как и в случае с СНГ, это стало вопросом и внешней, и внутренней политики.

Тут мы должны были проявлять особый такт. Восточноевропейские демократические правительства были очень чувствительны к любому неосторожному шагу со стороны Москвы: советский опыт всё ещё был для них очень травматичен. Конечно, их лидеры были благодарны Горбачёву за перестройку, которая помогла сломать политические режимы в странах «социалистического лагеря». Они понимали, что президент СССР не станет применять силу для возвращения Восточной Европы в зону советского влияния. Так, как это было в Венгрии в 1956 году или в Чехословакии — в 1968-м. Но Горбачёв не смог разрушить основы советского строя — компартию, КГБ, военно-промышленный комплекс. Да и сам он слишком долго клялся в верности социализму. Советский Союз даже в последние годы своего существования старался использовать экономику как инструмент давления на новые правительства, которые радикально изменили внешнеполитическую ориентацию своих стран в пользу западных демократий. Почти все страны Восточной Европы выразили желание как можно скорее вступить в Европейское сообщество (сейчас Европейский союз) и НАТО. Восточноевропейские лидеры и их избиратели не были убеждены, что точка невозврата пройдена.

Вот почему ещё при Горбачёве новые лидеры восточноевропейских государств стали осторожно искать контакты с командой российского президента.

Я рассматривал новорожденные европейские демократии как естественных союзников в преодолении советского наследства и построении нового общества. В области внешней политики они могли бы стать своего рода мостом между новой Россией и Западом. Они быстрее и радикальнее нас проводили реформы, тем самым прокладывая путь для России. Это с одной стороны. А с другой, экономические отношения с Россией помогали бы им самим продвигаться по пути рыночных реформ. Взаимная выгода была очевидна, но выстроить эффективные отношения с ними можно было только при одном условии. Это условие — непременное осуждение новой российской властью советского прошлого.

В этом смысле весьма показательным примером были взаимоотношения Москвы и Праги. В 1991 году, когда Российская Федерация ещё была частью СССР, президент Чехословакии Вацлав Гавел пригласил Бориса Ельцина посетить его страну по протоколу, соответствующему визитам глав независимых государств. До этого момента российский президент таких предложений не получал.

Встреча двух демократических президентов была действительно исторической. Прежде всего для российских демократов, которые получили официальную международную поддержку. Борис Панкин, тогда советский посол в Праге, действуя по собственной инициативе и рискуя навлечь на себя гнев Горбачёва и советского МИДа, лично сопровождал Ельцина. И это повысило официальный статус визита. Во время встреч в столице Чехословакии Ельцин публично осудил ввод советских войск в Прагу в 1968 году — тогда, ещё в социалистической Чехословакии, Москва положила таким образом конец «Пражской весне» и либеральным реформам.

В апреле 1992 года Гавел прибыл в Москву с ответным официальным визитом. Тогда был подписан договор о дружбе и сотрудничестве, который предусматривал равноправные отношения, основанные на свободе выбора и общих демократических ценностях. Интервенция 1968 года была на этот раз осуждена письменно как неоправданное применение силы, недопустимое в международных отношениях. Был подтверждён вывод советских вооружённых сил из Чехословакии и обсуждены связанные с ним финансовые и материальные вопросы. Как и в других подобных случаях, Россия возвращала здания и землю, которые занимали советские военные. В ответ Прага взяла на себя обязательства помочь с организованной эвакуацией военных и техники.

Договор, подписанный таким авторитетным в глазах мирового сообщества человеком, как Гавел, был очень важен для российского президента. Ельцин благодаря этому быстрее вошёл в клуб демократических мировых лидеров и заложил надёжную основу для новых отношений с восточноевропейскими государствами. Конечно, коммунисты и националисты в российском Верховном Совете сделали всё возможное, чтобы провалить ратификацию договора. Они заявляли, что этот документ даст красный свет юридическим претензиям на репарации со стороны других государств Восточной Европы. Нам было что им ответить. Мы сознательно внесли в договор такие формулировки, которые подобные претензии исключали. Новая Россия не должна была отвечать за грехи СССР. Во время визита Гавела мне удалось обсудить с ним и вопрос расширения НАТО на восток. Гавел объяснил своё стремление присоединиться к НАТО прямо и ёмко: «Я просто хочу присоединиться к западным демократиям в полной мере. А вы?»

Я тоже хотел.

В ноябре 1992 года подобный договор о дружбе и сотрудничестве был подписан и с Венгрией. И этот документ содержал официальное осуждение, причем довольно в сильных выражениях, советской интервенции 1956 года. Подписание произошло во время визита Бориса Ельцина в Будапешт. Там же российский президент сделал символический жест: посетил могилу и почтил память Имре Надя, либерального премьер-министра Венгрии, который был казнён в 1956 году. Принципиально важно: это была официальная церемония. Российский президент публично принёс извинения за вторжение советских войск в Будапешт и передал документы из архивов КПСС и КГБ. Всё это произвело на меня сильное впечатление. Основа для новой внешней политики была таким образом заложена.

После официальных мероприятий Борис Ельцин выступил перед прессой. Он был очень эмоционален, и журналисты смогли убедиться, что события 1956 года действительно вызывают у него негодование. Уже позже, оглядываясь назад, я подумал, что, возможно, он уже тогда принял решение пойти на компромисс с оппозицией внутри страны, согласиться с отставкой Гайдара. Если это так, то демократические шаги во внешней политике, наверное, могли быть для него своего рода компенсацией за отступление во внутренней. Отставка Гайдара произошла вскоре после визита в Венгрию — 15 декабря 1992 года.

В этом заключалась какая-то особая ирония: именно в Венгрии правительство Гайдара впервые продемонстрировало эффективность во внешнеэкономической деятельности. Во время визита Ельцина был согласован общий объём долга Венгрии в размере 1,7 миллиарда долларов и достигнута договорённость о способе его погашения. Половину суммы Венгрия обязалась компенсировать передачей России военной техники и запчастей к ней. Другие договорённости касались энергоносителей и товаров потребления. Эти соглашения открыли путь для возобновления экономических связей между двумя странами, и российско-венгерская торговля стала быстро расти. Венгерские дипломаты принадлежали к числу лучших в Восточной Европе.

На протяжении всей своей работы в МИДе я поддерживал дружеские отношения с министрами иностранных дел Гезой Есенски и, позже, с Ласло Ковачем. Именно с ними мы готовили Будапештскую конференцию на высшем уровне СБСЕ и знаменитый Будапештский меморандум 1994 года.

До того как разногласия по поводу расширения НАТО омрачили отношения России с Восточной Европой, основные проблемы нашего партнёрства находились в экономической сфере. Новый российский бизнес был заинтересован в продаже нефти и других минеральных ресурсов на Запад. Никакого желания возрождать отношения с восточноевропейскими государствами у него не было. Что и понятно: десятилетиями в основе этих отношений лежал не расчёт, а политико-административные решения, которые оказались нежизнеспособными в условиях свободного рынка. Новые экономики и в России, и в Восточной Европе стремились избавиться от бартерных сделок и запутанных обменных курсов. России и её бывшим социалистическим партнёрам предстояло пройти через глубокие рыночные реформы, прежде чем осязаемые экономические связи могли получить развитие на новой основе. То же самое относилось к бывшим советским республикам, где перемены происходили ещё болезненнее.

К сожалению, политические и управленческие ошибки в значительной мере осложнили этот переход. Венгрия оказалась исключением из правил. Уход команды Гайдара из правительства стал ударом по строительству новых экономических отношений между молодыми демократиями. На смену реформаторам пришли «крепкие хозяйственники» с советским опытом управления. Сменивший Гайдара Виктор Черномырдин и его правительство вскоре вернулись к советской практике — наказывать экономически прозападные режимы в Восточной Европе и СНГ. Даже в тех случаях, когда это вредило россий-

ской экономике. Такой подход в дальней перспективе всегда
оказывался контрпродуктивным.

По этим причинам соглашение об урегулировании долга
с Чешской Республикой было достигнуто только в мае 1994
года, три года спустя после визита Гавела в Москву. Ещё более
поразительной была задержка при подготовке соглашения
с Болгарией. Президент Болгарии Желю Желев приезжал в Москву с официальным визитом в октябре 1991 года. Тогда между
Российской Федерацией и Болгарией была подписана декларация о сотрудничестве, которая устанавливала полноценные
дипломатические отношения между двумя странами. Договор
о дружбе был подписан в августе 1992 года, во время встречи
лидеров России и Болгарии в Софии. При этом соглашение об
урегулировании долга в 100 миллионов долларов было достигнуто только в мае 1995-го. Польский президент Лех Валенса
и Борис Ельцин подписали новый договор о дружбе и сотрудничестве в мае 1992 года в Москве, но вопросы взаимной задолженности ждали своего решения ещё три года, тогда она была
просто списана по соглашению обеих сторон.

Я понимал, что разрыв между политическими и экономическими переменами неизбежен — обычно политика идёт впереди внешнеэкономической деятельности. Но я не предполагал,
что этот разрыв окажется таким значительным. Мне казалось,
что стоит внешней политике стать открытой, очень скоро
и внешнеэкономические связи заработают в полную силу —
и в сфере торговли, и в сфере инвестиций. Российский МИД
сделал свою работу, доказав, что восточноевропейские государства могут быть хорошими друзьями демократической России
и помогут нам выстроить равноправные отношения с Западом.
Но внутренняя политика свела на нет достижения внешней.
Коммунисты и националисты настаивали на том, что восточноевропейские страны не могут быть дружественными России на добровольной основе, потому что они смотрят на Запад.
И эта точка зрения становилась в стране всё более популярной.
На самом деле никакой беды в ориентации наших партнёров

на Запад не было. Беда была в том, что Россия в определённый момент сама отказалась от взаимовыгодного партнёрства с Западом. Если бы этого не произошло, отношения с государствами Восточной Европы развивались бы совсем по-другому. Они были политически готовы работать вместе с Россией, получая выгоду от экономического сотрудничества в новых условиях свободного рынка. Думаю, что конфронтации вокруг расширения НАТО на восток можно было избежать.

Тем не менее я убеждён, что рано или поздно Россия вернётся в сообщество европейских наций, к которому она принадлежит. Основа для такого партнёрства была заложена нами в начале девяностых.

Глава 4.
Борьба с огнём в зонах конфликтов

Общими усилиями нам удалось избежать вооружённых конфликтов между новыми независимыми государствами, хотя Армения и Азербайджан буквально балансировали на грани войны из-за Нагорного Карабаха. Формально этот вооружённый конфликт оставался внутренним — он развивался на территории Карабаха, который был частью Азербайджана. В Грузии и Молдове военные действия тоже развернулись внутри этих стран — на территории Абхазии и Приднестровья. Несколько иной ситуация была в Таджикистане — там буквально началась гражданская война между южными и северными регионами. Все эти конфликты грозили перерасти в масштабные боевые действия с потенциально катастрофическими последствиями для обширных регионов на границах России. Конфликтующие стороны, все без исключения, просили нас о помощи.

Россия не могла игнорировать эти просьбы. В новых независимых государствах проживало большое количество этнических русских. Между советскими республиками, напомню, не было охраняемых границ или пропускных пунктов, и после Беловежских соглашений у нас не осталось времени и ресурсов, чтобы исправить эту ситуацию. В 1992 году тысячи беженцев прибыли в Россию из Азербайджана и Таджикистана. Банды преступников, которые обычно множатся в зонах, охваченных войной, легко передвигались по территории России. Этот поток обострил криминальную ситуацию и ухудшил экономическое положение в приграничных российских регионах, где и без того хватало проблем. Гуманитарные трагедии соседей — неизменный спутник гражданских войн — создавали тяжелый эмоциональный фон и в нашей стране — слишком сильны были родственные и просто человеческие связи между гражданами постсоветских государств. Российское общественное мнение оказалось крайне чувствительно к кровопролитию, происходившему по соседству. Для любого правительства России оставаться над схваткой было бы самоубийственно.

Отношение к этим региональным конфликтам, тесно связанным с судьбой самой России, отличалось у разных политических сил в Москве. Коммунисты и национал-патриоты требовали, чтобы Россия солидаризировалась с той или иной противоборствующей стороной, пытаясь возродить имперскую стратегию «разделяй и властвуй». С другой стороны, некоторые из радикальных демократов выступали за изоляционизм. Оба эти варианта были аморальны и нереалистичны. Россия была достаточно сильна, чтобы оказывать влияние на эти регионы, но она не могла контролировать конфликты или предотвратить их побочные эффекты. А вот помочь соседним государствам выйти из кризиса и достичь определённой стабильности мы могли. Россия, безусловно, была заинтересована, чтобы и другие постсоветские страны тоже проводили демократические реформы и интегрировались в сообщество цивилизованных демократий.

Таким образом, у меня не было выбора — пришлось окунуться в мутный поток этнических и гражданских конфликтов. Я старался предлагать наши услуги в качестве посредника, чтобы подтолкнуть противоборствующие стороны к мирному решению или хотя бы к прекращению кровопролития. Для этого я пытался осторожно использовать политическое, дипломатическое и экономическое влияние России.

Нагорный Карабах

В начале 1992 года самый кровавый и наиболее известный в мире конфликт уже вовсю полыхал в Нагорном Карабахе, районе восточного Азербайджана, населённом в основном армянами. Они сражались с азербайджанцами за независимость или за возможность присоединиться к соседней Армении. Бои, начавшиеся в 1988 году, вспыхнули с особой ожесточённостью, когда Армения и Азербайджан стали независимыми государствами. К 1992 году конфликт грозил превратиться в открытую войну между двумя странами и вытолкнуть сотни тысяч беженцев с обеих сторон в Россию. Ситуация осложнялась тем, что и те и другие имели влиятельные лобби в Москве.

Одним из первых моих действий на посту министра была встреча с министрами иностранных дел Армении и Азербайджана в Москве, чтобы немедленно начать мирные переговоры. Результат был обнадёживающим. В совместном коммюнике 20 февраля 1992 года, подписанном после долгого и бурного обсуждения, министры иностранных дел Армении, Азербайджана и России призвали конфликтующие стороны немедленно прекратить боевые действия и начать мирные переговоры.

Десятого марта мы в том же составе встретились в Брюсселе на конференции Североатлантического комитета по сотрудничеству — форуме для дискуссий между НАТО и другими европейскими государствами, включая бывшие советские республики. И там, в Брюсселе, ещё раз подтвердили совместное коммюнике от 20 февраля.

Но, несмотря на это, бои продолжались, и в марте того же года я принял решение лететь в Нагорный Карабах. Нужно было встретиться с лидерами сражающихся сторон лицом к лицу и лучше изучить ситуацию на месте. Мы связались с Арменией, Азербайджаном и местными командирами, чтобы получить разрешение на поездку, и вот, наконец, 2 апреля, после долгого перелёта с несколькими посадками, я оказался в Степанакерте.

Это был для меня не самый приятный опыт. Никогда до этого я не бывал в зоне боевых действий. Маленький городок выглядел мёртвым: пустынные улицы, дома, превращённые в груды щебня. Меня сопровождали четыре телохранителя и десяток автоматчиков вооружённых сил Нагорного Карабаха. Когда мы подошли к развалинам городского совета, буквально из ниоткуда стали появляться люди с серыми от долгого пребывания в подземных убежищах лицами. Один мальчик из-за ослепительно яркого солнца и какого-то эйфорического состояния чуть не врезался в меня. Я спросил его по-русски, почему он так возбуждён. «Раз Козырев приехал, не будет бомбёжки!» — выкрикнул он.

Я рассказал об этом эпизоде лидеру Нагорного Карабаха Артуру Мкртчяну, встретившему меня в горсовете. «Что может оправдать человеческие страдания? — спросил я его. — Не пора ли договариваться о прекращении огня? Думаю, я мог бы в этом помочь, если вы заинтересованы». Он ответил, что, если азербайджанцы войдут в город, они убьют всех мирных жителей, включая детей. Единственным решением для народа Нагорного Карабаха, по его словам, была борьба за независимость от Азербайджана. И добавил: если Россия хочет помочь этим детям, она должна вступить в борьбу на стороне армянских бойцов. Мкртчян считал, что Москва обязана официально признать независимость Нагорного Карабаха, подавая тем самым пример другим членам международного сообщества.

Я оценил прямоту, с которой он выразил свою позицию и ответил без дипломатических реверансов. По моему убеждению, независимость Карабаха была в тот момент и даже в обозримом будущем совершенно нереалистичной целью. Добиваться её бескомпромиссным путём как непосредственной и единственной задачи, на мой взгляд, означало длить войну без конца, умножая страдания людей по обеим сторонам линии огня. «Россия, — сказал я твёрдо, — не даст втянуть себя в конфликт». Я надеялся убедить его, что военного решения для Карабаха нет. «Конечно, в будущем Нагорный Карабах, — говорил я Мкртчану, — должен получить полную защиту от дискриминации и автономию. Но это право карабахских армян должно быть ясно признано и, вероятно, гарантировано третьей стороной, которой могла стать ООН, или группа соседних стран, или даже одна Россия. Что касается полной независимости Нагорного Карабаха, её сторонникам следует запастись терпением и посмотреть, можно ли будет поднять и решить этот вопрос в мирной и демократической обстановке».

Предложения, которые я привёз в Карабах, были предварительно согласованы с министрами иностранных дел Армении и Азербайджана и поддержаны СБСЕ. Они сводились к тому, чтобы стороны начали переговоры, с тем чтобы урегулировать свои давние разногласия. Но на первом этапе — немедленное прекращение огня.

Мкртчян не был готов согласиться с этим планом. Он привёл ещё один аргумент в поддержку своих требований. «Для армян, — сказал он, — вполне естественно считать Москву союзником и защитником, потому что большинство армян, как и большинство русских, принадлежат к православной христианской вере. Армения граничит с мусульманскими Турцией и Азербайджаном. Её единственным христианским соседом является Грузия, которая также обращалась к России за помощью против завоевателей-мусульман». В качестве исторического аргумента он привёл статус Нагорного Карабаха как российского протектората, существовавший до образования СССР. Для меня эти доводы не были новостью. Я часто слышал их от представителей проармянского сообщества в Москве, которое объединяло и националистов, и демократов. На твёрдой проармянской позиции стояли, например, жена академика Сахарова Елена Боннэр и народный депутат и этнограф Галина Старовойтова. Идея превращения Нагорного Карабаха в российский протекторат увлекала многих политиков, хотя было очевидно: как только Нагорный Карабах отделится от Азербайджана, он будет сразу же поглощён Арменией. Карабахские сепаратисты были тесно связаны с правящими кругами этой страны. Москва превратилась в поле битвы между различными лобби, которые представляли соответствующие стороны этнических конфликтов, бушевавших в бывших советских республиках. Пытаясь привлечь Россию на свою сторону, они действовали не только методом убеждения. Мои друзья-журналисты рассказывали мне, что существовали неофициальные цены на заказные газетные статьи и телепередачи, поддерживавшие ту или другую сторону.

...Мы продолжали обмениваться аргументами. Я в очередной раз попытался убедить Мкртчяна, что ему и его товарищам стоит принять Россию как честного посредника и прислушаться к нашему совету, за которым стоит глубокая симпатия. Сначала мы разговаривали в присутствии моих помощников и вооружённых карабахских бойцов. Сидели на поломанных стульях вокруг большого прямоугольного стола в комнате с разбитыми окнами. На стенах были видны следы от пуль. Мкртчян говорил очень громко, повторяя свои нереалистичные требования и демонстративно игнорируя всё, что я говорил.

Потом он пригласил меня продолжить обсуждение в его кабинете — достаточно хорошо обставленной комнате, где нам подали чай в маленьких изящных чашках. Когда мы остались с глазу на глаз, его поведение изменилось. Мы проговорили почти час, и Артур больше слушал и лишь изредка мягко задавал вопросы. В конце разговора я спросил его напрямик, контролирует ли он ситуацию в политическом и военном плане. Этот вопрос, как показалось, застал его врасплох, будто я прочитал его мысли. Но он быстро взял себя в руки: «Конечно, контролирую. Я политический лидер, и военные выполняют мои решения». Помолчав, он добавил: «Знаете, эти люди — упрямые бойцы». Позднее я слышал примерно те же слова в каждой конфликтной зоне, не только на территории бывшего Советского Союза, но и в Сербии, и в Боснии.

Когда мы прощались, он аккуратно отвёл меня в сторону, обнял и спокойно сказал: «Я обдумаю то, что вы сказали, и дам вам ответ позже». Мы договорились быть на связи. Я чувствовал личную симпатию к нему и часто вспоминал нашу встречу. Через несколько недель Артур был убит.

Бои со временем стали более кровопролитными, чему способствовал приток наёмников и авантюристов из России. Путь к перемирию для армянских и азербайджанских лидеров оказался извилистым и полным препятствий. Только постепенно они начали понимать и принимать пределы реально достижимого.

После посещения Нагорного Карабаха я полетел в Шушу. В это время азербайджанская сторона явно проигрывала в военном противостоянии. По пути, где-то на территории между воюющими сторонами, нашему вертолёту пришлось маневрировать, чтобы уклониться от обстрела с земли, что изрядно потрепало нам нервы. Шуша была прифронтовым городком, где жили преимущественно азербайджанцы. Картина здесь мало чем отличалась от Степанакерта. Нас снова встречали женщины и дети с испуганными глазами, которые неделями сидели в подземных укрытиях, повсюду валялись обломки разрушенных зданий и битое стекло. Даже рассказы о зверствах были похожи, только жертвами на этот раз были азербайджанцы.

Из зоны конфликта я перелетел в Баку. Религиозная тема и тут была использована как аргумент. На этот раз меня предупредили об опасности армянских призывов к православному братству. Мои собеседники напомнили, что в России более двадцати миллионов мусульман и добавили, что Москве надо быть осторожнее, чтобы не оттолкнуть от себя азиатские республики СНГ с их преимущественно мусульманским населением. Для общего блага надо постараться избежать любого намёка на христианский крестовый поход, чтобы не спровоцировать воинственный исламский ответ со стороны Турции или Ирана. Это были серьёзные аргументы, и я передал их Ельцину.

Переговоры в Баку оказались особенно тяжёлыми. Мои азербайджанские собеседники были унижены поражениями на поле боя в ходе боев в Карабахе и планировали реванш, несмотря на хаос в политической и экономической жизни в стране. Жажда войны подчинила себе все решения и действия азербайджанского правительства.

Как это ни странно, но именно представители старой советской бюрократии, которые так часто доставляли нам проблемы в России, демонстрировали в этом конфликте самый разумный подход, что давало хоть какую-то надежду на стабильность. И эта надежда оказалась не пустой. Вскоре к власти в Азербайджане пришёл опытный советский партаппаратчик Гейдар Алиев, человек, весьма искушённый в политических интригах. Шаг за шагом Алиев выстраивал более сдержанную и последовательную политику. Когда Алиев укрепил основы своей власти, я предложил ему и новому лидеру Нагорного Карабаха Роберту Кочаряну (позже он стал президентом Армении) встретиться лично. Они выбрали Москву как место для переговоров, которые должны была иметь строго конфиденциальный характер. Встрече предшествовала тщательная подготовка, важно было избежать демагогической риторики и обвинений, как правило, сопровождающих переговоры конфликтующих сторон. Я планировал выстроить разговор так, чтобы Алиев и Кочарян как можно быстрее перешли к делу.

Для начала провёл отдельные пятнадцатиминутные переговоры с каждым из них. Даже в узком кругу они в совершенстве исполняли свои роли: один работал в образе мудрого и спокойного политического тяжеловеса, другой — энергичного и открытого борца за свободу. Лучшие драматические актёры, виденные мной в театре, выглядели бы бледными тенями рядом с этими политическими лидерами.

После дипломатической «разминки» представитель моей протокольной службы пригласил двух лидеров в чайную комнату, где мы встретились все вместе. После короткого введения я извинился и вышел, оставив их одних. Когда их встреча с глазу на глаз завершилась, я снова коротко поговорил с каждым из них по отдельности. Они отказались делиться подробной информацией о своей дискуссии и подписывать какой-либо документ. Однако, когда мы прощались, они выглядели удовлетворёнными и непротокольно благодарили меня за посредничество.

В результате Баку и Степанакерт согласились на временное прекращение огня. Увы, оно почти немедленно было нарушено, при этом каждая из сторон обвиняла в недоговороспособности другую. По такой же схеме события на линии противостояния повторялись и в последующие годы. И каждый раз после нарушения перемирия стороны удваивали усилия по военному решению конфликта.

Стабильное перемирие могло быть достигнуто с помощью международных миротворческих сил. Это требование я слышал от обеих сторон конфликта и сам его поддерживал. Но позиция Запада была иной. Дело в том, что на урегулирование нагорно-карабахского конфликта влияли, да и сейчас влияют разные международные факторы. Веками шла борьба между рядом держав за влияние на это регион. Здесь переплелось всё — и исторические обиды, и конкуренция за нефтяные ресурсы, и наступление исламского экстремизма, и многое другое. Традиционно на стороне Баку играет сильнейшая держава региона — Турция.

Хотя Южный Кавказ был и остаётся зоной политических и экономических интересов для России, она не могла исключить из процесса урегулирования другие влиятельные страны. Это было не только нереалистично, но и обременительно. Конструктивное вовлечение Запада и его инвестиции в регион могли помочь серьёзно стабилизировать ситуацию и заложить основу партнёрских отношений между враждующими сторонами. Это было бы лучше для России, чем брать исключительно на себя ответственность за зону бедности и религиозно-политической напряжённости.

Именно поэтому мы придерживались линии на то, чтобы миротворческие силы были интернациональными. Да, Россия первой выделила ограниченное количество миротворцев для наблюдения за прекращением огня, но к ней довольно быстро присоединились другие страны СНГ. При этом контингент оставался небольшим. Очевидно, были необходимы более многочисленные силы и более широкое международное участие. Мы поддерживали стороны конфликта в их желании привлечь Совет Безопасности ООН. Однако США и другие западные страны считали, что проблемой должно заниматься СБСЕ, хотя они знали, что только Совет Безопасности ООН обладал полномочиями и ресурсами для отправки миротворческих вооруженных сил, которые требовались в зоне конфликта.

Нежелание Запада разделить бремя миротворческих операций подрывало эффективные совместные усилия. Существовало значительное дипломатическое соперничество между разными странами, желавшими укрепить своё влияние в регионе и выиграть в общественном мнении за счёт миротворческих действий. Конфликтующие стороны эксплуатировали эти разногласия, лавируя между разными державами и добиваясь от них политической и экономической помощи.

Русские националисты видели в дипломатическом соперничестве доказательство того, что страны Запада хотят выдавить Россию из региона, чтобы захватить нефтяные месторождения на азербайджанских берегах Каспия. С другой стороны, некоторые западные стратеги обвиняли Россию в неоимпериализме и действительно выступали за выдавливание России из этого региона. И та, и другая позиции были опасны и нереалистичны.

Однажды я прибыл на встречу министров иностранных дел стран, входящих в СБСЕ, и с удивлением обнаружил, что западные дипломаты отказались даже упомянуть Россию и СНГ в проекте итогового документа по Карабаху. Я поговорил об этом с некоторыми европейскими министрами. Ещё раз обратил их внимание на то, что Россия сыграла ключевую дипломатическую роль в организации диалога между конфликтующими сторонами. Напомнил, что Запад выступил против использования миротворцев ООН. Попытался убедить их, что попытки изолировать Россию послужат интересам русских империалистов, критикующих нас за прозападную политику.

По моему убеждению, итоговый документ должен был официально признать позитивную роль России и СНГ в карабахском мирном процессе. Западные делегации заявили, что я мешаю успешному завершению конференции, так как все документы, кроме итогового, уже были согласованы. Но я стоял на своём: несправедливый итоговый документ будет контрпродуктивным как для карабахского мирного урегулирования, так и для будущего СБСЕ. После некоторой задержки был принят компромиссный текст, в котором должным образом были упомянуты и Россия, и СНГ.

Международные миротворческие силы прибыли в зону конфликта только в марте 1995 года. Перемирие, установленное при посредничестве России, продержалось ещё годы, и мирные переговоры между Арменией и Азербайджаном при посредничестве ОБСЕ (так позже стал называться СБСЕ) и России продолжались. Вопросы, согласованные сторонами конфликта во время переговоров 1992–1994 годов, остаются краеугольным камнем любого мирного урегулирования конфликта.

Моё посещение зоны боёв помогло мне составить детальную картину, которая, как подтвердилось впоследствии, оказалась типичной для конфликтов по всему постсоветскому пространству. Причины конфликтов, как правило, коренились глубоко в вековой межэтнической вражде, которая усугублялась советской нетерпимостью и склонностью к применению силы. Разрешить эти противоречия можно было только с помощью взаимных компромиссов. Однако путь к ним блокировали полевые командиры, которые управляли процессом в гораздо большей степени, чем политики. И эти командиры зачастую получали поддержку и снаряжение от частей российской армии, размещённых на постсоветском пространстве.

Всё это укрепило мою убеждённость в том, что Москва не должна повторять советские попытки силового давления и умиротворения конфликтующих сторон кулаком. Вмешательство такого рода доказало свою неэффективность в Советском Союзе. Подобный сценарий мог обернуться для России политической катастрофой. Ещё хуже для России было бы принять чью-то сторону. Я доложил эти выводы Ельцину и публично защищал их в Москве и в международных организациях.

Мои дипломатические усилия подверглись нападкам и со стороны неоимперцев, и со стороны этнических групп поддержки, которым был ненавистен сам принцип беспристрастности. Они пытались представить его как предательство «лучших друзей» России. Одновременно они бездоказательно обвиняли Запад в том, что он помогает одной из сторон. Мне повезло, что пост министра иностранных дел позволял мне блокировать многие — но, как оказалось, далеко не все — попытки протолкнуть опасные решения в Кремле, чтобы оказать военную поддержку той или иной из противоборствующих сторон.

Таджикистан

Одной из горячих точек, требовавших повышенного внимания, был Таджикистан. Волнения в этом регионе начались ещё до «кончины» СССР. Первый секретарь ЦК компартии Таджикистана, а позже президент Таджикистана Рахмон Набиев оказался менее успешным политиком, чем его коллеги из других азиатских республик, и продержался на президентском посту только до осени 1992 году, когда под давлением оппозиции ушёл в отставку. В то время как президент Узбекистана Ислам Каримов и президент Туркмении Сапармурат Ниязов сохраняли президентские кресла много лет, вплоть до своей смерти, взяв на вооружение националистическую риторику вместо партийно-советской. И только один лидер центральноазиатской страны оказался человеком с демократическими убеждениями. Это был президент Киргизской академии наук, физик Аскар Акаев, победивший на выборах в Киргизстане.

Президентство Набиева в Таджикистане оказалось коротким и закончилось вооружённым конфликтом внутри республики. У него был очень ограниченный силовой ресурс, а на улицы Душанбе вышли тысячи людей, которых вдохновляли демократические манифестации в Москве. Они требовали отставки Набиева и честных выборов. Митинг продолжался много дней и в результате смёл не только президента, но и сами основы общественного порядка и уважение к закону.

Я прилетел в Душанбе как раз в разгар уличных протестов. Встреча с Набиевым напомнила мне визит в Кремль во времена брежневского застоя. Я как будто вернулся в СССР. Набиев был убеждён, что он последний бастион советской власти и должен остановить безответственных политиков, которым дал свободу либеральный Горбачёв. «В нашей республике нет никакого демократического движения, — говорил он мне. — Те, кого вы называете таджикскими демократами, — это интеллигенты, которые давно живут в Москве и утратили связь со своими земляками. Они вернулись в республику только для того, чтобы раскачать ситуацию, не понимая, что здесь совсем другие традиции. Они не завоюют власть, даже если отстранят меня. Мне на смену придут совсем другие люди. Те, кого вы видите на площади, — он показал в сторону окна, из которого было хорошо видно бурлящую толпу — это просто сброд, которым руководят исламские экстремисты, финансируемые из-за границы. Вот они-то и будут всем заправлять здесь». «Твоя проблема, — подумал я, слушая Набиева, — в том, что ты устарел, как тот старый советский лимузин, который встречал меня в аэропорту».

Примерно это я уже много раз слышал от разных советских функционеров, которые не желали расставаться с властью. Но вот упоминание исламских экстремистов было чем-то новым. Я попросил его расшифровать, что он имеет в виду, но ничего не добился. Стало понятно, что это просто попытка скомпрометировать протестующих.

Во время своего визита в Душанбе я встретился и с некоторыми лидерами демократического движения. Какой там «исламский экстремизм»... Мы говорили на одном языке и мечтали об одном и том же — о новом, открытом и динамичном таджикском обществе, которое сформируется после падения советского режима. К несчастью, мы оказались слишком наивны. И ситуация в Таджикистане развивалась по наихудшему варианту — дело шло к масштабной гражданской войне.

В 1992–1993 годах я летал в эту страну не меньше десяти раз, намного чаще, чем в любую другую. И в следующий мой приезд в Душанбе огромная толпа на главной площади и в самом деле напоминала сброд. Я вспомнил Набиева, хотя и с иронической улыбкой. Город превратился в театр боевых действий. Аэропорт был занят российскими войсками, которые поддерживали его в рабочем состоянии. На стенах виднелись свежие следы от пуль, а рядом со взлётной полосой раздавались пулемётные очереди.

Я не мог поверить, что война докатилась до столицы республики, и демонстративно отказался ехать в город на бронетранспортёре, который мне предоставили российские военные. По моей просьбе они нашли в гараже старый советский лимузин, который в прошлый раз присылал за мной Набиев, и я опять воспользовался им.

Таджикистан погружался в хаос гражданской войны, насилие становилось главным политическим оружием, страна была на грани распада. Всё это очень напоминало ситуацию в соседнем Афганистане. В обеих странах отсутствовала центральная государственная власть, которую бы признавали легитимной и политики, и полевые командиры. Противоборствующие стороны создавали свои армии и вступали в нестабильные коалиции в борьбе за сферы влияния. Афганистан был основным источником наркотиков, оружия и прочего. Проникновение их в Россию можно было остановить только на старой советской границе с Афганистаном, а она теперь располагалась на территории Таджикистана, который был не способен её контролировать.

В таких обстоятельствах ответственность за стабилизацию в Таджикистане и, в частности, за контроль над границей с Афганистаном, ложилась на Россию. Каждое временное правительство Таджикистана обращалось к Москве с просьбой о помощи. И в каждый свой приезд я посещал пограничный пункт и разговаривал с нашими военными. Обстановка там была по-настоящему боевая. Неоднократно я был свидетелем перестрелок, видел свежие следы боёв и слышал отчёты о потерях с обеих сторон.

Однажды по пути из одной казармы в другую на территории погранотряда я услышал звуки пианино и детский голос. В маленькой школе шёл урок пения. И это всего в нескольких сотнях метров от линии фронта! С тех пор я всегда заходил в школы, чтобы поговорить с детьми и учителями, обычно это были жёны офицеров. «Раз вы здесь, значит, нас не забыли», — однажды сказала мне учительница. Я был искренне тронут. И подумал: раз вы здесь, у России есть будущее.

В другой раз, находясь в погранотряде, я получил радиограмму из опорного пункта, находящегося в двадцати километрах ниже по реке, разделяющей Афганистан и Таджикистан. Афганский командир хотел встретиться со мной, чтобы я подтвердил его договорённости с российскими пограничниками. Обе стороны обязались прекратить воевать друг с другом и объединиться в борьбе с контрабандистами и террористами. Такого рода соглашения заключались часто, охватывали очень небольшие территории вдоль реки и иногда сохранялись довольно долго, реально спасая жизни. Командир, который вышел со мной на связь, контролировал большую территорию, и соглашение с ним стоило поддержать. Я сел в вертолёт и полетел на встречу.

Даже война и связанные с ней опасности не помешали мне любоваться пейзажем. Солнечный свет отражался от реки и делал всё сюрреалистически ярким. Наш путь повторял изгибы русла и пролегал между высокими стенами гор. Слева была таджикская, а справа — афганская территория. Мне были ясно видны афганские деревушки и через каждые три-пять километров опорные пункты боевиков с артиллерийскими орудиями и зенитными пулемётами.

— Не беспокойтесь, я здесь часто летаю и знаю каждый поворот. Это достаточно безопасно, — сказал пилот.

— Я вижу, что вы настоящий мастер. Мы движемся грациозно, как птицы, — ответил я. — Но у меня вопрос: знают ли афганские бойцы по ту сторону границы, что их командир гарантировал нам безопасность?

— У них есть своя система связи. Допотопная, но она работает. Мы сообщаем им, что наши полёты им не угрожают, и они обещают не нападать. Конечно, с этими людьми никогда нельзя быть ни в чём уверенным, но намного более опасны бойцы, которые могут оказаться на таджикском берегу. Там есть группы, которые только что перешли границу или готовятся к переходу. Они могут не владеть информацией. Поэтому я всегда веду вертолёт посередине реки и предпочитаю лёгкую машину. У нашего вертолёта, в отличие от бронированных монстров, кабина стеклянная, и сразу видно, что на борту четыре безоружных человека.

Это были все гарантии, которые он мог дать. Понимая мои сомнения, он как-то виновато улыбнулся. Пилот подтвердил свой профессионализм, и мы без происшествий долетели до места встречи. Подробностей разговора с этим полевым командиром я, честно говоря, не помню. Кажется, он сказал, что видел меня по телевизору. Так часто бывало во время встреч с боевиками в зонах конфликтов. Похоже, телевизионная известность прибавляла мне веса в их глазах и, возможно, даже спасала мне жизнь. Им явно льстило знакомство с телезнаменитостью, которым можно потом похвастаться перед семьёй или друзьями. Понятно, что для этого живая знаменитость должна мелькать на экране, а не лежать на кладбище. Эта логика была мне понятна, и я никогда не отказывал моим собеседникам в совместном фото, когда они о нём просили.

Оказавшись в более безопасной обстановке, я мысленно вернулся к ситуации на границе и подумал: почему бы не подписать соглашение о совместном контроле над границей с центральными властями в Кабуле, какими бы они ни были. Россия унаследовала там советское посольство. Но посол с небольшим персоналом не смог бы добиться больших результатов. Нашим дипломатам нужна была помощь на политическом уровне, чтобы их воспринимали не как представителей Советского Союза, развязавшего в недавнем прошлом кровавую войну.

Я попросил своих подчинённых начать подготовку к моему визиту в Кабул.

Афганистан

Была для посещения Афганистана и другая причина — освобождение военнопленных, оставшихся здесь после ухода советской армии. По различным оценкам их насчитывалось несколько сотен. Их возвращение было важной гуманитарной задачей, которой занимались сначала советские, а потом российские дипломаты и несколько неправительственных организаций.

На практике почти ничего сделать было нельзя. В Афганистане не оказалось стороны, с которой можно было договариваться, а точнее — таких сторон оказалось слишком много. Президент Бурхануддин Раббани и премьер Гульбеддин Хекматияр признавались на международном уровне, но при этом у каждого была своя армия, иногда между ними вспыхивали стычки. На вопрос о военнопленных официальные власти отвечали, что какого-то одного места, где бы они содержались, нет. Пленные находились у разных полевых командиров, которые держали их для обмена на афганских военнопленных. Они вроде бы до начала девяностых находились в заключении где-то в Сибири. Подтверждения этим фактам не было.

Некоторые представители афганских властей говорили, что полевые командиры якобы уже освободили какое-то количество русских за выкуп, который частным образом заплатили их родные и друзья. Другие источники утверждали, в Афганистане военнопленных нет, потому что немногочисленные русские, которые остались в живых, давно добровольно приняли ислам, поменяли имена и не хотят возвращаться в Россию.

Как бы там ни было, нам удалось договориться о возвращении в Москву нескольких человек. Вице-президент Александр Руцкой встречал их в аэропорту при большом стечении прессы и заявил, что их возвращение — исключительно его личная заслуга. Я сознательно уклонился от участия в церемонии, и интуиция меня не подвела. После того, как Руцкой по-отечески обнял вернувшихся солдат и чуть не обронил слезу по случаю их спасения, они прямо в аэропорту заявили журналистам, что стали правоверными мусульманами и хотят вернуться на свою новую родину — в Афганистан.

Тем не менее проблема военнопленных оставалась в центре внимания общественного мнения и требовала дополнительных усилий, хотя бы для того, чтобы удостовериться: сделано всё возможное для спасения людей. Афганское правительство понимало остроту проблемы и эксплуатировало её, чтобы добиться от нас политических уступок. Так, президент Раббани пообещал нашему послу, что, если я совершу официальный визит в Кабул, мой самолёт сможет вывезти в Россию четверых пленных.

Первой остановкой на пути в Кабул был Ташкент, столица Узбекистана. Этой стране принадлежала ключевая роль в Центральной Азии. Этнические узбеки составляют большинство в северных областях Таджикистана и Афганистана, и в обеих странах образуют весьма влиятельные сообщества. Существовавший в Афганистане Северный альянс, который объединял этнических узбеков, был своего рода государством в государстве с вооружёнными силами, имеющими в своём распоряжении танки, артиллерию и другую военную технику, оставленную советскими войсками. Считалось, что Северный альянс получал существенную поддержку деньгами, боеприпасами и запчастями от Узбекистана и других новых независимых государств.

В Ташкенте у меня был конфиденциальный ужин с президентом Узбекистана Исламом Каримовым. Из разговора я понял, что он обижен на российского президента, который как будто забыл про него и оставил его одного разбираться с региональными проблемами. Отчасти это было верно: Ельцин не имел вкуса к дипломатии на постсоветском пространстве. Он предпочитал общаться с лидерами новых независимых государств в групповом формате, например на саммитах СНГ, и избегал личных встреч. Правда, в рамках таких саммитов российский президент, как правило, находил время для двусторонних переговоров с коллегами из Украины и Казахстана. Это раздражало не только Каримова, но и других республиканских лидеров, которым нужна была публичная поддержка России.

Я сделал всё возможное, чтобы заверить президента Узбекистана, что Ельцин высоко ценит отношения с ним, рассчитывает на его мудрость и готов всемерно помочь в решении проблем, вызванных хаосом в Таджикистане. Мы согласились, что в жизненных интересах России и Узбекистана прекратить эту войну. Я пообещал координировать с ним наши шаги в регионе и не предпринимать ничего, что могло бы повредить узбекским интересам. Он в ответ заверил меня, что будет соблюдать территориальную целостность Таджикистана. Хотя потом и случались отступления от этих обещаний с обеих сторон, в целом наши договорённости сыграли немаловажную роль для стабилизации в регионе.

На следующее утро при посадке в самолёт я поделился с моим шефом безопасности и пилотом содержанием служебной записки, полученной от нашего посольства. В ней было специальное предупреждение: при подлёте к Кабулу необходимо обойти стороной высокую гору рядом с аэропортом. Обычно траектория полёта проходила как раз над этой горой, но теперь на её вершине появился опорный пункт сил, враждебных президенту Раббани. Значит, мы могли попасть под обстрел.

Пилот, как мне показалось, внимательно выслушал мои предупреждения и дал команду на взлёт. Это был военно-транспортный самолёт, под завязку загруженный гуманитарной помощью. Он вместил только моих коллег-дипломатов и нескольких журналистов, отобранных по жребию, чтобы никому не было обидно. Мы сидели на сумках в хвосте самолёта. Я улегся на каких-то мешках и задремал. Меня разбудили крики. Мой шеф безопасности кричал что-то в ухо сильно побледневшему пилоту и энергично указывал на окно кабины. Я вскочил на ноги и выглянул наружу. Мы летели прямо над той самой горой, и несколько афганских бойцов вели по нашему самолёту огонь из пулемётов, другие снимали зелёные чехлы с какой-то техники — по-моему, это был переносной зенитно-ракетный комплекс «Стингер».

— На этой вершине всегда были наши. Не могут они стрелять в нас! — без конца повторял ошарашенный пилот.

— Наших в Афганистане больше нет, болван! — крикнул ему в ответ мой шеф охраны.

— Командир, сделайте что-нибудь, пока нас не сбили! — сказал я громко и, насколько мог, спокойно, чтобы вернуть пилота к реальности. Позже он оправдывался, что просто не обратил внимания на предупреждение посольства. Что могли добавить дипломаты к его опыту многолетних полётов в Афганистан и обратно в условиях войны? Но получилось как получилось. Спасибо ему, в критический момент он сумел собраться. Это был действительно классный лётчик. Самолёт буквально рухнул вниз, как камень, уходя от обстрела, и безопасно приземлился. Афганские официальные лица, встречавшие нас на лётном поле, не могли скрыть изумления от такой драматичной посадки. А я ещё раз убедился в профессионализме наших дипломатов: посольские телеграммы — это, как правило, ценная информация, если, конечно, они не подгоняются под идеологические установки.

На фоне полуразрушенного города российское посольство находилось в удивительно хорошем состоянии. В Кабуле оставалось немного других посольств, и их число убывало с каждым днём по мере того, как бои внутри города и вокруг него усиливались. Я провёл короткую встречу с персоналом посольства и порадовался деловому настрою дипломатов. Из посольства я поехал в президентский дворец на встречу с Раббани.

Улицы были грязными, проезжая часть — разбитой. На стенах одно-двухэтажных домов — следы артобстрелов и пуль. Народу много. Причём вооружённых людей не меньше, чем уличных торговцев, которых, как обычно в азиатских городах, было великое множество.

«Центральные улицы вполне безопасны, — рассказывал посол, пока мы медленно продвигались вперёд, сопровождаемые любопытными взглядами горожан. — В других районах обстановка хуже. Нам повезло, что у нас есть этот старый „мерседес". Он бронированный, с пуленепробиваемыми стёклами. Хотя, слава богу, нас ни разу ещё не обстреливали».

В этот самый момент я заметил подростка, сидевшего на земле прямо в гуще толпы. Никто не обращал на него внимания. Паренёк держал в руках противотанковый гранатомёт, в который он только что вставил гранату. Он поднял скучающий взгляд, который мигом изменился, когда он заметил наш одинокий «мерседес». Вскочил на ноги, с усилием водрузил гранатомёт на плечо и нацелил его на машину. На секунду мы встретились глазами. И наша машина промчалась мимо него. Я оглянулся: юный боец положил гранатомёт на землю и как будто утратил к нам интерес.

— Видели этого парня? — спросил я охранника, сидевшего на переднем сидении.

— Конечно. Надеялся, что вы его не заметите. Я ничего бы не смог сделать. Заметил его слишком поздно, когда гранатомёт уже был у него на плече. Хотел выскочить из машины и вырвать оружие у него из рук, но потом понял — слишком рискованно. Он мог нажать на спуск просто от страха.

— Думаете, броня автомобиля нас бы защитила?

— Без шансов. Этот снаряд легко пробивает любую танковую броню и выжигает всё внутри.

Мог бы он нажать на спуск? Да. Почему не нажал? Никто не знает. Будем считать, нам просто повезло.

Внешне и по манере говорить Раббани скорее напоминал университетского профессора, а не президента страны, охваченной гражданской войной. Он говорил тихим голосом, был задумчив и предупредителен. Просто поразительно в той обстановке хаоса. Он пообещал помочь стабилизировать положение в Таджикистане и подтвердил своё согласие на освобождение четырёх военнопленных.

На послеполуденной встрече с премьером Хекматияром я услышал те же самые обещания и заверения. Премьер был противоположностью президенту: напористый, властный, собранный. По пути к его опорному пункту, расположенному в горах, на некотором расстоянии от города, несколько раз артиллерийские снаряды разрывались совсем рядом с нашей машиной. Хекматияр сказал, что беспорядочная стрельба ещё со времён советского вторжения стала частью обыденной жизни. При отступлении советская армия оставила много оружия, и сейчас многие умеют им пользоваться.

Сразу после встречи с премьер-министром мы поехали в аэропорт и к пяти часам были готовы к взлёту. Афганские представители сказали, что они ждут военнопленных с минуты на минуту. Они попросили прощения за задержку, сославшись на плохие дороги. Эти извинения повторялись затем каждые десять минут. Позже приехал посланец от Раббани с сообщением о том, что четверо военнопленных находятся на пути в аэропорт, и обязательство президента освободить их нерушимо.

В 6:30 вечера пилот сообщил нам, что, если не взлететь тотчас же, станет слишком темно, и полёт будет невозможен. Я решил остаться на ночь в Кабуле и вылететь рано утром. Афганские представители клялись, что военнопленные к этому времени точно доберутся до аэропорта. Как оказалось, это были пустые обещания. Мы ждали до полудня и улетели без пленных. Афганские лидеры, с которыми я встречался, либо лгали, либо были бессильны — возможно, и то и другое.

Я был глубоко озабочен увиденным в Афганистане. Позже, на встречах с американскими коллегами я неоднократно призывал их не бросать страну, которой они помогали бороться с советским вторжением. Здесь было слишком много вооружённых группировок, которые продолжали бы борьбу за власть. В своей речи на 47-й сессии Генеральной Ассамблеи в сентябре 1992 года я призвал ООН обратить внимание на положение в Афганистане. Мой призыв не был услышан. В следующем году, на 48-й сессии, я повторил: ООН не может «оставить миллионы живущих там людей лицом к лицу с эпидемией этнического, кланового и религиозного экстремизма». Но понадобились события 11 сентября 2001 года, чтобы привлечь внимание международного сообщества к зреющей там угрозе.

Если в Афганистане Россия не могла действовать в одиночку, ничто не могло оправдать наше бездействие в Таджикистане.

Обратно в Таджикистан

Новый лидер Таджикистана Эмомали Рахмонов, который позже изменил свою русифицированную фамилию на таджикскую Рахмон, часто говорил мне, что мой визит в Кабул был для его страны очень полезен. Он тоже летал туда на встречу с Раббани и получил множество обещаний. Он уверял меня, что своим тёплым приёмом он обязан тому, что афганский президент запомнил меня как «доброго друга».

Я познакомился с Эмомали Рахмоновым в Кулябе, важном торговом и административном центре к югу от Душанбе. Я полетел туда в расположение российской воинской части, которая оказалась в центре боёв. Рахмонов, в недавнем прошлом успешный председатель большого колхоза, как раз начинал свою политическую карьеру. Его главным лозунгом было восстановление закона и порядка, которые он связывал с советским прошлым. Взгляды его на воюющие группировки были довольно путаными. То он их называл бандитами, убивающими людей самодельным оружием, то исламистами, которых вооружали «заинтересованные силы» из-за рубежа. Со временем он всё чаще использовал термин «ваххабиты», который употребляли и российские военные, утверждавшие, что находят следы участия иностранных наёмников. Им они приписывали жуткие зверства.

Во время моего визита в Таджикистан Рахмонов рассказал мне о некоем Сангаке Сафарове, это имя я слышал и от российских офицеров. Надо сказать, что рассказы о Сафарове были больше похожи на сказку. Он представал былинным персонажем, который пришёл из ниоткуда, чтобы бороться за справедливость. Его враги — «исламисты» — были так же неуловимы, как сказочный дракон. Позже я узнал, что Сангак и его сотоварищи отсидели многолетние сроки в советских тюрьмах за уголовные преступления. Конечно, они утверждали, что были политическими заключёнными, которых освободили, когда рухнул прежний режим. Сангак создал популистское движение под лозунгами братства и равенства всех таджиков и объединения Таджикистана с Россией.

В раздираемой войной стране эти упрощённые, но опирающиеся на ностальгию по недавнему мирному прошлому и вселяющие надежду призывы в сочетании с умением Сангака воевать быстро принесли ему народную поддержку и симпатии российских военных. В тот момент силы Сангака как раз начали контрнаступление. Казалось, что они в конце концов выдавят своих противников из страны на территорию Афганистана.

Я принял предложение Рахмонова посетить район ожесточённых боёв, чтобы разобраться в том, что происходит, на месте. Через пятнадцать минут полёта наш вертолёт приземлился недалеко от деревни, откуда мы двинулись дальше на раздолбанном советском уазике. Несколько раз я просил водителя остановиться, чтобы поговорить с людьми на дороге и получить своего рода картину общественного мнения. И все мне говорили примерно одно и то же: «исламисты» требовали строгого исполнения норм шариата и установили террор. Все мои собеседники единодушно восхищались «дедушкой Сангаком», как они его называли.

Мы обогнали пару девочек возраста моей дочери в советской школьной форме. Они шли по улице, болтали и хихикали, не обращая внимания на окружавшие их свежие следы боёв. Но, конечно, слегка испугались, когда рядом с ними остановились две машины с вооружёнными людьми. Успокоились, только увидев, что на людях российская военная форма. Я подошёл к ним без сопровождающих и спросил, как им жилось при прежней власти. «Вы имеете в виду исламистов?» — переспросили они, и сказали, что это было ужасно. Им запрещали выходить из дома и велели соблюдать правила, которые они назвали пережитком прошлого и слишком строгими «даже по бабушкиным меркам». Их мамы тоже боялись, что их запрут дома и заставят на всю жизнь «закутаться в чёрное». «Сегодня, — они радостно перебивали друг друга, — родители сказали, что можно не бояться носить короткие юбки и опять ходить в школу. Спасибо дедушке Сангаку за всё. Мы хотим быть с Россией».

«Дедушка Сангак», мужчина за шестьдесят, крепкого сложения, с длинными седыми волосами, встретил нас на железнодорожной станции. Он выразил глубокую благодарность за «особую честь» встретиться со мной и за «незаменимую помощь» российских войск в «восстановлении закона и порядка». Я заметил, что он отлично говорил по-русски, почти без акцента и ошибок. Он представился бывшим учителем и политическим диссидентом.

Рахмонов обращался к нему уважительно, используя местные выражения, принятые при обращении более молодого человека к уважаемому старшему. Сангак отрекомендовал мне Рахмонова как «одарённого и многообещающего молодого человека». Он был уверен, что освобождение от «исламистской интервенции» совсем близко и говорил о своих планах восстановить страну и — насколько возможно — Советский Союз. Позже Рахмонов описывал Сангака всего лишь как полевого командира, воплотившего чаяния людей, а не политического деятеля.

Больше я Сангака никогда не видел. Его «освободительная армия» быстро росла и одерживала одну победу за другой. Но вскоре после того, как война была практически окончена, Сангак был убит при невыясненных обстоятельствах — по слухам, в собственном штабе, при конфликте с одним из своих сторонников.

С 16 ноября по 2 декабря 1992 года в селе Арбоб под Худжандом состоялась 16-я «примирительная» сессия Верховного Совета Таджикистана — старого советского парламента — единственной легитимной властной структуры национального масштаба. Председателем Верховного Совета республики был избран Эмомали Рахмонов. К этому моменту он уже установил и поддерживал тесную связь с российским военным командованием. Он стал личным другом министра обороны Павла Грачёва, который прибыл в Таджикистан сразу после моего отлёта, чтобы увидеть «восходящую звезду из колхоза». Он согласился со мной в том, что Рахмонову не было альтернативы как национальному лидеру, способному объединить страну.

Когда я прилетел в Таджикистан в следующий раз, изменения сразу же бросились мне в глаза. Люди на улицах казались более спокойными, они были заняты обычными делами. С того момента главной заботой стало убедить Рахмонова постепенно переходить от авторитарного правления, вероятно, необходимого во время войны, к нормальному политическому процессу и со временем — к национальному примирению. Примерно год спустя начались переговоры между правительством и оппозицией. В 1994 году Рахмонов победил на всенародных выборах и стал президентом страны с политической системой, не сильно отличающейся от других центральноазиатских автократий.

Ельцин особенно не следил за событиями в Таджикистане, несмотря на то, что и Грачёв, и я регулярно докладывали ему о своих усилиях в этом регионе. Не без труда нам удалось убедить президента согласиться на короткую аудиенцию с Рахмоновым во время саммита СНГ, после чего отношения между двумя лидерами стали ближе и, я бы сказал, даже сердечнее. Рахмонов, так же, как и белорусский лидер Александр Лукашенко, ещё один дебютант клуба глав постсоветских государств, интуитивно нашёл путь к сердцу Ельцина. Они оба обращались к нему так же, как Рахмонов когда-то к Сафарову, называя его в неформальной обстановке «отцом».

Молдова и Грузия

Во время посещения таджико-афганской границы в апреле 1992 года я случайно услышал по местному радио новости из Молдовы, которые заставили меня забыть о том, что я нахожусь в зоне боёв. Я не мог связаться с Ельциным по телефону, поэтому послал ему сообщение по военной связи. Затем попросил помощников подготовить самолёт для прямого перелёта из Душанбе в Кишинёв. Ситуация требовала немедленных действий.

Из новостей следовало, что вице-президент Александр Руцкой посетил Приднестровье, область Молдовы с преобладающим русским населением. Во время своего визита он приказал расположенной там 14-й российской армии сражаться на стороне сепаратистского правительства самопровозглашённой Приднестровской социалистической республики.

Я бы назвал свою миссию в Молдове тушением пожара. Мне предстояло немедленно убедить военных оставаться в казармах и сохранять нейтралитет. Но это полдела. В ближайшем будущем нужно было заставить Кишинёв и Тирасполь сесть за стол переговоров, чтобы прийти к мирному урегулированию при сохранении целостности Молдовы, с одной стороны, и соблюдении прав русскоязычного населения — с другой.

В Кишинёве я провёл краткое и напряжённое обсуждение ситуации с представителями правительства. Сказал им, что, несмотря на разницу в акцентах и тоне, и я, и Руцкой выражаем одну позицию. Приднестровье, населённое в основном русскими, должно получить реальную автономию. Кишинёву следует официально отказаться от использования сил армии или полиции для установления прямого управления над Приднестровьем и осудить прежние попытки таких действий. Официальные лица, с которыми мы разговаривали, в основном соглашались со всеми этими пунктами, но выражали это своё согласие в довольно двусмысленных формулировках.

Националистическое правительство Молдовы было не готово расстаться с упрощённым представлением о внутренней политике. Им казалось, что победа на выборах дает им право на любые действия для достижения собственных целей.

Бо́льшая часть молдавской элиты была одержима желанием доказать свою независимость от Москвы. Своим ближайшим союзником они видели не Россию, а Румынию, которая говорила с ними в прямом смысле на одном языке. Если бы Румыния была высокоразвитой страной, Молдова, несомненно, твёрдо вела бы курс на объединение двух стран. Но после посещения своего западного брата новые молдавские лидеры немного поостыли. «Это не тот Запад, о котором мы мечтали, — сказал мне один из них. — Мы лучше останемся независимой страной».

Переговоры в Кишинёве казались мне трудными ровно до того, как я начал свой визит в Тирасполь. Меня сразу насторожило то, что я увидел ещё на подлёте к аэропорту. Главная площадь города была заполнена людьми с красными советскими флагами. Как мне сказали, когда мы приземлились, это были в основном женщины, причём очень рассерженные женщины.

Нашу небольшую группу — со мной были два помощника и два охранника — встретил взвод солдат под командованием полковника, который смотрел на нас с нескрываемым презрением. Он представился как исполняющий обязанности командующего 14-й армией Вооружённых сил СССР, добавив, что сейчас не лучшее время для посещения Тирасполя из-за напряжённой обстановки. Сказал, что, возможно, ему удастся обеспечить нашу безопасность в аэропорту на те полчаса, что мы будем ждать приезда представителей правительства Приднестровья. После этого, по его мнению, нам было лучше улететь обратно.

— Спасибо, что приехали нас встретить, полковник, — сказал я, с трудом сдерживаясь. — А теперь внимательно слушайте мой приказ. Прикажите всем офицерам российской, запомните — *российской* — 14-й армии собраться через час в помещении клуба на встречу с министром иностранных дел России, наделённым президентом Ельциным чрезвычайными полномочиями. Также позвоните господину Смирнову, так называемому президенту так называемой Приднестровской Социалистической Республики и скажите ему, чтобы ждал меня около штаба российской армии. Я приму его после встречи с офицерским составом. Это понятно? — и продолжил: — Сейчас я поеду на площадь и поговорю с людьми. Кажется, местные вожди ищут проблем, больших проблем, чёрт возьми!

Эти последние слова я произнёс для моего окружения, но достаточно громко, чтобы офицер мог их слышать.

— Есть! Всё будет исполнено! — сказал он и отдал честь.

Через двадцать минут мы были в центре города. Подъехав к краю толпы, я вышел из машины. Там я заметил, что полковник оживлённо разговаривает с моим шефом безопасности.

— Он нормальный человек, — сказал мой охранник, отведя меня в сторону, чтобы нас не могли слышать. — Он сделает всё, что вы сказали, но настоятельно советует, даже просит вас не ходить на этот митинг. Там почти четыре сотни женщин. Многие из них очень взвинчены. Несколько дней назад Руцкой сказал им, что вы вместе с другими демократами в Москве предали их. Ситуация крайне опасная. Такие толпы легко переходят к агрессии. Если это случится, мы ничего не сможем сделать.

— Я знаю. Ждите меня здесь. Я просто поговорю с ними. Иначе эти красно-коричневые ублюдки — коммунисты и нацисты — и здесь, и в Москве подумают, что меня можно запугать, — ответил я.

— Конечно. Мы пойдём с вами, — сказал мой шеф безопасности с обычной дружелюбной улыбкой, но в его голосе я почувствовал металл.

Я познакомился с ним в осаждённом российском Белом доме в августе 1991 года. Виктор, опытный офицер КГБ, добровольно пришёл туда, чтобы выразить поддержку демократической российской власти, и с тех пор мы стали друзьями.

...Толпа раздвинулась, освобождая мне проход. Сам факт моего приезда, судя по всему, произвёл на собравшихся впечатление. В то же время я чувствовал, что наэлектризованная атмосфера была готова «разрядиться» непредсказуемым образом. Пожилая женщина выкрикнула в мой адрес: «Ты зачем приехал? Почему ты разгуливаешь без охраны? Думаешь, тебе здесь рады?»

Как и многие в толпе, женщина размахивала палкой с прикреплённым к ней красным флагом. Виктор следил за каждым её движением. Древко можно было легко использовать как оружие.

Я отчаянно искал в памяти примеры похожих ситуаций. В «Докторе Живаго» офицер, агитировавший толпу, был убит. Вдохновляющих примеров память мне не подсказывала. Я понимал: надо найти какие-то сильные слова, чтобы переломить ситуацию. Внезапно я памяти всплыли строки из Евангелия, которое в 16 лет я случайно выменял на что-то в букинистическом магазине в Москве. Христос, напомню, обратился к разъярённой толпе: «Кто без греха, пусть первый бросит камень». Никто не решился, потому что толпа превратилась в людей, способных думать. И я решил, что сразу обращусь не к «толпе», а к обычным женщинам — чьим-то матерям, жёнам, сёстрам...

Вскочил на метровой высоты помост, где стоял какой-то агитатор. Отодвинул его в сторону. Набрал в лёгкие воздуха, чтобы перекричать толпу и начал максимально громко:

— Большинство из вас матери. Пусть та, которая готова отправить своих детей на братоубийственную войну, поднимет руку!

На мгновение площадь замерла. Никто не поднял руку. Толпа притихла. Неожиданно раздался голос: «Что мы делаем, в самом деле? Давайте послушаем его».

Все смотрели на меня. Я понял, что у меня появился шанс быть услышанным, и продолжил:

— Я пришёл на эту площадь, потому что мне как специальному представителю России важно от вас самих узнать, что вы думаете. Что до охранников, то у меня их много, но я их оставил поодаль. Они ждут меня, чтобы проводить на линию фронта. Здесь же для разговора с вами они мне не нужны.

Я выбрал в толпе самую пожилую женщину и обратился к ней:

— Скажите, что нам для вас сделать?

Расчёт оказался верным: из уважения к своей старшей подруге женщины замолчали и дали возможность нам продолжать разговор. Моя собеседница от стеснения не сразу заговорила. Она старалась собраться с мыслями. Толпа подбадривающе загудела, и она начала говорить. Сказала, что никто не хочет ненависти и войны, и выразила надежду, что я помогу восстановить мир.

Не всем это понравилось. Кто-то выкрикнул, что Москва бросила русских в Приднестровье, вместо того чтобы вмешаться и раздавить «этих проклятых молдаван». Но настроение большинства женщин уже изменилось. Некоторые тоже захотели высказаться, раздались голоса, требующие тишины, чтобы всех выступающих можно было услышать. Одна из выступивших сказала, что у неё есть сын, и она боится, что он пойдёт воевать и может быть убит. Тогда я почувствовал, что толпа превратилась в людей, которые способны думать и готовы выслушать меня.

Конечно, я не смогу воспроизвести дословно, что говорил тогда. Никто никаких записей не вёл. Но суть нашего диалога помню прекрасно. Я сказал им, что понимаю их чувства, потому что моя мать, обычная школьная учительница, чувствует и говорит то же самое. Так думают и говорят все матери. Говорил достаточно жёстко. Пообещал, что мы, правительство новой России, заставим политиков прислушиваться к мнению матерей, где бы эти политики ни находились — в Кишинёве, Тирасполе, где-то ещё... А потом попросил поднять руки тех женщин, кто не хочет, чтобы их русские мальчики, включая тех, что служат в 14-й армии, стали пешками в братоубийственной войне.

— Кто из вас за то, чтобы мы остановили поджигателей войны с обеих сторон и, если будет нужно, с помощью 14-й армии развели их? Кто за то, чтобы остановить безответственных политиков? Кто за мир?

Стихийное голосование было единодушным. Я пообещал доложить об этом российскому президенту. В конце концов и меня захлестнули эмоции. Я закончил свое выступление примерно так:

— Мы не подведём вас и не оставим вас один на один с вашими проблемами. Ваши проблемы — наши проблемы. Ваши желания — наши желания. Я поговорю сейчас с офицерами 14-й армии, и они выступят как миротворческая сила. Я жёстко поговорю с лидерами обеих сторон этого конфликта. У них нет иного выбора, кроме как немедленно отказаться от насилия и начать переговоры о мире. В этом они могут рассчитывать на помощь России. Спасибо! И благослови вас Господь.

Покидая митинг, я прошёл через тот же самый людской коридор, что и в начале, но на этот раз меня провожали улыбками и аплодисментами.

Впереди меня ждала ещё одна политическая битва. Мне нужно было привлечь на свою сторону офицеров, превратив 14-ю армию из потенциального участника гражданской войны в силу для поддержания мира.

Уже знакомый мне полковник встретил меня, когда я выбрался из толпы. Позже я убедился, что мой шеф безопасности прав: это был разумный и ответственный офицер, который делал всё возможное для своих подчинённых, пока его командир, генерал-лейтенант, был в Москве. Получая ограниченное и нерегулярное финансирование из России, 14-я армия зависела от расположения местных властей. Военнослужащих надо было как минимум кормить. Средние офицеры плохо понимали, кто теперь ими командует — Москва или Тирасполь, и что им в этой переломной ситуации делать. Они чувствовали себя брошенными военным командованием и готовы были брать инициативу в свои руки. Это было очень опасно. 14-ю армию вооружали для выполнения стратегических задач в случае конфликта между СССР и НАТО. Её мощи, если бы она попала в руки постсоветских имперцев, хватило бы, чтобы вести войну с соседней Румынией (которую коммунисты обвиняли в стремлении аннексировать Молдову) и Украиной (которую те же коммунисты считали ответственной за распад СССР).

Когда мы вошли в офицерский клуб, полковник скомандовал: «Встать! Смирно!» Офицеры явно нехотя выполнили его команду. На их лицах читались усталость и раздражение. Лишь некоторые из них проявляли живой интерес ко мне. За неделю это было второе политическое собрание. На первом вице-президент Руцкой заявил, что я и другие демократы в Москве — трусы и предатели. И вот один из «трусов и предателей» перед ними. Что от него можно ждать?

Я решил обострить ситуацию. И начал так:

— Знаю, какую ложь обо мне и о демократах в Москве распространяли тут мои политические противники. Они говорили, что мы предали Советский Союз, страну, которой вы присягали, а теперь предаём русских людей в новых независимых государствах, в частности, в Молдове. Вы думаете, что это правда.

Зал взревел. Реакция была эмоциональная и, как теперь бы сказали, неоднозначная. Это было то, чего я хотел. Значит, Руцкому поверили не все.

— Хорошо. Не все, но некоторые из вас думают, что это правда. Давайте попробуем разобраться в том, что происходит. Проблема, с которой мы столкнулись здесь, в Молдове, возникла не вчера. Такого рода межэтнические конфликты существовали в разных точках Советского Союза. Но долгое время они не проявлялись. Слишком велик был страх. Это именно то средство, которое наши критики предлагают применить опять. Они хотят страхом загнать людей в прежнюю систему. А если люди против? Если они будут сопротивляться? Вы будете в них стрелять? Вам говорят, что вы должны защитить русских, которые воюют с молдавской полицией. А как быть с русскими, которые живут в Кишинёве и в других регионах Молдовы? А если их сделают козлами отпущения за ваши действия? Вы что, всю страну оккупируете? Каждый шаг будет означать новое кровопролитие в братоубийственной войне. Не существует лёгких ответов на сложные вопросы. Не существует военного решения для политических проблем такого рода...

Я видел, что большинство офицеров слышат меня и воспринимают мои доводы. Но они явно не понимали, что им в сложившейся ситуации делать.

И я довольно подробно рассказал о том, как, на мой взгляд, следует действовать:

— Вы можете и должны защитить русское население. Но есть только один способ сделать это: выступить в качестве миротворцев. Это означает занять позиции между конфликтующими сторонами и обеспечить режим прекращения огня. Для этого вы должны быть максимально хладнокровны и беспристрастны. Я сделаю свою — дипломатическую — работу. У меня только что были жёсткие переговоры в Кишинёве, власти в курсе, что мы не потерпим применения силы в Приднестровье. Я предлагаю такой план. Первое — прекращение огня, за которым вы будете наблюдать. Далее — совместная работа над содержательным политическим соглашением. Молдаване должны согласиться на такую автономию Приднестровья, которая сделает жителей Приднестровья полноправными гражданами Молдовы. В свою очередь, приднестровцы должны уважать территориальную целостность Молдовы. Обе стороны должны научиться преодолевать проблемы с помощью диалога, не при бегая к насилию. Политикам следует доказать, что они умеют делать своё дело, а не просить армию выполнять за них грязную работу. Демократическое правительство России просит вас сохранять спокойствие и ответственность. Мы вас одних не оставим. Вы российские офицеры, и мы гордимся вами.

Отвечая на вопросы, я рассказал им о сути реформ в России и о положении в других новых независимых государствах. Один вопрос был прямой и болезненный: что я думаю о Руцком и его позиции? Я ответил, что вице-президент очень эмоциональный человек. Он видел трудности, которые переживают люди, и по-своему хотел помочь. Я его понимаю, но как профессиональный дипломат, не могу себе позволить руководствоваться эмоциями. Надо сохранять спокойствие и искать решения в самых сложных обстоятельствах, даже под огнём. Любые разногласия, сказал я, мы будем обсуждать в Москве и следовать политике демократически избранного президента. Выражение лиц у большинства изменилось. Как люди дисциплинированные и послушные долгу, они оценили этот ответ.

Я думаю, это был поворотный пункт для 14-й армии. Она не превратилась в инструмент насилия в руках властей Приднестровья. С тех пор армия оставалась более-менее нейтральной, выполняя миротворческие задачи.

После встречи с офицерами я поехал на место, где раньше шли бои. К тому времени молдавская полиция уже была вытеснена на северный берег реки, который контролировал Кишинёв. Наша машина остановилась на углу небольшой улицы. В сопровождении моего шефа безопасности я отошёл от основной группы и вышел на открытое место, чтобы осмотреть территорию. Неожиданно Виктор сильно толкнул меня назад, так что я едва удержался на ногах. Одновременно я услышал тонкий свист рядом с ухом и через долю секунды — звук выстрела, затем ещё и ещё. Я вспомнил, что местные власти говорили мне, что в разных частях города ещё оставались снайперы, которые обстреливали приднестровских ополченцев. Ходили слухи, что там были снайперы-женщины из балтийских стран, которые мстили за советскую оккупацию. Это, конечно, было мифотворчеством. Последний раз я услышал о прибалтийских женщинах-снайперах уже во время первой чеченской войны...

Позже, вспоминая эпизод со стрельбой, я подумал, что снайперы скорее всего были вообще ни при чём. Возможно, это приднестровские власти так демонстрировали мне «звериный оскал» своих врагов. Как раз сразу после этой стрельбы у меня была запланирована встреча с лидером приднестровских сепаратистов Игорем Смирновым.

По мнению многих экспертов и журналистов, Смирнов
и возглавляемое им сепаратистское движение были частью
плана, разработанного высшими руководителями КПСС и КГБ.
Территории, где зрели межэтнические конфликты, должны
были, по замыслу, превратиться в инструмент давления на те
республики, которые посмеют выбрать курс на независимость.
В определённый момент сепаратисты должны были при поддержке Москвы торпедировать стремление постсоветских лидеров к суверенитету.

Такими инструментами должны были стать Приднестровье
в Молдове и Абхазия в Грузии. Если Молдова и Грузия захотят
покинуть Советский Союз, им, по логике этого стратегического
плана, следовало ожидать подобной сепаратистской угрозы их
собственной целостности. Советское руководство рассматривало такую стратегию как шанс возродить Союз, а по сути, Российскую империю.

В ответ на активность сепаратистов националисты в республиканских центрах ограничивали автономию регионов
и применяли против них силу. Такая реакция играла на руку
сепаратистам, которые, в свою очередь, собрали ополчение,
а со временем и свои собственные армии, создавали марионеточные правительства советского типа. В результате центро-
бежные тенденции только нарастали.

Многие демократы полагали, что приднестровский лидер
Игорь Смирнов и его абхазский коллега Владислав Ардзинба
были завербованы КГБ ещё при СССР, чтобы возглавить сепаратистские движения. Оба они не были постоянными жителями
территорий, где выстраивали политическую карьеру. Смирнов приехал в Тирасполь в 1987 году с Украины. Ардзинба, хоть
и родился в Абхазии, долго жил в других регионах и вернулся
в Сухуми только в 1988 году.

Эволюция их политических требований поражала сход-
ством. Перед распадом СССР они сначала требовали равноцен-
ного с союзными республиками статуса для своих территорий. После распада СССР они стали требовать независимости

как первого шага на пути воссоединения с Россией. Оба они заявляли, что США и НАТО, ответственные за развал Советского Союза, посадили марионеточные правительства в Молдове и Грузии. Этим марионеткам, утверждали они, поручено разгромить пророссийские сепаратистские восстания, чтобы исключить любую возможность для возрождения Великой России. Смирнов и Ардзинба активно обхаживали военных начальников в России, которые помогли им создать свои собственные силы безопасности и вооружённые отряды. Тогда в прессе появлялось немало сообщений, намекавших на невероятную коррупцию, питательной средой для которой стала сфера сотрудничества сепаратистов с Россией. СМИ писали о контрабанде, откатах при бюджетном финансировании и прямом воровстве из фондов помощи.

К сожалению, встреча с Игорем Смирновым подтвердила все мои опасения, основанные на информации о его прошлом и источниках поддержки. Он очень расплывчато оценил предложенные мной варианты возможного урегулирования, зато преуспел в националистической демагогии. Такой же спектакль меня ждал вскоре и в Абхазии на переговорах с Ардзинбой.

Когда оба они поняли, что Россия не будет воевать на их стороне, были достигнуты соглашения о прекращении боевых действий на постоянной основе. Соглашение о принципах возможного урегулирования в Приднестровье было подписано в Москве 21 июля 1992 года президентами России и Молдовы. Главными элементами были сохранение целостности титульного государства и гарантия прав местного населения через высокую степень политической и культурной автономии. Российские войска должны наблюдать за прекращением огня в условиях строгой нейтральности. Эти принципы могли бы работать и в Абхазии.

Правительства в Кишинёве и Тбилиси, изначально занимавшие позицию агрессивного антирусского национализма, начали сдвигаться в сторону более реалистичной политики. Но сепаратисты этого «не замечали».

Показательно, что абсолютное неприятие у Ардзинбы вызывал президент Грузии Эдуард Шеварднадзе, несмотря на то, что он пришёл к власти во главе сил, которые сбросили ультранационалиста Звиада Гамсахурдиа. Думаю, что это нетрудно объяснить: Шеварднадзе был врагом номер один для «ястребов» из советского, а затем российского военно-промышленного комплекса, к которому так тяготел Ардзинба.

На открывающиеся возможности сотрудничества Смирнов и Ардзинба отвечали призывами ко всё большей и большей автономии, вплоть до полной независимости. Кишинёв и Тбилиси вновь откатились назад к своим нереалистичным требованиям. В результате взаимные претензии и торг закончились ничем.

В 2008 году Россия осуществила вооружённое вторжение в Грузию и признала независимость Абхазии и другого отделившегося анклава, Южной Осетии, но подавляющее большинство членов международного сообщества, включая все остальные страны СНГ, не последовали её примеру. Молдова и её мятежный регион Приднестровье до сих пор не могут выбраться из трясины замороженного на долгие десятилетия конфликта.

Белград: Россия — друг, а не покровитель

Выстраивая дипломатию на постсоветском пространстве, я ни на минуту не забывал о трагических событиях в бывшей Югославии. Это был мой постоянный кошмар: а вдруг и постсоветские страны не смогут избежать этого ужаса — с этническими чистками, масштабными вооружёнными столкновениями, гибелью мирных людей. Бывший Советский Союз вполне мог повторить путь Югославии. Слишком много в этих странах было общего. Югославия была федерацией социалистических республик. Смерть её многолетнего лидера Иосипа Тито в 1980 году привела к передаче большего объёма полномочий от федерального центра к республикам и автономным провинциям.

Многолетний руководитель СССР Леонид Брежнев умер в 1982 году. А через три года, после прихода к власти Михаила Горбачёва, началась либерализация страны. В обеих странах проводились демократические реформы, предполагающие ослабление центра.

В этой точке сходства заканчивались и начинались различия. Президентом самой крупной республики СССР, Российской Федерации, стал Борис Ельцин, который с самого начала проводил антиимперскую политику, а в августе 1991 года оказал сопротивление неоимперцам в лице ГКЧП.

В противоположность ему президент самой крупной югославской республики, Сербии, Слободан Милошевич оказался ультранационалистом. После того, как республики Словения, Босния и Герцеговина и Хорватия объявили себя независимыми, Белград, чтобы удержать их под своей властью, пошёл на военную интервенцию. Белградский режим целенаправленно вёл политику расчленения Боснии и Герцеговины и дестабилизации Хорватии, создавая там сепаратистские сербские анклавы.

Было принципиально важно, чтобы Россия не стала заигрывать с Милошевичем и вслед за Европейским Сообществом признала независимость бывших республик Югославии.

Столкнувшись с агрессией Белграда, Европа пребывала буквально в шоке. Она не видела ничего подобного со времён Второй Мировой войны. Возмущение военными преступлениями и этническими чистками в центре мирного континента росло с каждым днём. Ситуация усугублялась потоком беженцев, которые хлынули в другие европейские государства, прежде всего в Германию. Мировые СМИ, политики и дипломаты активно обсуждали, как остановить кровопролитие.

Как европейское государство Россия не могла не разделять всеобщую озабоченность. И хотя Москву и зону конфликта разделяли тысячи километров, югославская тема скоро вышла на первый план и в российской политике. Русские националисты требовали, чтобы Москва поддержала Милошевича наперекор

европейскому и мировому общественному мнению под предлогом исторического сходства между русским и сербским пра-
вославным населением. Это было дешёвой демагогией. За сто
лет до этого Российская империя тоже эксплуатировала лозунг
православного братства, добиваясь влияния на Балканах. В результате была втянута в Первую мировую войну. Бедствия той
войны привели к миллионам жертв, которых стало ещё больше после октябрьского переворота в 1917 году и гражданской
войны. А на территории Российской империи возникло государство, которое провозгласило своей государственной идео-
логией атеизм. Такой вот результат объединения под лозунгом
православного братства. Позднее советское коммунистическое
правительство резко осуждало Югославию за идеологический
ревизионизм, легализацию частного предпринимательства,
заигрывание с Западом и предательское неучастие в Варшав-
ском Договоре.

По конституции Российская Федерация являлась и является
светским государством с равными правами для всех граждан
независимо от вероисповедания. Разыгрывая этно-религиоз-
ную карту, националисты ставили под угрозу существование
самой России как многонациональной и многоконфессио-
нальной федерации. Около двадцати процентов её населения составляют мусульмане, а есть ещё люди, исповедующие
иудаизм, буддизм, другие религии. Безусловная поддержка
Милошевича могла изолировать Россию от демократической
Европы, чего как раз и добивались националисты и коррумпированная бюрократия, стоявшая за ними.

В отличие от русских националистов, я был заинтересован
в том, чтобы Россия играла активную роль в поисках мирного
решения в Югославии и в развитии отношений не только с Сербией, но и со всеми остальными бывшими югославскими республиками. Весной 1992 года я решил посетить их по очереди,
начав с Македонии и Словении, где меня встретили очень тепло. Следующей была Сербия.

Слободан Милошевич пригласил меня на обед, за которым последовал долгий разговор один на один. Он любил хороший французский коньяк и кубинские сигары, я тоже. Этот разговор в непринуждённой обстановке заложил основу для наших будущих контактов. Через час у нас уже установилось личное взаимопонимание, что помогло нам говорить прямо. Известный своим популизмом в публичном пространстве и жёсткой риторикой в дипломатии, здесь, в частной обстановке, Милошевич демонстрировал рассудительность и прагматизм.

Я рассказал ему, что в России растут тёплые чувства по отношению к Сербии, которая, по моему убеждению, отвечает тем же. В этой ситуации Россия готова протянуть Белграду руку, чтобы он как можно скорее достиг мира с соседями и нашёл своё место в европейском сообществе демократических государств. России уже удалось блокировать исключение Белграда из СБСЕ, несмотря на сильное давление со стороны многих европейцев, желавших изгнать Сербию. При этом я не заигрывал с сербским президентом. Ясно дал понять, что, несмотря на националистическую кампанию в российской прессе и в парламенте, правительство России не будет прикрывать действия Сербии, если та продолжит разговаривать с другими республиками бывшей Югославии исключительно на языке силы. Я твёрдо заявил, что мы будем помогать, только если Белград станет руководствоваться нормами СБСЕ, и что к устаревшей логике конфронтации между европейскими государствами возврата нет. Белграду пора отказаться от опасной идеи исторического и этнического реванша, иначе на Москву ему рассчитывать не стоит.

Милошевич ответил, что его агрессивная политика является выдумкой немцев, которые раздувают антисербские настроения на Западе. «Мы просто хотим обеспечить права сербских меньшинств, — объяснил он. — Так же, как вы защищаете права русских в бывшем Советском Союзе».

На его взгляд, наилучшим решением могло бы быть восстановление Югославии как федерации, в которой соблюдались бы права меньшинств, или, если другие республики не согласятся воссоединиться с Сербией, включение анклавов сербских меньшинств в новую сербскую федерацию или Великую Сербию. Можно ли это сделать без войны? На этом этапе нет, но только из-за упрямства других республик, которые находятся под влиянием клеветнической пропаганды Запада.

Слушая его объяснения, я как будто разговаривал с Руцким или с ещё более радикальными националистами. Большинство из них не заботило благополучие русских в других республиках — они просто использовали их проблемы, которые сами же активно усугубляли своими имперскими выходками. Их мечты о Великой России могли привести только к братоубийственному кровопролитию. Мечты о великой Сербии уже привели к нему.

— Но почему Запад так упорно клевещет именно на Сербию и плетёт заговор против неё, а не против других стран? — спросил я у Милошевича, чтобы прервать набирающую обороты демагогию и переключить его внимание на другую тему.

— Мы для Запада чужие, потому что православные. Запад поддерживает хорватов и боснийцев в борьбе против сербов, потому что они католики и мусульмане. А католики и мусульмане на Балканах всегда объединяются в своей ненависти к сербам, даже несмотря на то, что ненавидят друг друга. Запад всегда нас ненавидел и хотел уничтожить, особенно немцы, исторические враги славян. Поэтому они развалили Югославию и Советский Союз.

— Но ведь православная Греция, откуда и к вам, и к нам пришло православие, — член НАТО, — не выдержал я.

Я на самом деле был потрясён. Прагматизм Милошевича буквально испарился у меня на глазах. Одно дело — читать о религиозных войнах Средневековья в книгах по истории. Совсем другое — иметь дело с главой государства, который не только ведёт, но и оправдывает такие войны в центре современной Европы.

— Конечно, я описал это почти карикатурно, — отреагировал на мою изумлённую реакцию Милошевич. — Но так здесь считают многие. Если вы поговорите с лидерами боснийских сербов — поэтом Радованом Караджичем или генералом Ратко Младичем, — они вам скажут то же самое.

В этом он был прав — позже я услышал от них обоих то же самое.

— Противостояние в Европе по большому счёту принадлежит прошлому, — продолжил Милошевич, но тут же добавил: но оно всё ещё существует в современном мире.

Далее он переключился на американцев. По его мнению, именно они как победители в холодной войне пытаются воспользоваться временным ослаблением России, чтобы захватить контроль над Балканами. Франция и другие страны, которые были историческими союзниками славян, не в состоянии помешать им, так как слишком зависят от Америки. Маленькая Сербия — это только полигон, первая и лёгкая добыча для Запада, сказал он. Главной его целью является Россия с её богатыми минеральными ресурсами. Милошевич в этом не сомневался. И сообщил мне, что его дипломаты говорят: многие в Москве думают так же.

— Коммунисты, оппозиционная и не очень умная пресса. Такова демократия, — уточнил я.

— Не только. Есть люди в администрации вашего президента, которые тоже так думают, — возразил он.

Это мне было прекрасно известно. Неприятной новостью было лишь то, что сотрудники администрации президента пытаются проводить отличную от утверждённой президентом политическую линию за спиной МИДа России. Ельцин, хотя и говорил, что от имени России кроме него может говорить только МИД, практически ничего не делал, чтобы пресечь эти нарушения государственной дисциплины. Это создавало ощущение хаоса — и в стране, и за рубежом.

Как бы продолжая теоретизировать, я спросил Милошевича, как он объясняет то, что американцы хотят захватить ресурсы именно России? Почему именно её, а не, к примеру, арабских экспортёров гораздо лучшей нефти, политика которых к тому же уже приводила к энергетическому кризису в Америке? Эти страны не обладают ядерным оружием и представляют собой несравненно более лёгкую добычу, чем Россия. И уж, конечно, для победы над ними ослабление Сербии не может понадобиться даже самому больному воображению. Мои вопросы, конечно, повисли в воздухе. Как и мои собеседники в Москве, Милошевич не смог на них ответить. Я перевёл разговор на вопросы культуры и только после этого вернулся к срочным политическим событиям.

— На нас оказывают давление наши европейские партнёры, они недовольны тем, что мы заблокировали резолюцию Совета Безопасности ООН о санкциях против Сербии за военные действия, в том числе за артобстрел городов.

Он был в курсе и поблагодарил меня. Я продолжил:

— Один из таких городов — Дубровник, входящий в список Всемирного наследия ЮНЕСКО. Не вижу никаких военных соображений, оправдывающих такие варварские действия.

Как оказалось, у Милошевича были оправдания любым преступлениям против хорватов или боснийцев. Он объяснил: сербы считают несправедливым, что хорваты вышли из состава Югославии, «прихватив» с собой почти всё адриатическое побережье, включая Дубровник. Впрочем, он, Милошевич, против обстрелов городов. Но сербы, воюющие в Хорватии, ему якобы не подчиняются.

— Это нужно остановить любой ценой, — сказал я ему.

Он пообещал что-нибудь сделать. В тот момент мне показалось, что он был искренен.

Мы продолжили обмен мнениями относительно Сараева. Этот город, в отличие от Дубровника, имел для Сербии важное стратегическое значение как столица Боснии. И опять Милошевич утверждал, что он не контролирует военных. И ещё раз пообещал, что постарается остановить их.

Я ему ясно дал понять, что, если обстрелы этих городов не прекратятся в течение нескольких дней, Россия не сможет более блокировать санкции ООН. Наша просербская позиция будет означать, что Россия принимает на себя долю вины и ответственности за неслыханное в современной Европе варварство. Мы попросим ООН подождать ещё около недели, чтобы дать Белграду время исправить положение, но после этого санкции будут неизбежны.

После Сербии я отправился в Хорватию. Последним этапом моего югославского турне была Босния. Чтобы добраться до Сараева, мне пришлось лететь обратно в Белград, а там пересесть на самолёт ООН. Захватившие город сербы не разрешали полёты никаким другим воздушным судам. Вернувшись в Белград, я ещё раз посетил Милошевича и поблагодарил его за прекращение обстрелов Дубровника. Однако обстрелы Сараева продолжались. Он опять сказал, что не контролирует бойцов в Боснии. Он категорически настаивал, чтобы я отменил свой визит в Сараево, так как он не может гарантировать мою безопасность. Но я от своего решения не отказался.

После часового перелёта мы приземлились в Сараеве под звуки взрывов. Миротворцы ООН советовали нам лететь обратно, потому что сербская артиллерия возобновила обстрел, несмотря на своё обещание не делать этого на время моего визита. Я сказал, что к таким трюкам уже привык, и настоял на продолжении поездки по плану.

Сараево был похож на город-призрак: никакого транспорта, пустынные улицы, разрушенные здания. Президент Боснии Алия Изетбегович принял нас в сильно повреждённой снарядами мэрии. Он был напряжён, подозрителен и беспокоен. Сказал, что не питает враждебных чувств к России и просит только о более сбалансированном подходе. Он, очевидно, был благодарен за визит, потому что мало кто из высоких гостей отваживался посещать зону боевых действий.

На обратном пути я встретил сербских офицеров в форме югославской народной армии и получил от них утвердительный ответ, когда спросил, подчиняются ли они штабу в Белграде. То есть Милошевич просто лгал в лицо министру иностранных дел России, когда говорил, что не контролирует этих бойцов. Я был в ярости и сообщил о своих выводах министру иностранных дел Сербии, который приехал проводить меня в белградский аэропорт перед моим вылетом в Москву.

Вскоре после возвращения я получил телеграмму от постоянного представителя России при ООН Юлия Воронцова о том, что наблюдатели ООН, сопровождавшие меня в Сараево, докладывают о продолжающемся обстреле Сараева войсками ЮНА. Это означало, что Милошевич, игнорируя Москву, продолжал вести войну. Потеряв терпение, большая группа стран — членов Совета Безопасности ООН официально потребовала ввести санкции против Белграда в течение 48 часов. Все поддерживали санкции, и голос России «против» изолировал бы нас политически и морально. Воронцов считал, что мы должны либо воздержаться, либо голосовать «за». Он рекомендовал второе.

Учитывая чувствительный характер решения, я отправил копию телеграммы Ельцину и приложил записку, где указал, что Милошевич лгал мне и манипулировал дипломатической поддержкой России, прикрывая свои военные преступления. На следующее утро я получил написанную от руки записку-указание от Ельцина «голосовать «за» немедленно». Воронцов так и сделал, и санкции вскоре последовали.

После того как 30 мая 1992 года Совет Безопасности объявил о санкциях в отношении Сербии, я позвонил Милошевичу и подтвердил готовность России помочь ему найти дипломатическое решение проблем бывшей Югославии. И прямо сказал: «Вы должны понимать, что наше голосование — это предупреждение: мы не станем прикрывать разжигание войны и зверства ваших военных. Я говорил вам, что не следует полагаться на тех в Москве, кто обещает вам что-то другое. Мы друзья, а не покровители. И, как друзья, мы предлагаем помощь, чтобы остановить войну и найти достойное компромиссное решение». Вскоре он позвонил и пригласил меня на встречу.

Так для Милошевича начался болезненный поиск политического решения в отношениях с соседями Сербии. Процесс был долгим. Боевые действия не прекращались — санкции продолжали действовать. Параллельно нарастало давление московских националистов на российскую власть: они требовали встать на сторону сербов. Когда ООН вводила новые санкции в 1994 году, Ельцин, опасаясь реакции националистов, предпочёл воздержаться при голосовании. Подписывались многочисленные соглашения о прекращении огня, но без особого результата. Конец обстрелам городов сербской артиллерией и вообще вооружённому конфликту был положен только тогда, когда НАТО впервые в своей истории применила силу и нанесла бомбовый удар по военным объектам боснийских сербов. Это отрезвило милитаристов, рассчитывавших на безнаказанное использование артиллерии.

Противоборствующие стороны предложили США возглавить переговоры, результатом которых стало Общее рамочное соглашение о мире в Боснии и Герцеговине (более известное как Дейтонские соглашения), которое было подписано в Париже 14 декабря 1995 года Милошевичем с одной стороны, и президентами Хорватии и Боснии с другой. Такой результат вряд ли стал бы возможным, не знай Милошевич, что Россия не будет защищать его действия в рамках ООН. Мы не будем покровителем войны — эту мысль я неоднократно внушал ему на наших многочисленных встречах в течение трёх лет.

Глава 5.
Переосмыслить отношения с Западом и Востоком

В первое время моей работы на посту министра иностранных дел России я вынужден был прежде всего заниматься горячими точками на постсоветском пространстве и отношениями с новыми независимыми государствами. Но одновременно размышлял о том, какой должна быть политика новой России по отношению к Западу и Востоку.

В Кремле, в парламенте, МИДе и в прессе я неоднократно объяснял, что, хотя Россия была государством — продолжателем Советского Союза, это не означало, что мы готовы продолжать внешнеполитический курс СССР. Я был убеждён, что интересы демократической России по большей части противоположны интересам СССР. Советский Союз на протяжении многих десятилетий противопоставлял себя цивилизованному миру, растрачивая национальные ресурсы в гонке вооружений. Одновременно поддерживал самые одиозные диктаторские режимы — Хафеза Асада в Сирии, Саддама Хусейна в Ираке, Ким Чен Ира в Северной Корее. До Горбачёва советские лидеры мечтали о восстановлении антиамериканского альянса с коммунистическим Китаем.

Мне было ясно, что от какого внешнеполитического курса мы должны отказаться. Но каким должен быть новый курс? Ответ на этот вопрос был не для всех очевиден. По моему убеждению, внешняя политика России должна была помогать в построении демократии и рынка внутри страны, мирному взаимовыгодному международному сотрудничеству. Это означало, что наши национальные интересы опираются на общечеловеческие ценности. Такой мне представлялась философия нашей новой дипломатии.

Исходя из этого я полагал, что новая Россия должна поддерживать свободные от идеологии отношения со всеми миролюбивыми странами на взаимовыгодной основе. А в скором времени — занять собственное место как партнёр и потенциальный союзник процветающих демократий, включая Японию и Южную Корею. Что касается Китая, то с ним нам нужны были равноправные и миролюбивые отношения, вопрос «против кого дружим» предстояло снять с повестки дня. Такое переосмысление внешней политики, безусловно, было для российской дипломатии вызовом. Я понимал, что справиться с ним будет крайне сложно, но другого пути не видел.

Помню, я поделился своими мыслями с 37-м президентом США Ричардом Никсоном во время его визита в Москву в начале девяностых. Мы обсуждали его смелые развороты во внешней политике, в том числе установление связей с Китаем. Мой оппонент Евгений Примаков, сменивший меня на посту министра иностранных дел в январе 1996 года, припомнил мне разговор с Никсоном, грубо искаженный в приводимой им «цитате», чтобы осудить курс, который я проводил. Будто бы я сказал, что у России есть только общечеловеческие интересы, а не интересы, соответствующие общечеловеческим ценностям, как у всякой цивилизованной и мирной страны. Примаков полагал, что национальные интересы России остаются теми же, что были у СССР: «традиционными» или «историческими». Его взгляды совпадали со взглядами многих высоких чинов на разных уровнях российской власти — особенно в армии и спецслужбах. Эти люди надеялись, что, кроме флага над Кремлём, ничего в политике нашей страны, а вместе с тем — и это главное — их положение во властных структурах, не изменится. И их реванш начался именно с внешней политики. К несчастью, в конце концов Ельцин уступил их давлению.

Окна в Европу

В январе 1992 года по дороге в Германию я остановился в Калининграде. Со времён Петра I балтийские порты были кратчайшим путём, связывающим Россию с её западноевропейскими партнёрами, включая Голландию, Швецию и Великобританию. Калининград, бывший немецкий Кёнигсберг, был передан Советскому Союзу в числе других территорий после разгрома нацистов в 1945 году. Однако сорок семь лет спустя он представлял собой тягостное свидетельство того, что страна-победитель так и не смогла обеспечить нормальный уровень жизни своим гражданам. Город за годы пребывания в составе СССР деградировал. На фоне видимой разрухи наше военное присутствие в Калининграде выглядело особенно удручающим.

Меня встречал калининградский губернатор Юрий Маточкин. Активный сторонник демократических реформ, он был полон планов и хотел развивать свою область, привлекая зарубежные инвестиции. Это помогло бы создать здесь здоровую конкурентную среду. Губернатор верил, что сможет поднять уровень жизни в городе до европейского. Я пытался помочь ему, как, впрочем, и другим губернаторам Северо-Запада России. Они поддерживали мои усилия выстроить партнёрские отношения с балтийскими государствами и превратить Балтийское море из символа холодной войны в зону новых деловых возможностей.

В конце 1991 года русские националисты заявили, что Германия пользуется экономической слабостью России и пытается предъявить права на эту область в обмен на финансовую помощь непатриотичному, как они считали, правительству Ельцина. Мне приходилось много раз публично опровергать эти слухи и заверять калининградцев, что Германия строго придерживается принципа нерушимости границ в Европе.

Во время визита в Германию я подкрепил свои слова российско-германским договором, подтвердившим международно принятые границы, закреплённые в предыдущих соглашениях между СССР и Германией. Новый договор был с радостью воспринят и в Калининграде, и в Москве, и в Берлине. Германия в девяностых превратилась в крупнейшего политического и экономического партнёра России в Европе.

Во время того же визита были достигнуты и другие важные договорённости. В августе 1992 году Германии предстояло принимать «Большой семёрку» в Мюнхене. Мне было обещано, что российский президент будет приглашён на эту встречу как специальный гость. Тогда же удалось договориться, что Берлин поддержит приём новых постсоветских государств, включая закавказские и среднеазиатские, в СБСЕ. Разумеется, при условии, что они обязуются придерживаться принципа нерушимости границ и откажутся от применения силы в международных отношениях. Не менее важным было соблюдение прав человека, включая права меньшинств. Я считал принципиально важным, чтобы Совет как организация и каждая европейская страна отдельно дали понять всем постсоветским государствам, что они обязаны соблюдать права русского меньшинства. Позже при содействии Германии бывшие советские республики действительно были приняты в СБСЕ.

Вспоминая о своём первом официальном визите в Германию, должен сказать об особых отношениях, которые у меня с того времени установились с министром иностранных дел Хансом-Дитрихом Геншером. Он позже не раз делился со мной своим дипломатическим опытом. Так, он посоветовал никогда не произносить имя иностранного партнёра при первой встрече. Вместо этого использовать вежливые формы обращения, такие как, например, «господин президент», «господин министр» или просто «мой друг», чтобы избежать потенциального конфуза. В этот момент я вспомнил про великолепного переводчика ООН с невинной русской фамилией Факов, которую по-английски писали как Faekof. Это, конечно, всего лишь мелкий забавный штрих из истории наших отношений, на самом деле его помощь мне как молодому министру была действительно серьёзной.

Геншер использовал свой авторитет в Европейском сообществе, чтобы подтолкнуть переговоры по определению базовых
рамок экономических и торговых отношений между Россией
и ЕС. Спустя несколько месяцев эти усилия привели к первым
важным соглашениям по тарифам, а в 1994 году — к комплекс-
ному соглашению, охватывающему широкий спектр экономических отношений. Министр иностранных дел Германии остро
чувствовал давление, которому я подвергался с разных сторон.
Вспоминаю свой диалог с ним на встрече министров стран
СБСЕ. Он в разговоре со мной заметил, что некоторые из его западных коллег упрекают меня в излишнем внимании к правам
русского меньшинства в странах Балтии. Я повторил то, что
говорил не раз публично: этот вопрос является ключевым для
СБСЕ как института безопасности и демократии в Европе. Он
не стал спорить, но с улыбкой показал мне вырезку из немец-
кой газеты. В статье рассказывалось об избрании демократически настроенного российского депутата Евгения Амбарцумова
председателем парламентского комитета по иностранным
делам. Амбарцумов, говорилось в статье, подверг Козырева
критике за то, что тот совершает поездки на Запад и участвует
в международных конференциях, вместо того чтобы заниматься правами русского меньшинства в бывших советских республиках.

«Вот видите, — сказал Геншер. — Обе стороны нападают на
вас — похоже, вы всё делаете правильно. Вам нужно к этому
привыкать. Меня тоже критикуют со всех сторон. Если вы
не поедете за границу, критики скажут, что вы ослабили международные позиции своей страны. Если поедете, ваши оппоненты обвинят вас в том, что вы слишком много разъезжаете
по заграничным приёмам, вместо того чтобы работать вместе
с правительством собственной страны над срочными вопросами. Находиться под огнём отечественной прессы и политиков — часть работы министра иностранных дел. Продолжайте
делать то, что считаете правильным, пока хватает сил и возможностей». Я был ему благодарен за поддержку и помощь.

Встреча министров иностранных дел стран СБСЕ в Праге 30 января 1992 года оказалась принципиально важной. Права меньшинств были существенным пунктом повестки дня. Наше особое беспокойство вызывало отношение к русскому и другим меньшинствам в государствах Балтии. Да, эти страны успешно продвигались по демократическому пути, но проблемы русскоязычного населения оставались в них очень острыми. Что, впрочем, неудивительно: в отдельных регионах это «меньшинство» составляло до сорока процентов населения, во многом благодаря советской политике перемещения (часто насильного) масс местного населения вглубь России, а россиян на их место. Мы предложили, чтобы за соблюдением прав меньшинств наблюдал специально назначенный Верховный комиссар, и это предложение было принято. Вскоре первым Верховным комиссаром ОБСЕ по вопросам национальных меньшинств стал весьма авторитетный дипломат Макс ван дер Стул, экс-министр иностранных дел Нидерландов. Он прослужил на этом посту восемь лет и всегда помогал заинтересованным сторонам разрешать этнические конфликты спокойно и квалифицированно.

На протяжении всего 1992 года наше министерство работало над строительством новых отношений с постсоветскими балтийскими государствами. Пятого марта 1992 года министры иностранных дел России, Германии, Дании, Финляндии, Норвегии, Литвы, Латвии и Эстонии собрались в Копенгагене, где учредили Совет по сотрудничеству государств Балтийского моря. Он был задуман как рабочий форум для координации политики в таких сферах, как правоохранительная деятельность, экономика, транспорт, энергетика, охрана среды и развитие демократических институтов в целом. На этой встрече я предложил учредить пост Верховного комиссара в Совете по сотрудничеству стран Балтийского моря, уполномоченного наблюдать за соблюдением прав человека, включая права меньшинств в странах-участниках. Было опасение, что Верховный комиссар СБСЕ будет вынужден сконцентрироваться на проблемах воюющей Югославии в ущерб остальным задачам.

У Верховного комиссара Совета по сотрудничеству государств Балтийского моря приоритеты были бы другие.

Эстонские и латвийские дипломаты увидели в моих предложениях попытку оказать давление на их страны. Я попытался переубедить их. Моя логика была простой: если Европа и сами балтийские государства будут игнорировать права русскоязычного меньшинства, это сыграет на руку имперцам в России. Вряд ли наши партнёры заинтересованы, чтобы эти люди оказались в Кремле и перешли к политике силового давления на соседние государства. После острого обсуждения мы всё-таки договорились учредить надзорную должность. И это принесло пользу: проблемы русскоязычного меньшинства в балтийских государствах постепенно начали решаться.

В 1992 году был также учреждён Совет по сотрудничеству стран Баренцева моря. Когда позднее я стал депутатом госдумы от Мурманской области, смог лично убедиться в эффективной работе этой организации.

Третий Совет по сотрудничеству был вскоре создан странами Чёрного моря, которые вскоре учредили и региональный межгосударственный Банк реконструкции и развития. Эта сеть региональных организаций сотрудничества была жизненно важна для России как инструмент сотрудничества с Европой.

Соединённые Штаты: договор СНВ-2

Визиты российского президента в западные страны были важной частью нашей внешнеполитической деятельности.

Дебют Бориса Ельцина в роли президента независимого государства состоялся на саммите Совета безопасности ООН в начале 1992 года. Надо ли объяснять, насколько важной для страны был этот визит в Нью-Йорк? Подготовка к нему шла нервно, Ельцин явно чувствовал себя неуверенно, и это меня беспокоило. Стресс мог подтолкнуть его к злоупотреблению спиртным — подобное мне уже приходилось наблюдать. Как правило, это было связано с отсутствием у него ясного понимания обстоятельств, в которых он оказывался. Помня об этом,

я постарался убедить президента, что в Нью-Йорке он не столк-
нётся с сюрпризами. Дипломаты заранее всё хорошо подготовили. «Тогда какой мне смысл туда ехать, если я буду просто
марионеткой в ваших руках?» — возразил он. Он спросил это
в своей фирменной полушутливой манере, что не добавило мне
спокойствия. Я помнил о его неудачном экспромте во время
выступления перед депутатами в Минске и опасался подобного. Меня мучили мрачные предчувствия.

Через несколько дней после этого разговора я столкнулся
в приёмной президента с группой учёных космической отрасли. В ожидании встречи с Ельциным они мне рассказали
о проекте космической станции, которая сможет отслеживать
военные угрозы на Земле. Беспокойная мысль о том, что нечто
вроде этого может привести к проявлению непродуманной
инициативы на саммите ООН, мелькнула у меня в голове. Этот
проект показался мне классическим образцом прожектёрства,
который потребует миллиарды долларов и десятилетия тяжёлой работы. Естественно, с непрогнозируемым результатом.
Это было похоже на сюжет из фильма «Звёздные войны», которые мы с моей дочерью с удовольствием смотрели.

Интуиция меня не обманула: в своём обращении к Совету
Безопасности ООН 31 января президент Ельцин предложил
создать совместными усилиями учёных из России, США и других стран «глобальную систему космического базирования для
защиты международного сообщества». Подобная система, уверял он, была необходима против угрозы со стороны преступ-
ных диктаторов.

Инициатива была принята вяло. Американцы оценили её
как возврат к старой советской привычке привозить на сессии
ООН заведомо нереалистичные предложения — вроде полного
разоружения, — целью которых было заработать очки в общественном мнении внутри страны и озадачить Запад. Пришлось
постоянному представителю России при ООН Юлию Воронцо-
ву проводить работу с американскими коллегами, мягко объясняя им, что инициатива Ельцина отражает в равной мере его

недостаток опыта и добрые намерения в мировой политике. Это был образец конфиденциальной дипломатии, поскольку всё надо было сделать так, чтобы не унизить Ельцина. Соответственно, мы попросили американцев публично отнестись к странному предложению серьёзно, чтобы российский президент у себя в стране не выглядел глупо. Президент Буш-старший любезно отметил, что инициатива достойна изучения.

Казалось бы, я мог спокойно выдохнуть, но не получалось. Я понимал, что президент в большей степени склонен к эффектным жестам, чем к трудной политической работе, без которой партнёрские отношения с Западом было выстроить невозможно, так же, впрочем, как и демократию в самой России.

Председатель комитета по внешней политике российского парламента и член нашей делегации Владимир Лукин разделял мою озабоченность и помог донести её до президента в юмористической, но довольно ясной форме. На общем собрании делегации его задачей было вечернее подведение итогов, и он рассказал популярный анекдот про общее собрание колхоза. «На повестке дня два вопроса: ремонт свинарника и победа коммунизма во всём мире. Поскольку у нас денег, материалов и рабочих рук для ремонта нет, предлагаю пропустить пункт первый и прямо перейти ко второму». Ельцин притворился озадаченным, а затем рассмеялся вместе со всеми. Я восхищался Лукиным — неизменное остроумие и последовательные демократические взгляды очень помогали нам в работе. К сожалению, испытание временем выдержало только остроумие Лукина. А добродушное отношение Ельцина к критике продлилось недолго.

Но если отвлечься от космических фантазий, в остальном речь Ельцина была принципиально важной. Президент России не только выступал с новыми заявлениями и оценками, он использовал абсолютно нехарактерную для советских лидеров лексику. Когда помощники и спичрайтеры Ельцина обсуждали проект его речи, я боролся за включение в неё определённых понятий и терминов. И был счастлив, что президент сохранил их в итоговом варианте. Он, в частности, говорил:

«Россия рассматривает Соединённые Штаты и Запад не только как партнёров, но и как союзников. Это, по-моему, закладывает основу революционных перемен в мирном партнёрстве цивилизованного мира...

Полномасштабное соблюдение человеческих прав и свобод в соответствии с международными документами является для нас высочайшим приоритетом... Это не внутреннее дело государства, а международное обязательство всех и каждой из стран».

Заявления о партнёрстве с Западом и правах человека как универсальном обязательстве новой России были забыты через несколько лет. И сегодня даже невозможно представить, что нынешние лидеры России могут к ним вернуться. Однако тот факт, что первый всенародно избранный российский лидер выразил эти идеи в своём выступлении на Совете Безопасности ООН, вошёл в историю. Рано или поздно обещание, данное с высокой трибуны, будет выполнено Россией, потому что это в её интересах и в интересах всего мира. Я и сегодня в этом убеждён.

Ответ США на заинтересованность Ельцина в новых паритетных отношениях с Западом появился на следующий день. Президент Буш пригласил российского коллегу в качестве специального гостя в Кэмп-Дэвид, где два президента подписали Кэмп-Дэвидскую декларацию о новых отношениях. Документ констатировал, что Россия и Соединённые Штаты не рассматривают друг друга в качестве потенциальных противников и что их отношения с этого момента — это отношения дружбы и партнёрства, основанные на взаимном доверии, уважении интересов друг друга, приверженности демократии и экономической свободе. В практической плоскости государственному секретарю США Джеймсу Бейкеру и мне было поручено начать переговоры о новом соглашении, которое вскоре превратилось в СНВ-2, договор о сокращении стратегических ядерных вооружений.

Сразу после визита в США состоялась поездка Ельцина в Канаду, где премьер-министр Брайан Малруни и министр иностранных дел Барбара Макдугалл приняли нас как старых друзей. Во время нашей следующей остановки, в Лондоне, Ельцин встретился с премьер-министром Великобритании Джоном Мейджором и министром иностранных дел Дугласом Хердом. Именно Херд очень помог России стать государством — преемником СССР в рамках ООН. Из Лондона мы перелетели в Париж, где Ельцин провёл довольно сложную и, я бы сказал, более формальную встречу с президентом Франции Франсуа Миттераном. А после неё – более тёплую с мэром Парижа Жаком Шираком, который немного говорил по-русски. Мы подписали основополагающие договоры и декларации об установлении новых отношений со всеми тремя странами.

Вернувшись в Москву, Ельцин выступил в парламенте. Он высоко оценил результаты визитов в США, Канаду, Великобританию и Францию, заявив, что выполнил обе поставленные перед собой задачи: помочь России вступить в «цивилизованное сообщество наций» и обеспечить поддержку для внутренней трансформации страны. Это полностью совпадало с моим пониманием того, как внешняя политика должна служить нашим национальным интересам. Президент ещё раз подчеркнул: Россия рассматривает США и Запад не как потенциальных противников, а как друзей и союзников.

Позже я много раз пытался уговорить Ельцина выступать в парламенте по вопросам внешней политики. Я был уверен, что это выбьет козыри из рук оппозиции, которая представляла наши действия как предательство национальных интересов России. К сожалению, мои усилия были тщетны: прицельно по вопросам внешней политики Ельцин в парламенте больше не выступал.

Ельцин чувствовал, что его хорошо приняли мировые лидеры и с гордостью называл их своими друзьями в частной обстановке и на публике. Тем летом он был приглашён присоединиться к лидерам «Большой семёрки» на официальном обеде, с чего началось быстрое вхождение России в эту группу, вскоре превратившуюся в «Большую восьмёрку». Участие в клубе глав демократических государств с рыночной экономикой дало нам возможность более энергично выстраивать сотрудничество с международными финансовыми институтами. А это в условиях трудных экономических реформ было жизненно важно. Словом, достижения во внешней политике были очевидны. Но настоящий исторический перелом был связан с подписанием договора СНВ-2.

Основой для новых переговоров о сокращении ядерных вооружений послужил более ранний договор СНВ-1, подписанный Михаилом Горбачёвым 31 июля 1991 года, который ограничил количество ядерных вооружений с каждой стороны. Мы же договорились не только ограничить количество этих вооружений, но и уменьшить их наступательный потенциал, а с ним — и риск возникновения войны.

В течение многих лет советский режим поддерживал способность нанести первый удар по потенциальному противнику с помощью «тяжёлых» межконтинентальных баллистических ракет (МКБР) наземного базирования, способных долететь до Соединённых Штатов за 40–60 минут. Москва яростно противилась любым ограничениям этого вида вооружений. Война с Соединёнными Штатами считалась неизбежной. Я понимал, что российские военные выросли в этом убеждении и легко от него не откажутся. Тем не менее был готов бороться с этим советским наследием, чтобы в конце концов Россия и США стали действительно союзниками и риск очередной мировой войны навсегда ушёл в историю.

Если бы российские военные не выбрались из трясины советских догм, наша новая внешняя политика была бы обречена на провал. Более того, возникла бы угроза нашей национальной безопасности. Сохранение у нас оружия первого удара в случае кризиса в российско-американских отношениях могло спровоцировать США на упреждающий удар. Тут просматривалась чрезвычайно опасная цепочка. Пусковые шахты тех самых советских «тяжёлых» ракет наземного базирования представляли собой лёгкие цели, их местоположение было хорошо известно американцам по фотографиям, сделанным из космоса. Это подталкивало наших генералов к тому, чтобы поддерживать ракеты в состоянии пусковой готовности. Таким образом, постоянный риск случайного ядерного уничтожения, вызванного технической неполадкой или ошибкой в расчётах, оставался бы неоправданно высоким. Важно было, чтобы, помимо прочего, США согласились бы на сокращение подводных лодок с межконтинентальными баллистическими ракетами и стратегических бомбардировщиков.

Я лично обсудил эту проблему с министром обороны Павлом Грачёвым. Он сразу сказал, что согласиться на понижение в «тяжёлых» ракетах будет для него самоубийством — «старая гвардия» ему этого не простит. Тогда я подготовил необычно долгую для таких случаев презентацию — целых 15 минут — и представил её президенту. Ельцин выслушал меня очень внимательно, но в заключение назвал вопрос техническим и попросил ещё раз проработать его с министром обороны. После этого я поделился своей озабоченностью с Геннадием Бурбулисом, правой рукой Ельцина, который пообещал объяснить шефу и министру обороны, что нам необходимо переосмыслить подходы к стратегическому равновесию между Россией и США. Реакция Бурбулиса показалась мне несколько уклончивой, но вскоре после этого Грачёв изменил свою точку зрения и отступил от советской доктрины по МКБР. Он и начальник генштаба Михаил Колесников публично признали, что эти вооружения действительно являются оружием первого удара и для достижения более стабильного стратегического равновесия между Россией и Америкой они должны быть включены в согласованные сокращения. Ельцин одобрил эти революционные изменения в доктрине и одновременно предложенные Грачёвым и мной инструкции для формирования нашей позиции на переговорах с американской командой.

Решение Ельцина позволило совершить беспрецедентный рывок в переговорах по контролю над вооружениями, которые завершились соглашением по взаимным сокращениям стратегических ядерных потенциалов. Впервые в истории был снижен риск ядерной войны как в количественном, так и в качественном отношении.

У этого прорыва есть дата — 9 июня 1992 года. Мы с большой группой российских экспертов провели этот день в Вашингтоне, прорабатывая основные пункты договора СНВ-2 с командой из США. Жёсткий и опытный переговорщик — госсекретарь США Джеймс Бейкер — быстро оценил масштаб задачи и проявил дипломатическую гибкость. Работа над документом шла на высочайшем профессиональном уровне. Нам удалось найти общий язык для решения невероятно сложной проблемы. Я остался под глубоким впечатлением от финальной церемонии, состоявшейся в офисе Бейкера. Перед подписанием документа от пригласил меня на чашку кофе. Внезапно у него на столе зазвонил телефон, и он, извинившись, перешёл в изолированную кабинку. Когда он вернулся, я заметил, что он очень взволнован. Как выяснилось, ему позвонили из Пентагона и настойчиво попросили потребовать от меня дополнительных уступок. Он отказался. «Мы заключили справедливую сделку, — сказал он, — и я не собираюсь прибегать к таким уловкам в последнюю минуту». Это неправда, что политика и дипломатия — грязное дело. Иногда большие решения принимают люди чести.

Не будет преувеличением сказать, что договор СНВ-2 стал историческим достижением первого всенародно избранного лидера новой России. Он смело отказался от предрассудков своих предшественников и действовал в соответствии с национальными интересами России. Не боясь быть заподозренным в лести, я прямо сказал об этом Ельцину, когда докладывал о результатах вашингтонского соглашения.

«Теперь вы видите, что я лучше во внешнеполитических делах, чем Горбачёв», — не удержался Ельцин. Он всё ещё вну-

тренне конкурировал с президентом СССР и, думаю, по-прежнему подозревал меня в скрытых симпатиях к нему.

«Да, вы с Бейкером хорошо поработали — как два профес-
сионала. Но заключительное подтверждение согласованного
количества ракет должно появиться в результате моего руко-
пожатия с Бушем. Пожалуйста, не спорьте. Ничего, что текст
соглашения уже подготовлен, пару цифр можно будет внести
в него очень быстро. В любом случае, это моё окончательное
решение!»

Я отдавал должное решительности Ельцина и его способности использовать на сто процентов преимущества, которые давала ему в тот или иной момент политическая обстановка. Но
некоторые черты его характера сильно осложняли мою работу
как министра. Так было в случае с подготовкой СНВ-2. В результате происходящее стало напоминать мне чёрную комедию.

Ну как я мог выполнить его требование, понимая, что Буш
никогда не согласится вносить изменения в такой сложный,
а главное, заранее согласованный документ, как СНВ-2? Пришлось выкручиваться. У меня в руках был согласованный документ, и я ничего не сказал о пожелании российского президента командам, которые вели переговоры.

Мы с Ельциным, как и предписывал протокол, заранее приехали в Белый дом для подписания документов. Я улучил момент и буквально бросился к президенту Бушу: «Прошу вас,
поговорите с президентом с глазу на глаз перед процедурой
подписания». Я объяснил ему, что Ельцин хочет создать видимость, что окончательные цифры смогли согласовать только
президенты. Такая необычная просьба, сказал я, объясняется
характером российского президента и не связана с какими-
либо колебаниями или попыткой схитрить с нашей стороны.
К счастью, президент Буш отнёсся к моей просьбе намного про-
ще, чем я ожидал. Похоже, он хорошо понимал Ельцина и так
же, как он, ценил внешние эффекты.

Я передал Ельцину листок бумаги карманного формата
с окончательными цифрами, которые были согласованы

командами переговорщиков и уже включены в подготовленные документы. Буш пригласил российского президента на приватную прогулку по южной лужайке Белого дома и спросил у него про цифры. По возвращении оба улыбались. Буш отдал листок, который я передал Ельцину, Бейкеру, тот взглянул на цифры и кивнул.

Через час документ под названием «Основы соглашения» был подписан. В своей речи на церемонии Ельцин оценил его как ощутимое «выражение фундаментального изменения в политических и экономических отношениях между Соединёнными Штатами Америки и Россией». Хартия американо-российского партнёрства и дружбы, которую президенты также подписали в Вашингтоне 17 июня 1992 года, характеризовала наши новые отношения как «стратегическое партнёрство».

Как я и ожидал, в Москве противники президента обрушились на нас с жесточайшей критикой. Они кричали, что Ельцин и Козырев подписали «плохо продуманный и поспешный» договор. Генералы с опытом службы в Советской армии понимали, что подписание новых документов требует пересмотра российской военной доктрины. Но дело было сделано. И перемены оказались неизбежны.

СНВ-2, на первый взгляд, затмил знаменитый договор СНВ-1, подписанный Бушем и Горбачёвым всего годом ранее. Но на самом деле один договор опирался на другой. И да, СНВ-2 был лучше продуман и проработан, потому что на этот раз переговорщики не были в плену советских внешнеполитических традиций.

Но наш дипломатический успех оказался подпорчен. Ельцин, к сожалению, не удержался и похвастался своим помощникам, рассказав, что окончательная договорённость была заключена только во время его встречи один на один с Бушем. Помощники, в свою очередь, слили эту информацию в российскую прессу. Слухи о том, что финальные цифры были согласованы во время прогулки на лужайке за тридцать минут до подписания договора, были как нельзя кстати для «ястребов» в Москве. Они радостно объявили, что решение, подрывающее национальную безопасность, было принято спонтанно. Спекуляции на том, что президент США якобы вынудил своего российского коллегу пойти на «необоснованные уступки», кочевали из публикации в публикацию.

И тем не менее переговоры по доработке рамочного соглашения по сокращению ядерных арсеналов продолжались до конца 1992 года. Они шли очень тяжело и к декабрю оказались на грани провала. Тридцатого декабря Павел Грачёв и я встретились в Женеве с Лоуренсом Иглбергером, преемником Джеймса Бейкера на посту госсекретаря США (Бейкер оставил свой пост, чтобы возглавить кампанию по переизбранию Буша). Мы должны были уладить последние разногласия. Я заключил с Иглбергером пари на бутылку виски, поставив на то, что Буш подпишет договор до того, как в январе 1993 года покинет Белый дом. Это, конечно, была просто шутка, а не попытка установить обязательный дедлайн. Мы знали, что избранный президент Билл Клинтон был в курсе дела и тоже поддерживал сделку.

Договор СНВ-2 был подписан третьего января 1993 года, и это была последняя встреча между Ельциным и Бушем. Иглбергер достал чудесный скотч, и я с радостью разделил его с Грачёвым и другими членами российской делегации.

Позднее Ельцин принял ещё несколько отважных политических решений в области оборонной политики, включая подписание соглашений с Германией и балтийскими государствами о выводе бывших советских войск с их территории. Я был горд работать с ним — сначала над достижением этих решений, а затем и над их исполнением. Каждый раз он твёрдо преодолевал сопротивление военных и выводил страну на новый уровень сотрудничества с западными партнёрами.

Между Азией и Европой

Ещё одним регионом, который требовал пристального внимания, была Турция. Я всерьёз опасался, что наши страны вернутся к историческому соперничеству и конфронтации. Основания для этого у меня были. Речь прежде всего о конфликте в Нагорном Карабахе, который грозил перерасти в открытую войну между пророссийской православной Арменией и протурецким мусульманским Азербайджаном.

Ура-патриоты всегда пытались манипулировать историей. Они стремились использовать её как доказательство особого пути России и предопределённости её вечного соперничества с соседями. Россия — по их убеждению — всегда была окружена врагами. Этим якобы и объясняется менталитет людей в осаждённой крепости, присущий россиянам. Коммунистическая и националистическая пресса любили публиковать карикатуры, на которых Турция изображалась в виде чудовища с двумя головами, одна представляла воинствующий пантюркизм, другая — НАТО. Неудивительно, что моя политика по отношению к Турции вызывала ярость и коммунистических, и националистических сил в России. Но я предпочитал на них не оглядываться.

По моему убеждению, именно членство Турции в НАТО было гарантией того, что политика этой страны будет взвешенной и ответственной, несмотря на давление со стороны своих экстремистов. Во время встреч в рамках СБСЕ и ООН я обсудил российско-турецкие отношения с моими американскими и западноевропейскими коллегами, которые подтвердили мои предположения. Более того, они обещали использовать своё влияние через НАТО и другие контакты с Турцией, чтобы предотвратить любые авантюристические шаги Анкары. Правда, при этом неизменно подчёркивали: Россия тоже должна навсегда отказаться от имперской политики.

Мне казалось, что именно добрососедские отношения с Турцией могут привести к стабилизации на Южном Кавказе и в Центральной Азии. Об этом я говорил с министром иностранных дел Турции Хикметом Четином, когда впервые встретился с ним на международной конференции осенью 1991 года. Я нашёл в нём умного и дальновидного собеседника, который разделял мои взгляды. Мы договорились о взаимных официальных визитах и поручили нашим сотрудникам подготовить совместный документ, отражающий новые отношения и общую заинтересованность в региональной стабильности.

Четин был твёрд в отстаивании интересов своей страны и одновременно гибок, когда надо было найти решение в сложных вопросах сотрудничества. Будь другой дипломат на его месте, было бы гораздо сложнее заложить здоровую основу будущих российско-турецких отношений. Мы не обходили самые чувствительные вопросы. При этом каждый из нас понимал, какие препятствия и какое давление испытывает партнёр со стороны внутренних политических оппонентов. Мы поддерживали друг друга, помогая отстаивать согласованные позиции. Словом, наша совместная работа оказалась очень конструктивной.

Позже я встретился с премьер-министром Сулейманом Демирелем, и мы официально подтвердили, что Турция с Россией и Россия с Турцией не будут соперничать за зоны влияния. Демирель произвёл на меня впечатление опытного и мудрого политика. В мае 1992 года он посетил Москву для заключения договора о российско-турецких отношениях и заверил Ельцина, что Турция не будет вмешиваться в армяно-азербайджанский конфликт.

Конструктивные отношения между двумя странами, которые мы установили в начале девяностых, позволили нам избежать обострения ситуации в регионе даже в самые критические моменты. Таким моментом стала попытка Азербайджана выйти из состава СНГ летом 1992 года. Так Баку старался наказать Москву за проармянскую позицию. К марту 1993 года Россия и Турция подписали контракты на общую сумму 75 миллионов долларов на поставку вооружений. Так мы впервые начали продавать оружие стране, входящей в НАТО.

Китай: коммунистический сосед — и стабилизирующая сила

Не менее важными были отношения с нашими восточными соседями. Я считал необходимым, чтобы российский президент как можно скорее посетил с официальными визитами Китай и Южную Корею. Ельцин был больше заинтересован в Японии, полагая, что сотрудничество с богатой и высокоразвитой страной может в корне изменить экономическую ситуацию на Дальнем Востоке. Теоретически он был прав, но СССР оставил нам в наследство огромный клубок проблем, тормозивших отношения с Японией, и я сомневался, что нам удастся в скором будущем его распутать.

Ельцин, в свою очередь, скептически относился к возможности добрососедских отношений с Китаем. Его контакт с китайским лидером в ООН не был конфронтационным, но оказался слишком кратким, чтобы растопить лёд. Российский президент был обижен на то, что, в отличие от других высоких гостей, посетивших Москву в 1991 году, лидер КНР отказался встретиться с ним и выбрал в качестве главного партнёра Михаила Горбачёва. Оба нажимали на общую приверженность социализму, и Ельцин полагал, что китайцы враждебно настроены, видя в нём разрушителя социализма в СССР.

Я напомнил, что на встрече с китайским послом предложил оставить в прошлом идеологическую вражду и дружбу, строя добрососедские отношения между двумя великими соседями. На следующий же день посол пришёл снова и сказал, что Пекин одобряет такой подход и поддержит замену СССР на Россию в Совете Безопасности ООН, что имело огромное значение. Три западных постоянных члена Совета были фактически нашими союзниками. И всё же президент не мог быстро преодолеть обиду.

Несмотря на разницу в оценках, мы с Ельциным согласовали мои командировки в Японию и Китай для подготовки встреч на высшем уровне. Перед этими поездками я попытался убедить президента в перспективности переговоров с Пекином.

В какой-то момент я напомнил ему китайскую притчу о мартышке, которая победила льва и носорога, заставив их драться друг с другом. Мы не должны позволить Китаю взять на себя роль мартышки и разыграть «российскую карту» против США, сказал я, и президент со мной согласился.

Я вновь пригласил китайского посла в министерство, от имени Ельцина заверил его в нашей заинтересованности в добрососедских отношениях с Китаем и спросил, когда можно организовать встречу наших лидеров в Пекине. Посол недолго консультировался с руководством и вскоре вернулся с ответом. Он подтвердил готовность китайского руководства отложить в сторону идеологические различия и выстраивать добрососедские отношения и партнёрство. Мы согласовали дату моего визита в Пекин в середине марта 1992 года. Я позвонил Ельцину, рассказал о результатах переговоров и получил полное одобрение.

В Пекине меня ожидал торжественный приём и результативные переговоры. На меня произвёл впечатление сбалансированный подход министра иностранных дел Китая Цянь Цичэня к международным проблемам. Цянь указал, что не заинтересован во вмешательстве во внутренние или региональные дела на постсоветском пространстве, и эта позиция впоследствии позволила Китаю играть стабилизирующую роль в регионе. С нашей стороны я заверил Цяня, что Россия продолжит политику единого Китая и будет развивать отношения с Тайванем только на негосударственной основе в экономической и других областях, если Пекин не будет против.

Председатель КНР Цзян Цзэминь принял меня в Государственном дворце. Он с готовностью согласился с тем, что новые отношения между нашими странами должны быть свободны от бремени идеологии или исторических конфликтов, а также от «игры с третьей стороной». Он, как и я, считал, что на этой основе Россия и Китай могут развивать конструктивное партнёрство в различных областях.

После традиционной официальной церемонии Цзянь пригласил меня в свой кабинет для дружеского разговора, и это стало у нас традицией: такие встречи один на один повторялись во время всех моих визитов в Пекин. Он обращался ко мне по-отечески, я не возражал: он был значительно старше и опытнее меня. Цзянь немного говорил по-русски и любил русские песни, которые выучил во время стажировки в СССР ещё в пятидесятые. С того времени он любил и русский чёрный хлеб, и я всегда привозил ему буханку. Он радовался, как ребёнок, и тут же отламывал от неё ломоть. Цзянь Цзэминь был мне симпатичен. Его чувство юмора и человеческая теплота не вписывались в традиционный образ китайского партфункционера. Позднее и Ельцин оценил эти его качества. Между ними установились добрые отношения, которые очень помогали наладить сотрудничество между нашими странами.

Однажды я в частной беседе спросил Цзянь Цзэминя про события на площади Тяньаньмэнь. Он принял мой вопрос как вполне законный и ответил без раздражения. Выразил сожаление, что противостояние дошло до кровопролития. При этом у него не было никаких сомнений, что протест следовало остановить любыми средствами. «Мне нужно в первую очередь заботиться о том, чтобы прокормить миллиард человек и дать образование нашей молодёжи. Остальное можно делать постепенно, потом», — сказал он. Самым удивительным было то, что он не использовал демагогию, объясняя беспорядки подрывным влиянием из-за рубежа.

Мы договорились, что лидеры России и Китая будут встречаться один раз в год, начиная с визита Ельцина в Пекин в 1992 году, а министры иностранных дел будут обмениваться посещениями дважды в год. Основа добрососедским российско-китайским отношениям была заложена.

К сожалению, уже тогда идея многополярного мире в качестве противовеса доминированию США стала в России достаточно популярной. За изящной формулой на самом деле скрывался призыв объединиться с Китаем против США. К сожалению, рассуждения о многополярности появились и в выступлении российского президента. Он использовал этот термин во время своего первого визита в Пекин в декабре 1992 года. Позднее подобные публичные заявления стали обычными для российских должностных лиц, посещающих Китай. Не удержался от них и я, выступив в подобном духе во время своего визита в Пекин в 1994 году. Скажу честно, поддался раздражению — США упорно отказывались поддержать наши усилия по урегулированию в Боснии.

Но всё же в основном мы старались вырабатывать конструктивную позицию по каждому из конкретных международных вопросов. Иногда мы солидаризировались с китайской точкой зрения или даже согласовывали свою линию с Пекином. Иногда это совпадало с позицией США, иногда — нет. Параллельно мы обсуждали конкретные азиатские проблемы с Соединёнными Штатами и подчас действовали в тандеме с ними. Собственная независимая позиция — право суверенной нации, и Пекин с Вашингтоном понимали это, предоставляя России свободу выбора, так же, как и мы — им. Что я считал опасным и неприемлемым — так это любые попытки создать альянс в этом треугольнике, где бы два государства (в любом составе) объединились против третьего. Я открыто объявил об этом нашим партнёрам и в Вашингтоне, и в Пекине, и в обеих столицах нашёл понимание.

В первой половине девяностых антиамериканизм в российской политике был маргинальным и, я бы сказал, неагрессивным. Никто всерьёз не настаивал на создании антизападного союза с Китаем. И только со временем неосоветские силы окрепли, а сменивший меня на посту министра Евгений Примаков предложил Пекину именно такую стратегию. Я с удовлетворением отмечал, что китайская администрация отнеслась к предложениям Примакова прохладно. Даже во время первого визита в Пекин следующего российского президента Владимира Путина в июле 2000 года пекинское руководство с удовлетворением отмечало, что отношения между нашими странами остались «неконфронтационными и не нацеленными против любой третьей страны». Уверен, что и сегодня для обеих наций важно держаться этой линии.

Между тем Кремль под руководством Путина конфронтирует с Западом гораздо больше, чем в последние десятилетия СССР, и вынужден идти на поклон к Пекину. В отличие от налаженного ещё Советским Союзом экспорта российских товаров, в первую очередь нефти, газа и других природных ресурсов за твёрдую валюту — доллары или евро, — разворот на Восток оказывается проигрышным. Китай привык удовлетворять свои потребности в таких товарах на мировых рынках и покупает у России из милости со скидками и за юани, не являющееся твёрдой валютой. Он не берёт на себя никаких союзнических обязательств и не признаёт аннексии Крыма и так называемых новых территорий, но подталкивает Кремль к войне в Украине и изоляции от Запада. В итоге Россия попадает в растущую зависимость от Китая и превращается в разменную монету в его торге за уступки Запада, который является для Пекина несравненно более весомым партнёром-соперником в экономической и политической игре.

Япония: договоры отложены

Как я уже писал, Борис Ельцин придавал большое значение экономическим и культурным связям с Японией, справедливо видя в них не только актуальный, но и долгосрочный экономический и политический интерес России. Токио, в свою очередь, искренне приветствовал появление на карте мира демократической России. Однако между нашими странами всё ещё не был заключён мирный договор, и это блокировало масштабное сотрудничество. Важнейшей проблемой оставался статус четырёх Южно-Курильских островов, которые японцы называют «северными территориями». Япония считала и считает, что четыре острова были нелегально захвачены Советским Союзом в 1947 году, и решительно требует их возвращения.

Это самый неразрешимый спор из всех, унаследованных Россией от советской системы. Да, были у нас территориальные проблемы и с Китаем, но они не выглядели такими острыми. Пекин выбрал ненапряжённый, долговременный подход к этой проблеме, и мы договорились спокойно искать решения. Токио же явно торопил события.

Во время контактов с японцами мы не раз повторяли, что Россия будет уважать все соглашения и обязательства СССР, включая японо-советскую Совместную декларацию 1956 года, которая восстановила дипломатические отношения между двумя странами, признала «территориальный вопрос» и обещала передачу двух островов Японии после подписания мирного договора. Правда, из тактических соображений российская сторона предпочитала не упоминать совместную декларацию в публичных заявлениях, сохраняя возможность использовать её как специальную уступку, возможно, на высшем уровне. При этом мы были готовы создать рабочую группу для поисков оптимального решения. И надеялись, что наша лояльная позиция сделает возможным серьёзное экономическое сотрудничество. Прежде всего мы рассчитывали на весомые инвестиции в районы Дальнего Востока и Сибири.

Однако японцы настаивали на приоритетном решение территориального вопроса. Это вызвало, на мой взгляд, не вполне оправданный подъём ожиданий в Японии и беспокойство в России. Появились сообщения, что японские спецслужбы якобы пытались использовать послесоветский хаос и, «стимулируя» кое-кого из ближайших помощников Горбачёва, а потом и Ельцина, поспособствовать ускоренному решению территориальной проблемы. Возможно, так и было. Но ни советские, ни российские официальные лица, на которых воздействовали подобным образом, не имели понятия о сложности этой проблемы и не были в курсе наших дипломатических усилий. В результате они публично давали невыполнимые обещания, которые японцы, в свою очередь, воспринимали как официальные обязательства Российской Федерации. Всё это вызвало

мощную волну критики со стороны коммунистов и националистов, которые вновь заговорили о предательстве интересов
России.

Ельцин подливал масла в огонь — он так и не смог занять
твёрдую позицию по этому вопросу. Как обычно, он использовал парламентские слушания не для того, чтобы объяснить
политику своей администрации, а чтобы собрать побольше
мнений. За месяц до своего визита в Токио, намеченного на 14
сентября 1992 года, российский президент заявил, что на его
рабочем столе находятся двенадцать предложений из разных
источников. И добавил, что свою собственную позицию он из-
ложит только японскому премьер-министру. Возможно, к такому заявлению Ельцина подтолкнуло обычное для него желание
показать своё всестороннее владение ситуацией. Но его заявление очевидно ухудшило ситуацию. Оппозиция интерпретировала его как часть заговора с целью решать вопросы национальных границ кулуарно, без участия законодателей и общества.
25 августа многие депутаты, включая умеренного председателя комитета по международным делам Евгения Амбарцумова,
резко раскритиковали предстоящий визит Ельцина в Японию
и отвергли любые территориальные изменения.

Президент созвал в Кремле специальное заседание Совета
безопасности за пять дней до запланированного вылета в Токио. Теоретически существовало два выхода.

Первый предлагал МИД: признаём проблему и выступаем за
рассмотрение возможных решений на дипломатических переговорах с японцами. Опираемся на юридические документы,
унаследованные от СССР, включая японо-советскую Совместную декларацию 1956 года. Тем более что президент СССР в своё
время уже признал и саму проблему, и легитимность декларации 1956 года. Я, конечно, предполагал, что этот вариант
не понравится Ельцину. Если он продолжает линию Горбачёва,
то в чём, собственно, «исторический прорыв», к которому российский президент стремился? Было довольно трудно объяснить ему, что исторический прорыв на этом этапе невозможен

в принципе: для Японии существовало только одно приемлемое решение — пойти дальше декларации 1956 года и получить все четыре острова. Для России это было взрывоопасно.

Второй вариант предусматривал перенос запланированного на сентябрь 1992 года визита в Японию на основании «осложнившейся обстановки» в России. Я предложил этот вариант Ельцину в частном разговоре двумя неделями ранее, заверив его, что Япония и другие страны поймут контекст, в котором произойдёт отсрочка. Я подчеркнул, что времени для того, чтобы такой перенос выглядел нормально, оставалось мало.

...Заседание Совета безопасности открылось в мрачной обстановке. Обсуждение началось с выступления вице-президента Руцкого, осудившего японские «притязания на русские земли». В разгар обсуждения начальник охраны Ельцина Александр Коржаков внезапно сказал, что, «по секретной информации», японцы не могут гарантировать безопасность президента России в Токио и отказались принять меры по улучшению ситуации. После этого без дальнейших дискуссий решение об отмене визита было принято.

Я предложил опубликовать нейтральное объяснение и не упоминать смехотворный предлог об отсутствии безопасности в Токио. Евгений Примаков, глава Службы внешней разведки, поддержал моё предложение. Это был тот редкий случай, когда наши точки зрения совпали, чему я был очень рад.

На следующий день пресса резко критиковала администрацию за неразбериху в принятии решений. Не только оппозиционная, но и та, которая обычно поддерживала нашу внешнеполитическую линию. Так, либеральные «Известия» осудили отмену государственного визита под давлением спецслужб. Это, по мнению газеты, было свидетельством слабости международной политики президента. Я ответил на эти обвинения в интервью, в котором осудил «непрофессиональное вмешательство бюрократии во внешнюю политику». Одновременно я попытался представить этот шаг как неоскорбительный по отношению к Японии.

Спустя несколько месяцев моё министерство смогло начать спокойные переговоры с японскими дипломатами по второстепенным вопросам нашего сотрудничества. В результате мы смогли подготовить официальный визит российского президента в Токио в октябре 1993 года. К этому времени Ельцин принял в качестве рабочего тот первый вариант, выработанный нами в 1992 году. Кроме того, выступая в Токио, он выразил глубокое сожаление по поводу жестокого обращения в СССР с японскими военнопленными. Президент при этом использовал очень точные и понятные японцам слова, которые мы заранее скрупулёзно согласовали с Токио во избежание недопонимания. В результате этот отложенный визит помог культурным и экономическим связям между нашими странами, что, конечно, было очень важно для российского президента. Однако проблема Южно-Курильских островов/Северных территорий так и осталась нерешённой.

Южная Корея и страны АСЕАН: новые друзья

Одной из непростых задач для нас было изменений внешней политики по отношению к Северной и Южной Корее. Мы были готовы сохранить дипломатические отношения с тоталитарной Северной Кореей, но предлагали прекратить все виды поддержки её политического режима — речь шла прежде всего о поставках оружия. С Южной Кореей, которую СССР числил в числе своих врагов, мы хотели резко расширить сотрудничество.

Справедливости ради надо сказать, что нормализацию отношений с Сеулом начал ещё президент СССР Михаил Горбачёв. Я поддержал эту линию и сделал всё от меня зависящее, чтобы Россия выстроила с этой страной взаимовыгодные и открытые отношения. В качестве министра иностранных дел я впервые приехал в Республику Корея в марте 1992 года, чтобы подготовить официальный визит российского президента. Саммит в Сеуле состоялся в том же году и был весьма успешным. Стороны подписали договор, открывающий перспективы сотрудничества во всех областях — от двусторонней торговли до мировой политики. Эти соглашения закрыли историю советского противостояния с Южной Кореей, которое началось со времён корейской войны.

Перемены в нашей внешней политике позволили нам обсудить с партнёрами и инцидент с южнокорейским «Боингом», который был сбит советскими военными в сентябре 1983 года. Все пассажиры самолёта погибли.

Время не залечило раны, тем более что все эти годы Москва отрицала свою ответственность за трагедию. Мы понимали, что извинения и публичное сочувствие со стороны российского президента будут в новой ситуации уместными. Президент согласился с нами, но, верный своей склонности к театральным жестам, приказал министру обороны Павлу Грачёву отыскать «чёрный ящик», чтобы передать его южнокорейским властям во время своего визита. Грачёв выполнил поручение, и Ельцин передал «чёрный ящик», сопроводив эту церемонию тёплой и содержательной речью. Реакция была самая благожелательная, церемония широко освещалась в прессе — и местной, и мировой. К сожалению, радость Сеула была недолгой. Ящик оказался пустым, а прибор, записавший информацию о полёте, остался в руках генералов. Президент и главнокомандующий Вооружёнными силами России выглядел едва ли не посмешищем.

Этот эпизод был одним из ярчайших примеров того, как «старая гвардия» торпедировала наши дипломатические усилия. И этот эпизод не был в этом ряду единственным. Во время подготовки того же визита мы узнали, что начальник штаба Вооружённых сил СНГ, сохранявший аналогичную должность со времён СССР, прибыл в северокорейский Пхеньян. Официальное объяснение: этого требовал советский график запланированных визитов, связанных с военным сотрудничеством. У нас были основания предполагать, что военные продолжали торговать оружием, хотя сами они это отрицали.

На мои претензии военные отвечали ссылками на всё ещё действующий советско-корейский договор. Его первая статья закрепляла обязательство Москвы помогать Пхеньяну в случае конфликта.

Советский Союз десятилетиями развивал тесные связи с диктаторским милитаристским режимом на Корейском полуострове, а также с подобными режимами в Ираке и Сирии. Эти отношения пользовались широкой поддержкой в армии и спецслужбах. Заинтересованные в сомнительном сотрудничестве лица в последние годы СССР создали мощную коррупционную сеть. Неудивительно, что наши попытки изменить ситуацию вязли в корыстных связях, в том числе на высоком уровне. Я это понимал и предпринимал попытки изменить ситуацию.

Заместитель министра иностранных дел Георгий Кунадзе и я убедили Ельцина встретиться с южнокорейским министром иностранных дел в Кремле и проинформировать его в присутствии прессы, что договор между СССР и Северной Кореей утратил силу в отдельных частях. Прежде всего это касалось статьи 1 и положений об укреплении социализма в обеих странах. Президент последовал нашему совету и официально заявил, что договор «утратил свою силу и существует только на бумаге». Он также подтвердил, что Россия больше не будет поставлять Северной Корее наступательное вооружение и оказывать помощь в развитии её ядерной программы.

Публичный отказ от военного и ядерного сотрудничества с Пхеньяном развязал мне руки, и я смог заняться восстановлением отношений с Северной Кореей. Весной 1993 года по моему поручению в Пхеньян отправился Георгий Кунадзе. Это был успешный шаг: удалось договориться о сохранении добрососедских отношений. Естественно, наши партнёры отказались даже обсуждать свой долг России в размере почти трёх миллиардов долларов США. При этом потребовали новых военных поставок на тех же кредитных условиях, что и при СССР. Для нас это было неприемлемо. Мы предложили им оборонительное вооружение и запчасти на нормальной коммерческой основе. Что не вызвало энтузиазма ни у наших партнёров, ни у их лоббистов в Москве. Сотрудничество с северокорейским режимом было взяткоёмким только при масштабных субсидиях. Нет субсидий — нет и коррупционного интереса. Насколько же более выгодными для коррупционеров стали в 2020-е позорные для России закупки оружия у северокорейского режима, чтобы убивать людей в Украине!

В июле 1992 года в Маниле состоялась 25-я ежегодная встреча министров иностранных дел стран АСЕАН, куда входили Южная Корея, Сингапур и другие страны Юго-Восточной Азии. Впервые Москва наряду с Пекином была приглашена принять участие в работе этой организации в качестве почётного гостя. Я представил несколько предложений по развитию политического и экономического партнёрства между «русским медведем» и «азиатскими тиграми», которые были положительно восприняты участниками встречи. Это было вскоре после саммита Ельцин — Буш в Вашингтоне и нашего дебюта в качестве приглашённых гостей на встрече «Большой семёрки» в Мюнхене. Я объяснил, что Россия, три четверти территории которой находятся в Азии, стремится играть новую конструктивную роль в Тихоокеанском регионе. Мы хотим стать дружественной державой для его больших игроков — Соединённых Штатов, Японии и Китая. Всё прошло очень успешно, как результат — Россия вступила в АСЕАН и стала развивать двусторонние отношения с другими членами этой организации. Поворот к Юго-Восточной Азии встретил благожелательную реакцию и в российских СМИ.

Это было важно: публичная критика в мой адрес, как правило, базировалась на моей «чрезмерной» ориентации на Запад. Мои усилия на восточном направлении выбивали козыри из рук оппонентов и сочувствующей им прессы. Тем более что в поездках в Корею и Китай меня сопровождали губернаторы и депутаты из регионов российского Дальнего Востока. Я консультировался с ними по всем вопросам, особенно по таким, как приграничная торговля и иммиграционный контроль. Кроме того, с нами ездил пул из представителей российской прессы, и большинство журналистов понимали нашу цель — на позитивной основе обновить отношения России со своими восточными соседями. «Развитие отношений с Китаем и другими восточными странами является, по словам Козырева, приоритетом российской внешней политики», — писали «Известия».

Обвинения в прессе в недостаточном внимании к Востоку, конечно, были направлены не столько против меня, сколько против сотрудничества России с Западом. Коммунисты и националисты по-прежнему считали, что мы должны отказаться от равноправного партнёрства с западными демократиями, утверждая, что оно противоречит неким национальным интересам. Тогда мне это представлялось не более, чем старой советской демагогией, обречённой на провал. Но это оказалось не так. Образ Запада как врага продолжал культивироваться в российской политической среде. И в конце концов стал основой российской внешней политики.

Надо сказать, что уже в конце 1992 года в выступлениях Ельцина появились антизападные нотки, которые меня очень беспокоили. Не то чтобы он изменил своим принципам, но по тактическим соображениям считал возможным подыгрывать «ястребам». Позже российский президент всё чаще стал уступать их давлению.

***

В первые месяцы существования Российской Федерации как независимого государства мы сформулировали и начали проводить новую политику в отношениях с крупнейшими международными партнёрами в разных регионах мира — от США до Китая и от Балтийского до Чёрного моря. Система новых взаимоотношений открывала широкие перспективы для сотрудничества — от приграничной торговли до многомиллиардных инвестиций. Это было необходимым условием для успеха наших демократических и рыночных реформ внутри страны. К сожалению, продвижение реформ сильно отставало от прогресса в международных отношениях.

Глава 6.
Внешняя политика
и политика внутренняя

Осенью 1991 года российские реформаторы получили уникальную возможность действовать в соответствии со своими планами и принципами. После периода деградации, вызванного нерешительностью Горбачёва, общественное мнение было готово дать шанс реформаторам.

Международное окружение в целом тоже было благоприятным для России. Основную часть наших сухопутных границ составляли границы со странами СНГ и Китаем. Никаких угроз с их стороны в тот момент не было.

США и другие развитые страны, включая Японию, с энтузиазмом приветствовали демократическую Россию и новую внешнюю политику, оценивая её как основу для взаимовыгодного политического и экономического сотрудничества. Уже в переходный период эти страны оказывали России существенную гуманитарную поддержку, поставляя бесплатное продовольствие и медикаменты, что помогало облегчить трудности первого года реформ.

Но и в этих благоприятных обстоятельствах задачи, стоявшие перед правительством, были невероятно сложны. Самые трудноразрешимые проблемы лежали в области экономики. Егор Гайдар, исполнявший обязанности премьер-министра в правительстве Бориса Ельцина в 1991–1992 годах, сыграл важнейшую роль в экономическом преобразовании России. Позже он откровенно и подробно описал те вызовы, с которыми столкнулся, в книге «Гибель империи. Уроки для современной

России», увидевшей свет в ноябре 2007 года. Всем, кого интересует ход экономических реформ в постсоветской России, я рекомендую прочитать эту книгу. Сам же сосредоточусь на том, что составляло мою зону ответственности. Здесь тоже проблем хватало.

Мне, как и моим коллегам-дипломатам, пришлось проводить реформы во внешней политике, используя правительственные структуры, оставшиеся в наследство от Советского Союза. Других у нас не было. И мы, конечно, понимали, что и сами эти структуры, и законы, которые регламентировали их деятельность, нуждались в коренном реформировании. Но времени тщательно заняться законодательством у нас не было — мы были вынуждены действовать в цейтноте.

В этой ситуации реформаторам была жизненно необходима всенародная поддержка. Чтобы заручиться ею, президент и правительство должны были энергично объяснять каждый шаг реформ, корректируя их и дискутируя с оппонентами. Но этого не происходило. Правительство было озабочено сиюминутными проблемами. Кроме того, молодые реформаторы принципиально дистанцировались от разъяснительной работы, называя себя технократами. В результате число людей, готовых «затянуть пояса» ради реформ, последовательно сокращалось. В то время как база сторонников просоветской политики росла.

Этому способствовала и политическая активность парламента, в котором набирали силу коммунисты и националисты. Вместо того чтобы поддерживать правительство, законодатели тормозили преобразования. Собственно, современного парламента в России в тот момент не было — на политической сцене всё ещё действовал избранный в СССР двухступенчатый законодательный орган, состоявший из Съезда народных депутатов и избранного им Верховного Совета.

С 1990 года законодатели раскололись на две примерно равные части — прокоммунистически настроенные депутаты и те, кто был избран вопреки давлению правившей тогда коммунистической партии. Несмотря на такой расклад сил, этот Съезд в 1990–91 годах избрал председателем Верховного Совета мятежного Ельцина, проголосовал за Декларацию независимости России и ратифицировал Беловежские соглашения. И это ещё не всё. В конце 1991 года уже президенту России Ельцину удалось добиться от депутатов одобрения плана реформ и назначения команды Гайдара в правительство. Сам президент был наделён чрезвычайными полномочиями для реализации реформаторского курса. Но всего этого оказалось недостаточно. Уже с начала 1992 год Съезд и Верховный Совет стали множить документы, которые прямо мешали реформам. Депутаты откровенно зарабатывали политический капитал, делая из реформаторов «врагов народа». Тяжёлая экономическая ситуация работала на них.

Свои трудности были и внутри президентской команды. К сожалению, кропотливые структурные преобразования, регулярное общение с парламентом, терпеливый диалог с обществом не входили в первоочередные задачи президентской повестки. Ельцин любил в политике острые моменты, а к утомительной рутинной работе не имел ни склонности, ни таланта. И что более важно — у него было довольно расплывчатое представление о демократии, рыночной экономике и принципах цивилизованной внешней политики. Он действовал интуитивно — и не всегда на пользу реформам. Его окружение было достаточно разнородным — от последовательных демократов до выходцев из партийной бюрократии и спецслужб.

Внешняя политика страдала от спонтанных решений и давления со стороны старой советской бюрократии, которая привыкла видеть в западных странах исключительно «потенциального противника». Ельцин с большой охотой подписывал договоры о дружбе за границей. Но эти договоры, в которых Россия брала на себя серьёзные обязательства, не реализовывались из-за противодействия «старой гвардии». Если говорить прямо, то нужно было решаться на масштабные увольнения. Все эти советские генералы и чиновники ВПК не могли отказаться от старого мышления и поддержать новый курс. Им на смену надо было найти офицеров и специалистов, которые могли проявлять гибкость и воспринимать новые идеи. Но для начала Кремлю следовало бы набраться мужества и официально объявить, кто теперь является нашими стратегическими партнёрами, а кто — врагами. Такое мужество было критически важно для нашего демократического развития и наших национальных интересов. Было также необходимо, чтобы государственные служащие — чиновники, дипломаты, офицеры вооружённых сил и служб безопасности — объединились в поддержке правительственной политики, а не оставались её явными или тайными противниками. Однако президент этого так и не добился. На вершине власти сосуществовали люди с абсолютно разным пониманием того, какой должна быть новая Россия. Экономические министры во главе с Егором Гайдаром были последовательными и убежденными реформаторами, министр обороны Павел Грачёв занимал в отношении необходимой военной реформы скорее нейтральную позицию. А глава внешней разведки Евгений Примаков был политиком с советскими взглядами. Постепенно сторонники жёсткой линии отвоевали себе доступ к президентскому «уху», а в конце концов — и к власти.

Общество всё в большей степени демонстрировало растерянность. Огромная тяжесть гайдаровских реформ легла на плечи простых россиян (поэтому нам и нужна была срочная и серьёзная помощь США и западноевропейских стран). Коммунисты и националисты использовали популистскую демагогию, спекулируя на бедственном положении людей. Вскоре они объединились с новоявленными «центристами», которые ставили целью замедлить темп и ограничить размах реформ.

Я чувствовал себя в изоляции, и мой голос всё чаще оказывался слишком слаб, чтобы влиять на позицию президента.

В парламенте: подъём оппозиции

Во главе антиреформаторов оказался председатель Верховного Совета Руслан Хасбулатов, который объединился с вице-президентом Александром Руцким. Хасбулатов был проницательным и амбициозным политиком. Ещё в советские годы он стал профессором, доктором экономических наук, часто выступал в перестроечных СМИ. Как и Руцкой, он сыграл важную роль в победе над путчистами в августе 1991 года. Хасбулатов надеялся, что президент оценит его преданность по достоинству и видел себя в первом ряду политических игроков. Но Ельцин привёл в правительство команду молодых экономистов, что больно ударило по самолюбию Хасбулатова. Его знания экономиста оказались невостребованными. В отличие от Руцкого, Хасбулатов и, возможно, большинство парламентариев на начальном этапе реформ не имели крайних взглядов и опасных амбиций, и с ними можно было договариваться на относительно разумной основе. По крайней мере, мой опыт общения с Хасбулатовым на первых порах был вполне позитивным. Я старался поддерживать с ним контакты, нередко заглядывал к нему в кабинет, чтобы обсудить вопросы внешней политики.

Хасбулатов относился к моим запросам на финансирование посольств в новых независимых государствах с куда бо́льшим вниманием, чем это делали чиновники финансового ведомства. Они руководствовались узко понятыми экономическими приоритетами и игнорировали политическую целесообразность. Между тем задержка с открытием посольств, вызванная отсутствием правительственного финансирования, не только мешала нам решать срочные проблемы на постсоветском пространстве, но и играла на руку тем, кто обвинял нас в прозападной политике.

Хасбулатов не был ангелом, но он не был и демоном. На самом деле его почти вытолкнули в лагерь оппозиции в результате публичных нападок на него, организованных новым пресс-секретарём президента Вячеславом Костиковым. До высокого назначения 52-летний Костиков был малоизвестным журналистом. Зато теперь он намеревался играть самостоятельную политическую роль. Ельцин редко внимательно читал подготовленные Костиковым пресс-релизы, и Костиков этим пользовался. Его агрессивные и часто грубые замечания стали вызывать ярость не только у Хасбулатова, но и у многих депутатов, которые чувствовали себя униженными. Как результат, Хасбулатов примкнул к Руцкому, и вместе с ним стал упражняться в нападках на Ельцина и правительство.

Непрофессиональный подход Костикова негативно повлиял и на некоторые чувствительные вопросы внешней политики. В одном из своих заявлений он недвусмысленно увязал вывод российских войск с территории балтийских государств с правами человека в этих странах. Такая точка зрения играла на руку экстремистам с обеих сторон, так как давала пространство для манипуляций.

Закономерно, что мы получили волну возмущения в международном сообществе. Выступление Костикова ослабило наши позиции на трудных переговорах с государствами Балтии как раз по вопросам прав русскоязычного меньшинства, которые можно было плодотворно рассматривать, не увязывая их с выводом войск. Хотя Ельцин и принял меры, публично поручив МИДу поправить пресс-секретаря и сделав ему выговор, ущерб был налицо. Этот эпизод вдохновил лидеров оппозиции, которые восприняли его как знак. Они решили, что Ельциным можно манипулировать с помощью его же помощников и добиваться нужных оппозиции изменений в политике.

При общем подъёме оппозиционных настроений в парламенте и очевидных колебаниях в лагере президента, некоторые депутаты начали активно заниматься собственной карьерой в ущерб командной политической игре.

Так, председатель парламентского комитета по международным делам Владимир Лукин попросил Ельцина назначить его первым в истории послом России в Соединённых Штатах. Перед своим отлётом в Вашингтон он написал прощальное письмо депутатам, в котором осудил «слабую политику» по отношению к соседним странам. Более того, он провокационно предложил поднять вопрос о передаче Крыма России. Оппозиция с энтузиазмом приветствовала это письмо и выступила с требованием «вернуть Крым России» на очередной сессии Верховного Совета. К этому времени Лукин был уже в США, где пользовался репутацией посланника демократической России. В подобном качестве он с воодушевлением произносил речи об уважении международного права и новой политике России. Как бы не понимая, что его письмо прямо разрушало и международное право, и нашу новую политику.

Таким образом, парламент стал ареной для первой лобовой атаки на курс реформ. В какой-то момент оппозиция прямо потребовала остановить их, подготовив соответствующую парламентскую резолюцию. В этих обстоятельствах Гайдар предложил, чтобы члены правительства пригрозили коллективной отставкой. Президента об этом шаге не проинформировали. Несмотря на неучастие Ельцина в конфликте, депутаты под угрозой отставки правительства отступили. Была принята более мягкая резолюция по экономической политике, которая предлагала ограничить, но не прекратить реформы. Действуя решительно, правительство выиграло важную политическую схватку.

Как замечает Гайдар в своих мемуарах, «до того момента правительство было не больше чем кучкой технических специалистов, приглашённых Ельциным. После шага, предпринятого министрами на съезде, оно стало самостоятельным политическим игроком». К сожалению, это было не вполне так. Больше реформаторы ни разу не осмелились действовать без санкции президента. Они, как и большинство демократов во власти, скорее подстраивались под него.

Ельцин в определённой степени дистанцировался от схватки своего правительства с депутатами. Мне казалось, что он в принципе предпочитает сражаться с оппозицией в одиночку, а не просить помощи у политических единомышленников. Возможно, он считал, что любой союз ограничивает его свободу действий. Или хуже — боялся конкуренции, стремясь оставаться единственно возможным лидером на демократическом фланге.

Примерно в это же время в прессе появлялись спекуляции о том, что политические дебаты между правительством и парламентом — это всего лишь дымовая завеса, на самом деле борьба между разными лоббистскими группировками идёт за контроль над выдачей специальных лицензий и квот на экспорт нефти и другого сырья. Несмотря на общую либерализацию внешней торговли, система произвольного бюрократического регулирования экспорта сырьевых товаров — наследие советской монополии внешней торговли — так и не была демонтирована. Состояния многих российских олигархов выросли из этой системы. То есть изначально эти люди зарабатывали, используя особые отношения с чиновниками, выдававшими лицензии и квоты.

В начале 1992 года я спросил у Гайдара, зачем сохранять эту систему раздачи «милостей». Он ответил, что исправить всё и сразу невозможно.

***

В апреле депутаты затребовали специальный отчёт о политике в отношении бывших советских республик. Похоронить все наши внешнеполитические усилия на всех направлениях сразу они были не готовы. Слишком очевидны были наши успехи в улучшении отношений с Соединёнными Штатами и другими крупнейшими странами. Поэтому решили начать с малого: в качестве слабого звена было выбрано СНГ. Наряду с проектом резолюции по Крыму депутаты выдвинули и другую резолюцию, предлагавшую аннулировать соглашение о роспуске СССР и создании Содружества. Всё громче звучало требование разрешить России вмешиваться во внутренние дела соседних государств СНГ для «защиты» этнических русских и сепаратистских движений в этих странах.

Истеричные призывы коммунистов и националистов «освободить наших «брошенных братьев» в Крыму и Приднестровье отчётливо напоминали кампанию «в защиту» судетских немцев в Чехословакии. Гитлер, напомню, воспользовался проблемой, раздутой его собственной пропагандой, чтобы оккупировать Судеты, а потом и всю страну. Опасное сходство с Германией не ускользнуло от демократов в парламенте и от политических аналитиков в СМИ. Это было жёсткое сравнение, но, помня об итогах политики умиротворения нацистов, они хотели дать отпор красно-коричневой пропаганде, прежде чем она пустит глубокие корни. Я разделял этот подход.

Во время ожесточённых парламентских дебатов я попросил слова. Избегая в своём выступлении оценочных ярлыков, я резко осудил проект резолюции по присоединению Крыма как потенциально дестабилизирующий наши отношения не только с Украиной, но и с другими соседними странами. Почти в каждой из них были анклавы с преобладающим русским населением, на которые могли распространиться российские территориальные претензии.

Своё выступление я начал с того, что твёрдо заявил: в Беловежской Пуще у нас не было выбора между СССР и СНГ, СССР к тому времени уже был мёртв. Поэтому мы выбирали между братоубийственной войной и миром. Мы предпочли мир, и Содружество стало его основой. Я напомнил депутатам о кровавом югославском сценарии и сказал, что мы были в двух шагах от его повторения. При неблагоприятном повороте событий Россия втянулась бы в вооружённые конфликты со своими соседями. А те, в свою очередь, воевали бы друг с другом. Эскалация кровопролития не имела бы конца. Нам удалось избежать этого благодаря созданию СНГ и политики интеграции внутри него. Да, признал я, процесс строительства нового содружества оказался более болезненным, чем ожидалось. Причина — в живучести советских идеологических стереотипов. Политики, которые всё ещё находятся в их власти, только отталкивают наших партнёров в постсоветских странах и мешают интеграции. Идея фикс о воссоздании Советского Союза, «социалистического лагеря» или Российской империи является нереалистичной и контрпродуктивной. Чем громче ура-патриоты будут кричать об этом, тем хуже будет становиться положение русских и других национальных меньшинств в соседних странах, где их начнут воспринимать как реакционную силу.

Эти мои слова вызвали взрывную реакцию зала. Мою речь прерывали свистом и выкриками: «Это вы, демократы, разрушили Советский Союз и предали русских!» Депутаты-демократы отвечали не менее эмоционально: «Провокаторы! Фашисты!» Огромный зал, который вмещал больше тысячи человек, выглядел всё более возбуждённым и непредсказуемым. Но всё-таки на большинство депутатов мои слова произвели то впечатление, на которое я рассчитывал. Вскоре председательствующему удалось навести в зале порядок.

В итоге я говорил около сорока минут, а затем ещё полчаса отвечал на вопросы. Среди прочего я сказал: «Если мы хотим жить в демократическом государстве с высокими стандартами, то мы должны закладывать такие же стандарты в основание наших отношений с соседями. Это не значит, что Россия не должна защищать свои интересы или права человека. Должна. Но только соблюдая существующие цивилизованные нормы и стандарты международного права».

Я ещё раз подчеркнул, что сотрудничество с развитыми экономиками Запада — важнейший элемент нашей внешней политики, который помогает нам выстраивать нормальные отношения и на постсоветском пространстве. Большинство стран СНГ, сказал я, тоже хотят получать экономическую помощь Запада и сотрудничать с такими мощными финансовыми институтами, как МВФ и Всемирный банк. Если у России будут разногласия с Западом, у постсоветских стран окажется меньше стимулов вести себя цивилизованно во внутренней или внешней политике.

Один депутатский вопрос дал мне возможность затронуть давно назревшую проблему, используя вечную российскую зависть к Америке. Вопрос был такой: «Американский госсекретарь Джеймс Бейкер только что завершил свою поездку по ряду стран СНГ, где открыл посольства США. Когда и мы откроем посольства в этих странах?» В ответ я указал на недостаток финансирования для зарубежных посольств в новых независимых государствах и попросил парламентский комитет по бюджету исправить эту ситуацию. Вот конкретная работа для депутатов, которых действительно заботит продвижение российских интересов и защита граждан России в этих странах, подчеркнул я. Это сдвинуло вопрос с мёртвой точки, хотя прошло ещё несколько месяцев, прежде чем парламент и правительство начали реально финансировать посольства хотя бы по самому минимуму.

Думаю, я, как и Гайдар, могу сказать, что после этой схватки с депутатами я стал более самостоятельным политическим игроком. И всё же победа была половинчатой. Депутаты одобрили обе взрывоопасные резолюции — с осуждением Беловежских соглашений и с требованием вернуть России Крым. Министерство иностранных дел немедленно подготовило проект заявления, отвергающего резолюцию по Крыму. Он был одобрен Ельциным и опубликован как официальная позиция Кремля. Это ослабило, но не предотвратило возмущение Киева.

В Кремле: Совет безопасности и партия войны

Начиная с весны 1992 года противники реформ стали ещё агрессивнее действовать в структурах власти, в том числе в Кремле. Тон задавал Совет безопасности, который провёл своё первое заседание в июне 1992 года. В СБ входили министры «политического» блока — обороны, иностранных дел, внутренних дел, безопасности, юстиции, плюс лидеры парламента.

Секретарём совета был назначен Юрий Скоков, классический советский хозяйственник из военно-промышленного комплекса. Он никогда публично не выражал своих политических взглядов, даже во время закрытых заседаний. Его можно было принять за политически нейтрального технократа, подобного

Черномырдину и другим представителям хозяйственной номенклатуры. Я, конечно, подозревал, что наши политические взгляды не совпадают, но мы как члены президентской команды сохраняли достаточно хорошие личные отношения.

Став секретарём СБ, Скоков предложил новый регламент, по которому любой значительный проект президентского указа или постановления должен быть завизирован всеми заинтересованными министрами, чтобы «обеспечить его сбалансированный характер». В случае разногласий министры должны обсудить документ между собой и достичь консенсуса. Если они не справятся с этой задачей, окончательное решение принимает президент. В этом регламенте не было ничего особенного по сравнению с существовавшей практикой. Новым было только то, что секретарь совбеза брал на себя роль координатора, и в этом качестве должен был готовить проекты решений для президента, если тот решит созвать СБ для обсуждения какого-либо спорного вопроса. Это, конечно, давало Скокову аппаратные преимущества и добавляло ему политического веса.

Ельцин вскоре официально поддержал это предложение, подписав соответствующий документ. Признаюсь, в тот момент я тоже был за новый регламент, так как целиком полагался на бюрократические и управленческие навыки Скокова. Насколько я помню, некоторые министры отнеслись к новому порядку с долей скептицизма. Я помню, как один из них сказал мне: «Ты думаешь, Скоков будет консультироваться с тобой? Не надейся. Он постарается через твою голову командовать твоим министерством и не только твоим».

Скептики оказались правы.

Вскоре секретарь СБ пригласил меня для встречи с глазу на глаз в свой кабинет в Кремле. Он встретил меня по-дружески. Он был очень осторожным человеком, тщательно выбирал выражения, но смысл того, что он говорил, был очевиден. Моя политика, на его взгляд, нуждалась в корректировке, и он пытался аккуратно прощупать, готов ли я проявить гибкость. По сути, он предлагал то же, что лидеры сепаратистов — Игорь

Смирнов из Приднестровья и Владислав Ардзинба из Абхазии, которых он назвал верными помощниками. Скоков, как и они, стремился к восстановлению «Великой России». Он говорил о поддержке сепаратистов, необходимости занять более жёсткую позицию на переговорах с Западом по Белграду и бороться с «международным заговором» против России.

Я был потрясён. Всё это было совершенно противоположно не только моей позиции, но и официальной линии президента. Довольно быстро мне стало понятно, что Скоков не одинок, он входит в закрытый круг сторонников «жёсткой линии», оказавшихся на ключевых постах в окружении Ельцина.

Самой видной фигурой среди них я бы назвал Юрия Петрова, в то время главу администрации президента. Он был влиятельным игроком и регулировал широкие потоки информации, которые не только шли к президенту, но и исходили от него. Думаю, Ельцин рассчитывал, что такие люди, как Петров и Скоков, воспользуются своими связями с коммунистами и представителями военно-промышленного лобби, чтобы привлечь их на сторону президента или как минимум нейтрализовать. Но их цели были иными. Противостоять интригам этих искушённых аппаратчиков было крайне трудно — мне недоставало бюрократического опыта. К тому же они были давно знакомы с Ельциным и пользовались его личным расположением. Президент, как я подозревал, советовался с ними и по своим личным, и по деликатным политическим вопросам.

Мне становилось всё сложнее отстаивать свою линию. Тем более что даже, казалось бы, демократически настроенные помощники президента интриговали против новой внешней политики. Я ежедневно сталкивался с мелкими помехами в моём общении с президентом — задержанные сообщения, отменённые встречи, неполная информация... Я стал чаще использовать прямую телефонную линию, предназначенную для неотложных случаев.

В ход шли разного рода уловки. Так, наутро после исторического голосования в ООН за санкции в отношении Белграда

30 мая 1992 года коммунистическая газета «Правда» опубликовала текст «сверхсекретной телеграммы представителя России в ООН Воронцова» и намекнула, что утечку допустили «патриотически настроенные» дипломаты в министерстве иностранных дел, возмущённые «предательством Козыревым наших братьев-славян в Белграде». Рассерженный из-за утечки Ельцин позвонил мне и попросил внимательнее контролировать работу министерства. Через десять дней расследование установило, что слив произошёл в СБ, а не в МИДе. Ельцин, как и «Правда», «не заметили» результатов этого расследования.

Чувствуя растущую изоляцию от Кремля, я стал задумываться о мерах, которые бы помогли мне защитить мою линию. Просить о помощи таких естественных союзников, как Гайдар и другие демократы в правительстве, было нереалистично и неправильно. Они сами подвергались нападкам в прессе, а ещё больше — во властных структурах из-за проводимых ими болезненных экономических реформ. Накал страстей, который продемонстрировал состоявшийся в апреле VI Съезд народных депутатов России, подтвердил, что судьба реформаторов висит буквально на волоске. Ельцин назначил трёх крепких хозяйственников на руководящие должности в правительстве. Появление Виктора Черномырдина, Владимира Шумейко и Георгия Хижи было компромиссом с парламентом, который надеялся, что эти люди свяжут руки команде Гайдара.

У меня оставался только один выбор — обратиться к общественному мнению, в те годы ещё благоприятно настроенному по отношению к демократам. Президент всегда был очень чувствителен к настроениям людей, особенно в условиях жёсткой политической борьбы. Как раз тогда он находился в тяжелейшем конфликте с Руцким и Хасбулатовым. Я решил воспользоваться моментом.

Тридцатого июня 1992 года «Известия» опубликовали на первой странице моё интервью под заголовком «Партия войны наступает в Молдове, Грузии и России: министр иностранных дел Андрей Козырев предупреждает об опасности государственного переворота».

Мне сообщили о заголовке заранее, и я сначала хотел изменить его. Но подумав, решил, что будет совсем неплохо намекнуть на амбиции Руцкого, которые могли действительно подтолкнуть его к попытке переворота (что на самом деле и произошло годом позже). Он был вице-президентом России, а Геннадий Янаев, который возглавил ГКЧП, напомню, был вице-президентом СССР. При этом моё интервью было адресовано прежде всего самому президенту. Для меня было крайне важно перетянуть его на свою сторону. Если публикация вызовет масштабную общественную поддержку, Ельцин не сможет не прислушаться к моим тезисам — рассуждал я. По моему убеждению, решение президента изменить внешнюю политику может быть только открытым и официально артикулированным. Ни при каких обстоятельствах он не должен был одобрить новый внешнеполитический курс за закрытыми дверями.

В своём интервью я подчёркивал, что партия войны опирается на выходцев из военно-промышленного комплекса и спецслужб. Это они толкают Россию к проведению агрессивного милитаристского курса на постсоветском пространстве. Курс Милошевича по отношению к бывшим республикам Югославии был им понятен и близок. Чтобы перетянуть президента на свою сторону, говорил я в интервью, они намеренно представляют ему искажённую информацию.

Далее я попытался детально описать, к чему стремится партия войны. Эти люди хотят убедить общество и президента, что сепаратисты в постсоветских государствах — это друзья России, и мы должны защищать их от «врагов», то есть законно избранных правительств в этих странах. За лозунгами, объяснял я, стоят совершенно корыстные интересы. Партия войны хочет получить доступ к деньгам и оружию. Она готова формировать для мятежных территорий так называемые «отряды добровольцев», которые в любой момент могут быть использованы внутри страны. Сейчас, предупреждал я, партия войны уже получила мощную поддержку в парламенте и в СМИ. И это уже не просто политическая демагогия, а подготовка к захвату власти. Не обязательно путём прямого переворота, возможно — с помощью обращения президента в свою веру.

Демократические и рыночные реформы несовместимы с национал-империализмом в российской внешней политике, несколько раз повторил я в интервью. Попытка примирить одно с другим невозможна: в результате реформы будут принесены в жертву имперским амбициям. Ответственность за предотвращение такого катастрофического исхода лежит на Ельцине, прямо заявил я.

Немедленно после выхода интервью теле- и радиостанции стали цитировать его прямо в сводках новостей. Их благожелательно комментировали авторитетные политики и эксперты. Я был рад, что партия войны оказалась под огнём критики.

К вечеру того же дня я получил вызов на чрезвычайное заседание Совета безопасности России, которое должно было состояться в закрытом режиме. Когда я прибыл в Кремль, все остальные члены совета были уже на месте. Они стояли группами в разных концах зала. Руцкой, Скоков и Примаков образовали узкий кружок и о чём-то говорили вполголоса, в шаге от них стояли министры обороны, внутренних дел и безопасности. Все они сделали вид, что не заметили меня, чтобы не пожимать мне руку. Зато другая группа, состоявшая из Бурбулиса, Гайдара и Шахрая, приветствовала меня исключительно тепло.

Заседание открылось коротким сообщением Юрия Скокова, который сказал, что один из членов Совета безопасности выступил с неприемлемым интервью, в котором публично объявил о своём несогласии с политической линией президента и обвинил других членов СБ в заговоре с целью сместить главу государства. Выяснилось, что это заседание было созвано по просьбе вице-президента, которому Скоков и передал слово.

Руцкой начал говорить прямо со своего места. Слова его были обвинительными, но тон — скорее жалобным. Главная проблема, по его мнению, состояла не в нарушении дисциплины и конфиденциальности, а в неправильной и «слабой» политике по отношению к СНГ и Югославии, которую я, по его мнению, защищал в своём «клеветническом» интервью. Он настаивал на том, что только его личное участие в приднестровском и грузино-абхазском конфликтах спасло Россию от унижения. Однако — сокрушался он — в Приднестровье «абсолютно ошибочное вмешательство министра иностранных дел» помешало российским войскам применить в решающий момент силу. И теперь они вынуждены ограничиваться «унизительной» ролью миротворцев. Ему хватило нескольких минут, чтобы набрать обороты и сменить тон. Он вышел из-за стола и буквально заорал на меня, тыкая мне в лицо пальцем:

— Слушайте меня, вы! Я не позволю вам превратить Россию в банановую республику!

— Нет уж, это вы меня слушайте! — я тоже вскочил на ноги и тоже ткнул пальцем в его сторону. — Я не позволю вам втянуть Россию в кровавую бойню по югославскому типу.

Руцкой явно не ожидал от меня такого отпора. Он на секунду потерял дар речи, покраснел и сжал кулаки. Бурбулис быстро поднялся со своего места и развёл руки в стороны жестом рефери, разделяющего двух боксёров на ринге.

— Это несправедливо, и это неправда, — сказал он Руцкому тихим, напряжённым голосом. И продолжил, обращаясь ко всем. — Господа, давайте успокоимся и будем уважать Совет безопасности. Здесь президент, который имеет полномочия определять политику. И только президент! Так давайте же поможем ему нашим советом, а не ссорой.

За его словами последовало глубокое молчание.

— Сядьте на место, — приглушённо сказал Ельцин. — Достаточно. Я знаю ваши точки зрения.

Когда все уселись, он продолжил:

— Всё правильно, только президент определяет политику, все остальные должны её придерживаться. Вы можете не соглашаться друг с другом здесь, на Совете безопасности. Это нормально, что у нас есть разные мнения. Но публично вы должны придерживаться одной линии и прекратить дискутировать через СМИ. Неправильно обращаться к прессе в своих спорах с вице-президентом, Андрей Владимирович.

При этих заключительных словах он повернулся ко мне, хотя до этого он, очевидно, обращался к Руцкому. Я ответил:

— На самом деле, я был последним, кто выступил публично, Борис Николаевич. Я первый за то, чтобы прекратить войну в прессе и следовать линии президента, как я всегда и делал. Если некоторых из моих коллег задели мои слова о возможности государственного переворота, я сожалею. Но лучше бы они услышали мой призыв предотвратить государственный переворот.

И продолжил, обратившись уже не к президенту, а к членам СБ:

— Президент Ельцин — не Горбачёв, он не уступит давлению коммунистов и не превратит вас в крючковых и язовых. Прочтите то, что я сказал, а не комментарии и интерпретации. Журналисты любят излишне драматизировать, чтобы привлечь внимание.

— В заседании объявляется перерыв, — сказал Ельцин и вышел из зала.

Больше он со мной о моём интервью не заговаривал. Только отвечая на вопрос репортёра на пресс-конференции в Кремле неделю спустя, сказал, что моё выступление было обсуждено на Совете безопасности и признано деструктивным. Но присутствующие журналисты отметили, что далее он перечислил основные принципы российской внешней политики, которые полностью совпадали с моей линией, и особо подчеркнул: защищать русских в бывших советских республиках следует мирными средствами. И далее конкретизировал: Приднестровье должно получить специальный статус, но в составе Молдовы, а 14-я армия должна оставаться нейтральной и играть исключительно миротворческую роль.

Небольшая группа демократов, сохранявших места в парламенте, добилась специальной встречи с Ельциным в Кремле.

В неё входили яркие личности с безупречной репутацией, пользующиеся большим общественным доверием: Виктор Шейнис, Николай Воронцов, Сергей Ковалёв, Борис Золотухин и Сергей Юшенков. До этого они встретились с Геннадием Бурбулисом, который всё ещё оставался правой рукой Ельцина. Они говорили с Ельциным о продолжении реформ и необходимости держать под контролем военно-промышленное лобби и спецслужбы. Открыто поддержали мою внешнеполитическую линию и выразили озабоченность нападками на меня.

До сих пор помню процитированные СМИ слова Виктора Шейниса: несмотря на отдельные нюансы, по общему мнению демократов, моё министерство и я «проводят в основном демократическую и здравую политику в национальных интересах России».

Со дня заседания Совета безопасности препятствия на пути моей коммуникации с Ельциным исчезли, и вскоре я получил официальное одобрение политики министерства в области урегулирования региональных конфликтов, включая мои усилия в Молдове и Приднестровье. Ельцин издал письменные поручения всем министерствам и ведомствам следовать этому курсу. В документе далее уточнялось, что только МИД уполномочен представлять официальную точку зрения на эти и все другие международные проблемы.

Это была важная, но, как позже выяснилось, не решающая победа. Руцкой был лишён всех полномочий в военных и политических вопросах, однако он продолжал высказываться и обсуждать их публично, неизменно критикуя «прозападную» линию.

«Гражданский союз»

Осознав, что общественное мнение не расположено к бряцанию оружием или призывам остановить реформы, Руцкой решил на время оставить эти темы для самых воинствующих коммунистов и националистов. Вместо этого он ещё раз попытался позиционировать себя в качестве центриста, занимающего позиции между двумя крайними лагерями: радикальных демократов с одной стороны и коммунистов с другой. В этом притворном центризме он нашёл союзников в лице разнородной коалиции под названием «Гражданский союз». Его лидеров в основном заботила собственная карьера, поэтому их политические взгляды были весьма подвижны.

Печально, но идеологически к так называемым центристам примкнули и люди, которые раньше считались демократами. Они не вошли в «Гражданский союз» формально, но всё чаще солидаризировались с ним.

Одним из таких людей был историк-американист Сергей Станкевич, который примкнул к демократическому движению раньше, чем я. В 1989 он был избран народным депутатом СССР, входил в демократическую Межрегиональную депутатскую группу. В 1990 году стал заместителем председателя Моссовета Гавриила Попова, пробыв в этой должности до 1992 года. Именно Станкевич опубликовал статью под заголовком «Возрождение великой державы», в которой потребовал считать бывшие советские республики и страны Восточной Европы зоной особых интересов России. По иронии судьбы несколько лет спустя ему пришлось искать убежища от российского судебного преследования (его обвиняли во взятке) в Польше. Должно быть, он был рад, что его мечты не сбылись, и Польша не попала под диктат Москвы.

Подобный путь проделал и Владимир Лукин, который тоже стал продвигать идею «золотой середины». Будучи по-прежнему послом России в Соединённых Штатах, он придумал выражение «инфантильный проамериканизм», которым руководствуются «некоторые молодые люди» в Москве. В своих интервью он говорил, что наивную веру российских демократов в дружбу с США американцы просто используют, чтобы вынудить Россию к односторонним уступкам. К каким именно, конечно, не уточнялось, потому что никаких уступок и в помине не было. В заявлениях Лукина легко прочитывался намёк: Ельцин мог исправить ситуацию, заменив своего молодого министра иностранных дел на него, ветерана Лукина.

На практике «центризм» «Гражданского союза» и его сторонников просто подрывал единство сил, поддерживавших перемены. Поскольку сами центристы были слабы и дезорганизованы, они объединялись по конкретным поводам то с коммунистами, то с националистами, но неизменно оппонировали реформаторам. Они надеялись протолкнуть своих лидеров в администрацию президента и с их помощью манипулировать первым лицом страны. Мне казалось, что они уверены в податливости Ельцина, в котором видели не политика-реформатора, а партаппаратчика, случайно оказавшегося в одной команде с демократами. Их тактику мы назвали «аппаратным реваншем».

Первое собрание «Гражданского союза» состоялось 21 июня 1992 года. Потом это объединение преобразовалось в избирательный блок и участвовало в парламентских выборах 1993 года. Никаких серьёзных политических достижений в его истории не было. Со временем участники «Гражданского союза» разошлись по разным фракциям и группам. Но на некоторое время, под влиянием ошибочных советов своих помощников, Ельцин воспринял «Гражданский союз» серьёзно. Под влиянием «центристов» он в конце ноября ликвидировал должность государственного секретаря, которую занимал Геннадий Бурбулис. Для нас это было ударом. Скоро мы узнали, что президент обсуждает с «центристами» и другие кадровые перестановки.

Ошибочная линия на умиротворение «Гражданского союза» и его единомышленников ярко проявилась во время посещения президентом МИДа 27 октября. Он выступил на расширенной коллегии министерства. Я просил Ельцина о таком визите с начала 1992 года, особенно после того, как он посетил министерства обороны, внутренних дел и даже службу внешней разведки (где, как он мне рассказывал, на него произвела впечатление презентация Примакова, посвящённая истории советских разведывательных операций, включая похищение секрета ядерной бомбы у США).

Речь Ельцина в МИДе

Встретив президента у дверей МИДа, я сразу заметил, что он нервничает. Своё обращение Ельцин зачитывал, не отрываясь от текста, но при этом запинался. Он часто останавливался на середине фразы и повторял некоторые предложения. Когда Ельцин произносил речи, над которыми тщательно работал лично, он делал это артистично, с театральными паузами, интонационно подчеркивая особо важные места. Ничего похожего на этот раз не было. Речь звучала как набор клише от «Гражданского союза». Он уверял, что «Россию рассматривают на Западе как страну, которая умеет говорить только „да"». Он сделал шутливый кивок в мою сторону, назвав меня «мистером „Да"». Это был отсыл к прозвищу советского министра иностранных дел Андрея Громыко, которого зарубежные дипломаты окрестили «мистером „Нет"». Я понял, что «центристы» готовят мне замену. Ельцин несколько раз повторил слова «на Западе считают». Меня это насторожило: откуда он черпает эту информацию? Явно не из моих отчётов. Он как будто прочитал мои мысли и ответил на незаданный вопрос: «Я лично получаю более полную и подробную информацию от разведисточников за границей, чем от наших послов».

Во время его речи я делал записи и набросал несколько пунктов для ответа на самые серьёзные обвинения. Я не собирался молча проглотить их. Но Ельцин, обладавший безошибочной политической интуицией, почувствовал мои намерения. Закончив чтение подготовленного текста, он отодвинул бумаги в сторону и жестом не дал мне заговорить: «Подождите минуту. Я ещё не закончил».

И он заговорил о том, что, несмотря на некоторые трудности и ошибки, министерство иностранных дел справляется со своей работой не хуже, чем другие правительственные учреждения и что «президент поддерживает министра иностранных дел и его политику». Внезапно его тон изменился, и он разгорячился, как будто вступил в спор с невидимым оппонентом. Он убедительно говорил о необходимости продолжать радикальные реформы в стране, несмотря на огромные трудности первых десяти месяцев. «На предстоящем съезде народных депутатов мы можем ожидать попытку повернуть вспять политику реформ, попытку отправить правительство в отставку... Этого не должно произойти... Любой ценой министр иностранных дел должен быть сохранён, как минимум... Самое важное — защитить Гайдара».

Я убрал свои наброски в карман, поблагодарил президента за честь, оказанную министерству, и объявил в заседании перерыв.

Меня поразила направленность зачитанного им текста. Странно, но мне показалось, что его тоже. По пути к моему кабинету он попросил меня не принимать всё это близко к сердцу:

— Большая часть того, что я сказал, отражает распространённое мнение. Над некоторыми моментами стоит подумать, но не надо воспринимать всё буквально. Как я сказал, вы делаете здесь хорошую работу, а сейчас мы оба заслуживаем разговора в спокойной обстановке. Давайте посмотрим ваш кабинет.

Я принял его объяснение и стал рассказывать ему про здание, построенное в год, когда я родился, и где проработал шестнадцать лет, начав с должности младшего сотрудника. Ему захотелось посмотреть комнату, которую я делил с шестнадцатью другими служащими с 1974 по 1984 год. Когда мы вошли туда, в ней находилось столько же сотрудников. Хотя комната казалась достаточно просторной, в ней было тесно. Министерство иностранных дел России работало в таких же стеснённых условиях, как и МИД СССР.

Ельцин был удивлён, что дипломатам приходится работать в такой обстановке, ещё больше он поразился, когда узнал, как мало они получают. Мои друзья-реформаторы в министерстве финансов отказывались поднимать зарплаты дипломатам, даже когда я указывал им на более высокие оклады в министерствах обороны и безопасности. Ельцин спросил, почему при таких убогих зарплатах и условиях труда дипломаты всегда считались в Советском Союзе элитной группой.

Я пояснил, что советский дипломат, направленный на службу в западную страну, мог воспользоваться искусственным обменным курсом валюты и стать состоятельным по советским меркам человеком. За границей он мог купить за копейки какую-нибудь технику, например, музыкальную систему, и продать её в Москве за цену кооперативной квартиры. Это побуждало советских дипломатов оставаться в загранкомандировках как можно дольше. При этом, вынужденные на всём экономить, они испытывали чувство неполноценности. В результате восхищение Западом смешивалось в головах советских дипломатов с раздражением и даже ненавистью.

— Но это уже в прошлом, — сказал я. — А в новых экономических условиях подобные стимулы не работают. Ограниченная внутренняя конвертируемость рубля устранила разницу в цене на импортные товары за границей и внутри страны. Нам нужно обеспечить дипломатам достойную зарплату — или лучшие кадры уйдут в частный сектор. Нам не хватает денег на содержание действующих посольств, и нам остро необходимо финансирование для открытия новых, в постсоветских государствах. Мне не хотелось бы об этом говорить, но правительство нас не слушает. Мы рассчитываем на вашу помощь.

Он пообещал рассмотреть вопрос о финансировании, а затем добавил:

— Снаружи сталинская высотка всегда выглядела символом могущества, а внутри она скрывала унизительную реальность. Как советская внешняя политика и, по сути, почти всё в СССР!

Мы расстались в хороших отношениях. Он больше не упоминал о своей речи вплоть до мая 1995 года.

Позже я со своими помощниками внимательно перечитал текст выступления президента. Сначала мы предположили, что помощники президента написали речь, отразив свою собственную точку зрения, а Ельцин просто не вник в её суть. Это было возможно, но маловероятно: такое объяснение казалось слишком простым. Помощники не осмелились бы зайти так далеко по своей инициативе. Тем более что критические высказывания косвенным образом были направлены на президента в не меньшей степени, чем на меня. Именно он, президент, одобрял все внешне- и внутриполитические шаги — и его помощники знали об этом.

Я предположил, что президент хотел бросить кость «Гражданскому союзу» и его сторонникам во властных структурах. В таком случае возникал вопрос: он действительно собирается принести в жертву нашу внешнюю политику? Пока это были слова, но за ними могли последовать и дела. Владлен Сироткин, профессор Дипломатической академии, написал 26 мая 1992 года в тогда ещё либеральной «Независимой газете», что, в то время как МИД использует «дипломатию партнёрства» с Западом, два других российских государственных ведомства, имеющие собственные каналы связи с Кремлём, продвигают свою старую стратегию подрыва этого партнёрства. Этими «другими ведомствами» были служба внешней разведки и главное разведуправление министерства обороны. Их главной целью, написал Сироткин, «оставалось ослабление потенциального противника».

***

К осени 1992 года Юрий Скоков, с одной стороны, и так называемые «центристы» — с другой, подготовили почву для пересмотра российской внешней политики. Они полагали, что советская риторика, направленная против Запада, должна быть близка и понятна Ельцину. Президенту — по их мнению — легче поверить в знакомую всем советским людям теорию заговора со стороны коварного Запада, чем увидеть в бывших врагах союзников и партнёров. Они понимали, что Ельцин восприимчив к информации и оценкам разведсообщества, и активно использовали этот канал, чтобы повлиять на него. В этом был очевидный корыстный интерес. Существование «коварного Запада» позволяло раздувать аппарат и финансирование спецслужб, которые уже тогда видели в демократах «пятую колонну».

«Декоммунизация» России: попытка не удалась

Сразу же после провала августовского путча 1991 года демократы заговорили о том, что стране нужна целенаправленная кампания по «декоммунизации», аналогичная кампании денацификации в послевоенной Германии. Сергей Шахрай, Геннадий Бурбулис и адвокат Андрей Макаров, в те годы разделявший либеральные взгляды, попытались добиться запрета Коммунистической партии через судебный процесс. Он — по идее — должен был сыграть роль Нюрнбергского процесса, осудившего нацизм как преступление против человечности.

Я сомневался в целесообразности судебной процедуры. Преодоление тоталитаризма, по моему мнению, было скорее политической, а не юридической задачей. А значит, требовалась последовательная и настойчивая просветительская работа. Мы должны были донести до людей всю правду о советском прошлом с его массовыми репрессиями, бесправием людей, агрессивными военными авантюрами. Предстояло вовлечь в эту работу и СМИ, и систему образования. Я написал статью, где перечислил несколько документов ООН и СБСЕ, осуждающих тоталитаризм как несовместимый с основными человеческими правами и свободами.

На первых порах Ельцин поддержал идею запрета компартии. Но позже он явно к ней охладел. Инициатива Бурбулиса — Шахрая вылилась в рутинный судебный процесс, малопонятный для общества.

В отличие от Нюрнбергского, московский процесс не был сосредоточен на личностях. Причин тому много, одна из них связана с ролью последнего лидера КПСС — Михаила Горбачёва. Он пользовался заслуженным уважением демократов как человек, запустивший процесс реформирования СССР. Очевидно, что его нельзя было обвинить в преступлениях против человечности, как когда-то обвиняли нацистских боссов.

Именно с Горбачёвым как участником этого процесса был связан неприятный для меня эпизод. В конце октября 1992 года меня застало врасплох публичное заявление Кремля: по решению суда МИДу и другим ведомствам поручено закрыть первому и последнему президенту СССР выезд из страны, пока он не явится для дачи показаний по «делу КПСС». Я тогда подумал, что Ельцин пытается отомстить своему старому сопернику.

Горбачёв позвонил мне. Он буквально кричал в трубку:

— Что вы за демократы!? Опять возвращаете старые порядки?

Я попытался объяснить ему, что это временная мера, которая лично мне не нравится, и я попытаюсь отменить её как можно скорее. В любом случае, МИД не имеет отношения к пограничному контролю, относящемуся к ведению министерства безопасности. И ещё, добавил я, по моему личному мнению, он может оказать огромную помощь начатому им делу демократизации, если выступит в суде как свидетель. Но он меня не слушал.

— Я позвонил вам, потому что думал, что вы другой, но я ошибся. Вы просто один из лжедемократов. Не хочу вас знать!

На этих словах Горбачёв бросил трубку. Это был плохой для меня день.

Через неделю позорный запрет на выезд Горбачёва был отменён после звонков мировых лидеров Ельцину и критических комментариев в российских СМИ.

В общем, процесс по «делу КПСС» закончился каким-то невнятным решением. А политического расставания с тоталитарным прошлым в России так и не произошло. Последствия этого мы наблюдаем сегодня.

Увольнение Гайдара

Двадцать девятого ноября 1992 года, в преддверии VII Съезда народных депутатов России, в Москве состоялось большое собрание демократических сил — Форум сторонников реформ.

Многие тогда выступали за то, чтобы президент создал свою партию или возглавил существующую «Демократическую Россию». Считалось, что только в этом случае борьба с коммунистами и националистами будет последовательной и эффективной. От президента ждали чёткой позиции по «партийному» вопросу. Однако Ельцин обратился к собравшимся с речью, полной общих мест и расплывчатых фраз. В ней не было ни слова о его готовности возглавить партию реформ. Он сказал только, что, по его мнению, такая партия или движение необходимы. Его слова оставляли простор для интерпретации. Он, в частности, сказал: «Радикальные преобразования нуждаются в укреплении устойчивой социальной базы. Практика показала, что ей нужна и определённая организационная структура — может быть, партия, широкое движение, новый тип коалиции сторонников реформ. Долго размышлял на эту тему и пришёл к выводу: надо дать второе дыхание работе в этом направлении».

То есть никакой определённости не прибавилось. Оставалось неясно, какой же будет эта «организационная структура». И ещё более неясно, готов ли президент возглавить её. Все понимали, что скорее нет, чем да.

Позже он не раз объяснял свою позицию тем, что принёс клятву быть президентом всех россиян и должен стоять вне партийных предпочтений. Хотя я в то время публично высказывался в пользу «Демократической России», в частных разговорах с Ельциным я в конце концов согласился с его аргументами.

А вот многие участники форума были откровенно разочарованы: они готовы были присоединиться к партии (или движению) только в том случае, если её возглавит президент. Форум закрылся, не достигнув практических результатов. А значит, позиция, с которой Ельцин шёл на съезд, оставалась довольно слабой.

Многие демократы критиковали выбор Ельцина оставаться «вне партий» и чувствовали себя преданными. Оглядываясь назад, думаю, они были правы. Встав на этот путь, Ельцин в конце концов был вынужден выбрать в качестве главных союзников не реформаторов, а чиновников. Это помогало ему впоследствии долго удерживаться у власти, но уже без реформаторской команды. В результате — движение России к демократии и конкурентному рынку было сначала заторможено, а потом и остановлено. Но всё это проявилось несколько позже. Тогда же, в 1992 году, мы надеялись отстоять демократические преобразования. И рассчитывали на поддержку президента.

Накануне VII Съезда в кулуарах обсуждались три варианта тактики. Первый: резкое обострение ситуации. В этом случае президент должен был пойти на конфронтацию и распустить съезд. Но это было бы нарушением конституции, которое наверняка привело бы к масштабному политическому кризису. Второй: прежде чем решиться на конфронтацию, президент обратится к избирателям, чтобы заручиться их поддержкой. И, наконец, третий вариант: попытаться договориться со съездом.

В определённый момент стало ясно, что и позиция Ельцина, и позиция Гайдара на фоне очень тяжёлой экономической ситуации сдвигаются в сторону компромисса.

Перед съездом Гайдар выступил в Верховном Совете с примирительной речью. Он продемонстрировал готовность пойти на некоторые уступки сторонникам плановой экономики, в частности, согласиться на поддержку важных отраслей промышленности. А Ельцин отправил в отставку не только Геннадия Бурбулиса, но и министра печати Михаила Полторанина, которого особенно ненавидели коммунисты. Тогда же в отставку был отправлен руководитель телекомпании «Останкино» Егор Яковлев, который был одним из самых ярких журналистов на демократическом фланге, назначенным на высокую должность сразу после путча. Оппозиция приветствовала уступки президентской команды, но в ответ ничуть не умерила собственные требования. К началу съезда, который открылся 1 декабря 1992 года, у оппозиции был свой «расстрельный список» из ключевых фигур правительства реформаторов. Почти открыто обсуждался и возможный импичмент самого президента.

Заседания съезда проходили под контролем председателя Верховного Совета Руслана Хасбулатова, который процедурными манипуляциями отчётливо подыгрывал оппозиции. В этих манипуляциях он, как правило, опирался на самоназванных центристов из «Гражданского союза», которые в решающие моменты всегда оказывались на стороне коммунистов и националистов.

Выступление Ельцина в первый день съезда оказалось откровенно слабым. Он построил его в примирительном ключе, призывая депутатов к конструктивной работе и не подвергая их критике. Сторонники президента были в очередной раз разочарованы. Противники, напротив, воодушевлены. Особенно после речи Хасбулатова, почти откровенно работавшего на коммуно-националистическую оппозицию. Ельцин надеялся, что выступление Гайдара усилит позиции демократов, но этого не произошло. Гайдар говорил слишком академично и не мог увлечь аудиторию. Депутаты с удвоенной энергией обрушились на президента и правительство реформ. Всё чаще звучало требование отправить в отставку Козырева за «предательство национальных интересов». В какой-то момент я попросил у Хасбулатова слово, но он мне отказал.

В центре борьбы оказался вопрос о сроке чрезвычайных полномочий, одобренных в 1991 году. Ельцин стремился продлить эти полномочия на период подготовки новой конституции, которую он собирался вынести на референдум. Это предложение не было принято. Съезд в принципе не был заинтересован в новой конституции, так как в случае её утверждения съезд как полусоветский орган власти утратил бы свои полномочия. Парламент и президент Российской Федерации сошлись в клинче. Одновременно выдвигались поправки в конституцию, которые перераспределяли власть в пользу съезда и Верховного Совета. Было ясно, что идея компромисса — утопия.

Уже 2 декабря Ельцин дал задание своему пресс-секретарю готовить жёсткое обращение «К гражданам России». Но окончательно его терпение лопнуло 10 декабря, и этот день стал поворотным в истории съезда. Именно тогда президент поднялся на трибуну, чтобы зачитать своё обращение к народу. Это не было экспромтом, но готовилось обращение в строжайшей тайне. Решено было — тоже тайно — обеспечить прямую телевизионную трансляцию. Когда депутаты обнаружили, что съезд работает в прямом эфире, выключить трансляцию уже было невозможно. Главный посыл короткого выступления президента сводился к следующему: противостояние властей — это тупик, из которого есть единственный выход: всенародный референдум о доверии президенту, с одной стороны, и съезду и Верховному Совету — с другой. В конце выступления Ельцин призвал депутатов, которые его поддерживают, покинуть зал заседаний и перейти в Грановитую палату. Его идея была такой: если демократы уйдут, съезд лишится кворума. Однако этого не произошло. Подготовленное втайне обращение привело сторонников президента в состояние растерянности. Они плохо понимали, каков замысел. Поэтому зал покинула только небольшая часть депутатов, у съезда осталась возможность обеспечить кворум.

Миллионы телезрителей увидели, что даже демократы сомневаются, идти ли им за Ельциным. Это было ударом.

Ельцин попробовал переломить ситуацию и поехал на крупнейший московский завод — АЗЛК, чтобы заручиться поддержкой «рабочего класса». Но события на съезде явно выбили его из колеи, а рабочие, уже испытавшие тяжесть реформ, оказались плохой аудиторией для демонстрации поддержки президентского курса.

В последующие дни съезда перетягивание каната продолжалось. В какой-то момент в процесс вмешался председатель Конституционного суда Валерий Зорькин, который в тот момент поддерживал президента. При его участии было подготовлено постановление съезда «О стабилизации конституционного строя в Российской Федерации». Этот документ предусматривал необходимость подготовить проект новой конституции к 31 марта 1993 года и 1 апреля вынести его на референдум. Все поправки в основной закон до этого момента предполагалось заморозить. Депутаты поддержали это решение, но в качестве компенсации добились уступок от президента. Кандидатуры на пост нового премьер-министра были вынесены на мягкое рейтинговое голосование. В финальное голосование вышли трое — Егор Гайдар, Юрий Скоков и Виктор Черномырдин. Больше всех голосов набрал Скоков, меньше всех — Гайдар. В этой ситуации Ельцин остановил свой выбор на Викторе Черномырдине, и съезд поддержал его. Депутаты были уверены, что выходец из советский номенклатуры, «крепкий хозяйственник» Черномырдин станет противовесом Ельцину. Их ждало разочарование. Радикальные экономические реформы замедлились и во многих отношениях остановились. Однако новый премьер-министр оказался реальной фигурой компромисса. После нескольких антиреформистских и популистских заявлений он занял более сбалансированную позицию — к большему разочарованию оппозиции, чем демократов.

Я был глубоко озабочен тем, что Ельцин пожертвовал своей командой радикальных реформаторов экономики. Мне было ясно, что этот откат скоро приведёт к переменам во внешней политике, которая основывалась на идее интеграции России в сообщество свободных рыночных демократий. Не надо быть провидцем, чтобы понять: на следующем политическом повороте президент «сдаст» оппозиции меня. В этой ситуации я всерьёз задумался об отставке.

Для начала мы обсудили этот вопрос с Бурбулисом и Гайдаром. Оба они были решительно против, считая, что мой уход будет подарком для оппозиции. Они убеждали меня, что мы, демократы, должны поддержать Ельцина в этой непростой ситуации. Оба они находились в контакте с Ельциным и, по существу, оставались его советниками. Я с неохотой согласился с их доводами, плохо представляя, как мне удастся отстоять мою линию во внешней политике.

Стокгольмский демарш

Одиннадцатого декабря, когда съезд ещё продолжался, я поздним рейсом вылетел в Стокгольм, где было запланировано моё участие в конференции министров стран СБСЕ. Один из репортёров, провожавших меня в аэропорту, спросил, получил ли я инструкции от Ельцина. И уточнил, что имеет в виду новые инструкции, которые учитывали бы мнение оппозиции. Я ответил, что нет.

Уже на борту я вспомнил про этот вопрос и спросил себя, как скоро Скоков или кто-то другой подтолкнёт Ельцина к изменению внешней политики. Я хорошо представлял себе, о какой дипломатической линии мечтают коммунисты с националистами и примкнувший к ним «Гражданский союз».

В моём портфеле лежала статья одного из лидеров «Гражданского союза» Александра Владиславлева и его соавтора — научного сотрудника академического Института Европы Сергея Караганова. Он уже в те годы был мастером превращения примитивных пропагандистских лозунгов в изящные эссе. «Вот пример мягкой риторики так называемых центристов в защиту новой имперской политики», — подумал я, читая этот совместный труд. Авторы утверждали, что, последовав их рекомендациям, Россия повысит свой международный статус. Я знал, что Ельцин внимательно прислушивался к аргументам такого рода. «Как я могу доказать, что они не правы?» — спрашивал я себя вновь и вновь.

И тут мне пришла в голову неожиданная идея. А почему бы не использовать предстоящее в Стокгольме выступление, чтобы показать, какие опасности подстерегают нас? Я ознакомился с тезисами, подготовленными моими помощниками, и только утвердился в своём намерении произнести принципиально другую речь.

А утром перед выступлением меня одолели сомнения. Я как бы спорил сам с собой. Осторожный и верный корпоративной этике дипломат предостерегал:

— Ты не можешь решиться на политический демарш, не согласовав его с Кремлём.

Козыреву-дипломату возражал Козырев-политик:

— В обычные времена — безусловно. Но сейчас другая ситуация: судьба демократической России под угрозой, и действовать нужно соответственно.

— А если Ельцин уволит за это тебя? — спрашивал дипломат. — А результата ты не добьёшься. Зачем эта жертва?

Но у политика были свои аргументы:

— Политический результат обязательно будет. Так или иначе, весь мир поймёт, какой опасный поворот может совершить Россия.

Прибыв на конференцию, я немедленно разыскал председателя, шведского министра иностранных дел Маргарету аф Угглас, с которой у меня были очень хорошие личные отношения. Я попросил Маргарету об одном процедурном одолжении: чтобы мне позволили выступить дважды с интервалом примерно в один час. Каждому министру обычно предоставлялось время для одного выступления, но после того как я сказал ей, что моя необычная просьба вызвана экстраординарной политической ситуацией в России, Маргарета не возражала.

Я вышел на трибуну и сказал:

— Сегодня я должен объявить о серьёзных изменениях во внешней политике Российской Федерации.

Сделал паузу, чтобы переводчики могли точно передать мои слова, а дипломаты — сообразить, что происходит нечто необычное. В этот момент большинство из них болтали друг с другом, пропуская мимо ушей рутинные выступления. Минуту спустя монотонный гул в зале резко прекратился. Напряжение повисло в воздухе.

Я отложил в сторону подготовленный текст моей речи и взял вырезку из газеты, которую я читал накануне в самолёте. По сути, я публично резюмировал её содержание:

— Полностью поддерживая политику вхождения в Европу, мы ясно сознаём, что наши традиции во многих отношениях, если не в основном, лежат в Азии, и это ставит пределы нашему сближению с Западной Европой.

Мы видим, что, несмотря на определённую эволюцию, стратегия НАТО и Евросоюза, которые вынашивают планы усиления своего военного присутствия на Балтике и в других регионах на территории бывшего Советского Союза, а также вмешательства в Боснии и во внутренние дела Югославии, остаётся, по сути, неизменной. Это первое.

Второе. Пространство бывшего Советского Союза не может рассматриваться как зона полного применения норм СБСЕ. По существу, это постимперское пространство, на котором Россия должна защищать свои интересы всеми доступными средствами, включая военные и экономические. Мы будем решительно настаивать на безотлагательном вступлении бывших республик СССР в новую федерацию или конфедерацию и будем вести жёсткие переговоры по этому вопросу.

Третье. Все те, кто полагает, что может пренебрегать этими особенностями и интересами, и надеется, что Россия повторит судьбу Советского Союза, не должны забывать, что речь идёт о государстве, способном постоять за себя и за своих друзей…

Направляясь с трибуны к своему месту, я с глубоким удовлетворением видел, что зал буквально взорвался. Многие министры в спешке поднимались с мест и почти бежали, чтобы позвонить в свои столицы.

Меня же атаковали члены российской делегации. Они были поражены не меньше, чем все остальные.

— Андрей, вы что, только что получили новые инструкции? Конечно, вы не можете согласиться с такой политикой, поэтому, наверное, вы и прервали своё выступление. Я тоже уволюсь, — сказала Галина Сидорова, в недавнем прошлом известный журналист популярного еженедельника «Новое время», а в тот момент мой советник.

— Я тоже подаю в отставку, — сказал российский посол в Швеции Юрий Фохин. Это был профессиональный дипломат с большим стажем, назначенный ещё в советское время, и я не ожидал от ветерана советской дипломатической службы такого сильного политического жеста. Я крепко пожал его руку, а он вполголоса продолжил:

— Ваша политика всегда вызывала и вызывает у старой дипломатической гвардии больше симпатии, чем скептицизма, господин министр.

К моей радости, я оказался единственным, кто был готов проводить новую политику, суть которой я только что изложил. Тогда я собрал свою команду и извинился, что держал свой замысел в секрете.

— Ваше удивление и очевидное отвращение к тому, о чём я говорил, должны были усилить эффект, — признался я.

Лэрри Иглбергер, госсекретарь США, энергичными жестами показал мне, что хочет выйти из зала и поговорить. Он был хорошим моим другом и понимающим человеком. Было бы несправедливо не довериться ему.

— Андрей, что я могу для тебя сделать? Ты в опасности? — спросил Лэрри, когда мы зашли в отдельную комнату, предназначенную для двусторонних консультаций. Он подумал, что в Москве произошёл переворот, и что меня заставили сделать заявление под угрозой смерти. Он не сдерживал эмоций:

— Ну ты и бандит! Меня чуть инфаркт не хватил, — выдохнул он с облегчением после моих разъяснений. — Я тебя понимаю. Ты и твои друзья переживаете нелёгкие времена. И я буду последним, кто станет настаивать на соблюдении дипломатического протокола в такой ситуации.

Другого я от него не ожидал. Он пообещал хранить секрет до моего следующего выступления, впрочем, предупредил, что сделает исключение для президента США.

— Пожалуйста, не слишком затягивайте паузу. Закончите свою речь, пока не началась ещё одна холодная война! — сказал Дуглас Херд, глава британского Форин офиса, когда мы встретились в лобби. — Украинцы и некоторые другие дипломаты из СНГ, не говоря уже о министрах государств Балтии, уже спрашивают нас, какие гарантии безопасности может предоставить им НАТО перед лицом давления со стороны России.

Галина Сидорова спешила ко мне с охапкой свежих телеграмм от основных информационных агентств. Мои слова вызвали бурю, которая грозила перерасти в международный кризис. Правительства и политические лидеры из СНГ и западных стран выражали глубокую озабоченность и требовали объяснений.

Странно, но из Кремля не последовало никаких вопросов. Один из помощников Ельцина позднее говорил мне полушутя, что многие из окружения президента сначала подумали: Козырев наконец-то начал говорить то, что надо. Забеспокоились только тогда, когда увидели международную реакцию, которая их удивила. В этот момент они задумались, стоит ли посвящать во всё это президента.

Я попросил Маргарету предоставить мне слово ещё раз.

— Да, Андрей, мы заслуживаем разъяснений, — сказала она.

— Дорогие коллеги! — начал я в полнейшей тишине. — В первой части моей речи я представил вам ряд изменений в российской внешней политике, которых обычно требуют так называемые центристы в России. Разумеется, это всего лишь бледная имитация того стратегического разворота, который бы совершила реальная оппозиция, если бы она захватила власть. Я хотел, чтобы вы узнали их требования, и чтобы те, кто их выдвигает в России, узнали о вашей реакции. Я надеюсь, достаточно однозначной, чтобы охладить горячие головы. Я благодарю вас за это... Я рад объявить вам громко и ясно, что, пока первый свободно и честно избранный президент России Борис Ельцин руководит страной, а я провожу его внешнюю политику, о подобных изменениях не может быть и речи...

Я понимал, что честен только наполовину, ручаться за то, что президент не изменит позицию, я не мог. Поэтому, наверное, не слишком удивился, когда Ельцин назначил Примакова моим преемником. Но в тот момент мне очень хотелось верить, что мы с президентом не отступим от своей линии.

— Сейчас я представлю вам действительную политику Российской Федерации, как её определяет президент, и официальный текст моего выступления будет роздан участникам конференции и прессе.

После этого я зачитал текст ранее подготовленной речи, которая после шока, вызванного предыдущим выступлением, была встречена с большим вниманием и заслужила триумфальные отклики в прессе как доказательство того, что объявление новой холодной войны было всего лишь предостережением.

Большинство западных обозревателей и политиков поняли меня правильно и заговорили о необходимости относиться с бо́льшим вниманием к проблемам России и нашим внешнеполитическим нуждам. К сожалению, этого понимания хватило ненадолго. Доброжелательные слова западных политиков и дипломатов так и не были подкреплены практическими действиями.

Многие украинские и прибалтийские комментаторы сосредоточились на первой части моей речи, видя в ней реальное новое направление российской внешней политики. Ельцину пришлось раз за разом повторять, что он никогда не собирался менять свой политический курс. Его твёрдая, публично заявленная приверженность этому курсу и была тем, чего я хотел достичь.

Сторонники возрождения империи на постсоветском пространстве были вынуждены сдать назад и публично отречься от своих собственных идей, назвав первую часть моей речи «выдумками и преувеличением». Им также пришлось доказывать, что они никогда не требовали изменить политику, а только хотели сделать её менее «проамериканской». Они представляли мое выступление в Стокгольме как хулиганство министра

иностранных дел, который слишком многое себе позволяет
и нуждается в наставлениях со стороны президента.

Удивительно, но они нашли неожиданного союзника в лице
канцлера Германии Гельмута Коля, который в день моего выступления прилетел в Москву с официальным визитом, чтобы
продемонстрировать поддержку Ельцину. Мне рассказали, что
Коль выразил своему другу возмущение нарушением дипломатических порядков в Стокгольме. Министр иностранных дел
Германии Клаус Кинкель позднее подтвердил, что канцлер, как
и сам Кинкель, был поначалу шокирован нарушением порядка,
когда узнал, что «объявление новой холодной войны», причи-
нившее ему столько беспокойства, было хитрой уловкой. «Но
скоро, — сказал он, — мы признали важность сигнала, который
вы послали, чтобы вынудить Ельцина подтвердить свои истин-
ные намерения».

Когда Ельцина спросили про мою речь на пресс-конференции по окончании визита Коля, президент просто сказал:
«Козырев действовал по собственной инициативе. Возможно,
он преувеличил силу оппозиции, продемонстрированную на
съезде народных депутатов, и слишком пессимистично оценил
нашу способность и волю к проведению новой внешней политики и реформ».

Так я отвоевал себе в Стокгольме немного свободного пространства, но, как оказалось, не более того. Через несколько
дней после моей речи Ельцин опять заставил меня задуматься
о плохом сценарии. Во время своего визита в Пекин он заявил
прессе, что внешняя политика России является «чрезмерно
проамериканской» и что для России будет лучше поискать союзников в других местах, прежде всего на Востоке. Китайские
лидеры бесстрастно выслушали эти заявления, политических
последствий у них не было. Однако слова Ельцина казались мне
тревожным знаком. Похоже, он прислушивался к «Гражданскому союзу», который выступал за разворот в сторону Китая как
во внешней политике, так и в проведении реформ по государ-

ственно-капиталистической модели. Это была любимая идея его лидера Аркадия Вольского.

***

В 1993 году моё поле для манёвра сузилось. Всё возрастающая опора Ельцина на недостаточно реформированный госаппарат вкупе с решением не возглавлять никакую политическую партию лишили демократов сильных позиций в законодательной власти. В результате огромные возможности, которые открылись перед Россией как демократической страной, начали сужаться.

Глава 7.
Россия — США. Трудное партнёрство

Выборы 1992 года в США привели к власти Демократическую партию. Поражение республиканцев и приход в Белый дом новой администрации под руководством неопытного и сосредоточенного на внутренней политике Билла Клинтона нанесли неожиданный удар по демократическому движению в Москве.

В лице Буша и его команды мы потеряли преданных партнёров, которые понимали всю серьёзность ситуации в России. Уходящий президент, в прошлом — директор ЦРУ, опирался на свой обширный опыт в международных делах — в том числе во взаимоотношениях с СССР. Будучи послом в Китае, он хорошо изучил особенности коммунистического режима изнутри. Он умел прочитывать в высказываниях политиков скрытые смыслы. Эти знания очень помогали ему, когда он был избран президентом. То же относилось и к его внешнеполитической команде во главе с закалёнными во времена холодной войны ветеранами, такими как советник по национальной безопасности Брент Скоукрофт и госсекретарь Джеймс Бейкер.

Буш и члены его команды до какого-то момента многократно говорили об опасностях, связанных с распадом СССР, но при этом ясно сознавали масштаб возможностей, которые могут открыться с исчезновением советской империи и созданием СНГ. Политики с опытом холодной войны, они понимали, насколько важна демократическая трансформация России. Прежде всего, для уменьшения угрозы ядерной войны.

Администрация Буша также хорошо понимала трудности, с которыми столкнулись российские реформаторы. Выступая в Принстонском университете 12 декабря 1991 года, накануне визита в Москву, Джеймс Бейкер изложил своё понимание бурных событий в СССР и прямо призвал не только США, но и Запад в целом поддержать демократические реформы в нашей стране. На этом историческом перепутье, сказал он, мир должен помочь России, Украине, Казахстану и другим постсоветским республикам построить демократию и свободный рынок. Никто — предупреждал Бейкер — не должен недооценивать трудности, сопровождающие такие перемены, и могущество «тёмных сил» — наследников сталинской политики, которые ждут шанса, чтобы вновь поднять голову. В заключение он предложил коалиции западных стран сообща помочь новым независимым государствам не только продовольствием, но и поддержкой в создании демократических институтов и рыночных механизмов.

И это были не пустые слова. Соединённые Штаты и другие западные страны действительно помогли России без проволочек вступить в мировые финансовые организации. На встрече «Большой семёрки», состоявшейся в Мюнхене 6–8 июля 1992 года, где Россия участвовала как специальный гость, был предложен проект расширенной помощи странам СНГ.

Но по мере того, как перспективы переизбрания республиканской администрации становились всё более туманными, связи с Вашингтоном стали ослабевать. Внимание республиканцев было приковано к президентской кампании, в которой Джордж Буш очень походил на «хромую утку».

Сменивший его Билл Клинтон был готов продолжать дружественную политику в отношении России. Во всяком случае, на словах. «Билл и Борис» демонстрировали расположенность по отношению друг к другу, намеренно персонализируя внешнюю политику. Но у Клинтона не было опыта в международных делах. Кроме того, перед ним стояли прежде всего внутриполитические задачи, которые он обещал своим избирателям решить.

Конгресс с одной стороны и общественное мнение с другой сужали его поле для манёвра. Подчинение внешней политики переменчивым раскладам внутриполитической конъюнктуры помешало ему стать надёжным другом России, в чём отчаянно нуждался в тот момент Ельцин. Это стало понятно довольно скоро. Дружеских слов было много, но, как только дело доходило до конкретных действий, даже формулировки Клинтона становились расплывчатыми и неоднозначными. Мы это наблюдали, когда речь, к примеру, заходила о таких болезненных для России вопросах, как расширение НАТО или мирное урегулирование в Боснии. А щедрые обещания помощи явно не соответствовали тем реальным объёмам, которые получала Россия. Похоже, американцы не понимали, в каком бедственном положении находились россияне и как это влияло на ещё не окрепшую демократию.

В свою очередь, и МВФ, и Всемирный банк тоже не торопились бросаться нам на помощь. Было крайне важно, чтобы эти уважаемые финансовые институции напрямую вовлекли российское правительство и действующих субъектов экономики во взаимодействие, помогая им принимать тяжёлые решения и проводить последовательные меры на макро- и микроуровне. Это, конечно, требовало чрезвычайной политической воли и существенного финансирования, которое могли обеспечить только правительства США и крупнейших западных стран. Без увеличения ресурсов МВФ и Всемирный банк не смогли сделать больше, чем они сделали, — привязали выдачу траншей к выполнению ряда условий. Таким образом, российские власти получили только то, что больше всего напоминало советы из учебников по основам рыночной экономики.

Но реформаторы в России и сами знали эти основополагающие принципы наизусть. Много ли в этом толку, если в бюджете нет денег, а ресурсы страны до предела истощены? Зато есть энергичные политические противники, которые контролируют законодательный процесс и вредят реформам. Коммунистическая оппозиция и старорежимные бюрократы пытались представить МВФ и Всемирный банк главными виновниками экономических проблем в России. Якобы реформаторы пляшут под их дудку, пренебрегая социальными вопросами ради макроэкономических показателей. Эти обвинения стали частью антизападной политики, которую пытались навязать Ельцину коммунисты и ура-патриоты. Попытки реформаторов публично объяснить выгоды от сотрудничества с мировыми организациями были слабыми и спорадическими. В результате Всемирный банк и особенно МВФ стали для большинства россиян символами дурного обращения Запада с Россией.

Ельцину приходилось балансировать между жёсткой позицией мировых финансовых институтов и политическими интригами своих оппонентов. В результате он отверг требование МВФ отпустить цены на энергоносители и заморозить зарплаты и социальные выплаты из бюджета. А это фактически заблокировало масштабные финансовые вливания. Широко разрекламированная Клинтоном помощь США выродилась в пустые и унизительные разговоры. Оппозиция торжествовала, это был лучший аргумент против реформаторов.

России срочно требовалась помощь и поддержка со стороны новой западной коалиции, реформы с каждым днём шли всё труднее и болезненнее.

***

Но вернёмся к избирательной кампании Клинтона. Я обратил внимание, как мало он говорит о внешней политике. Конечно, я понимал, с чем это связано, и надеялся, что, заняв президентский кабинет, он выправит очевидный перекос. Я искренне радовался, когда в администрацию Клинтона пришёл целый ряд квалифицированных специалистов, включая известных экспертов по России. Среди них была мой хороший друг Тоби Гати, назначенная в Совет национальной безопасности США, а позднее ставшая заместителем госсекретаря, курирующим СНГ. Её супруг, Чарльз Гати, был профессором международных исследований в Колумбийском университете, бежавшим в Соединённые Штаты после того, как Венгрия оказалась в зоне советского влияния. Бывая в Нью-Йорке, я не раз навещал семью Гати, мы ужинали в их вестсайдской квартире и неформально обсуждали самые болезненные политические вопросы.

Гати были знакомы с Биллом Клинтоном и попросили меня организовать его встречу с Ельциным во время нашего визита в Вашингтон летом 1992 года. Это произошло после того, как просьба о встрече кандидата в президенты от демократов была направлена по обычным дипломатическим каналам в офис российского президента, но Ельцин отверг её. Причина: твёрдая уверенность российского президента в победе республиканца Буша. Я попытался уговорить его изменить решение. В той ситуации неофициальная встреча с главным соперником действующего президента была бы логичной. И в принципе — зачем обижать человека, который при определённых обстоятельствах может стать президентом США? Ельцин неохотно согласился с моими доводами и принял Клинтона в обстановке, которую полагал наименее торжественной. Встреча была назначена на утро перед программой последнего дня визита в Блэр Хаус, американской резиденции, предназначенной для высокопоставленных гостей. Её планируемая продолжительность ограничивалась тридцатью минутами.

Хотя я и лоббировал эту встречу, похоже, она не сослужила нам хорошую службу — подумал я после её завершения. Если Клинтон станет президентом, в восприятии Ельцина он так останется «политическим щенком», который выпрашивал встречу у российского президента. Сам Ельцин был в тот момент на подъёме, накануне ему стоя аплодировал Конгресс США, собравшийся на объединённое заседание, чтобы выслушать его обращение. История повторялась, но в перевёрнутом виде. Если в начале своих отношений с президентом Бушем Ельцин чувствовал себя аутсайдером, пытаясь набрать очки в соперничестве с Горбачёвым, с Клинтоном всё было наоборот. И когда Клинтон выиграл выборы, стало ясно, что возможности нового президента США влиять на российского коллегу будут в ближайшие четыре года существенно меньшими, чем при Буше.

История показывала, что уважение к сильным американским лидерам, таким как Никсон, Форд или Рейган, было серьёзным сдерживающим фактором для советских лидеров. Причём не только в делах между Москвой и Вашингтоном, но также и во внутренних вопросах, например в обращении с политическими диссидентами. И наоборот. Если советский лидер оценивал американского как слабого партнёра, он, что называется, шёл вразнос. Так было, например, когда у власти находились Хрущёв и Кеннеди.

Подозреваю, что Ельцин искренне сожалел о потере сильного визави. Он хорошо знал, что Россия для успешной трансформации нуждается в существенной помощи Запада. Понятно, что масштаб этой помощи критически зависел от американского руководства. Думаю, Ельцин сомневался, что внешнеполитический «легковес» Клинтон сможет справиться там, где потерпел неудачу сам Буш. Неслучайно во время своего первого звонка только что избранному Клинтону Ельцин буквально потребовал от него, чтобы он совершил официальный визит в Россию как можно скорее. Клинтон не принял это настойчивое приглашение, чем всерьёз разочаровал российского президента.

Я полностью разделял озабоченность Ельцина в отношении новой демократической администрации. В ноябре 1992 года я опубликовал статью в ведущем либеральном еженедельнике «Московские новости» под заголовком «Партнёрство с Западом. Проверка на прочность». Статья также была опубликована в переводе на английский и часто цитировалась в зарубежной прессе. Она была адресована как моим оппонентам внутри страны, так и команде Клинтона в Соединённых Штатах. Я пытался предупредить своих потенциальных читателей о серьёзных угрозах для демократии в России, объяснить, какие шаги нужно предпринять, чтобы снизить риски. Я писал, что наибольшая опасность для России состоит в ползучем аппаратнономенклатурном реванше, ради которого коммунисты, националисты и криминал готовы объединиться.

В статье рассматривались три возможных сценария отношений Россия — Запад. Сценарий номер один — возвращение к конфронтации, но не на коммунистической основе, а под флагами национализма и неоимпериализма. Сценарий два — отчуждение и соперничество, особенно в зонах конфликтов, таких как Ирак и Югославия. И, наконец, третий сценарий — дружественное и союзническое взаимодействие.

Первые два сценария не требовали от Запада никаких инвестиций, но их последствия могли привести к огромным затратам, которых потребовала бы гонка вооружений. Третий вариант был невозможен без серьёзных вложений — политических, экономических и организационных, — но в будущем мог принести хорошую отдачу.

В публикации подчёркивалось, что в рамках сотрудничества России понадобится помощь в открытии новых рынков для экспорта, включая экспорт вооружений, высоких и космических технологий. Это не было попыткой завоевать симпатии наших «ястребов». Просто российский военно-промышленный комплекс нельзя было игнорировать, его требовалось реформировать и превратить из орудия авторитаризма в России и конфронтации за границей в часть нового гражданского общества и мировой системы сотрудничества. Только так российский ВПК, как и сама Россия, сможет обрести новое место и новую миссию в мире — считал я.

Многие трезвомыслящие военные и производственники, с которыми я разговаривал в России, с неодобрением относились к попыткам возродить агрессивную внешнюю политику. Но они полагали, что Москва будет вынуждена сотрудничать с диктаторскими режимами, потому что Запад наглухо блокировал любую возможность справедливой конкуренции на более легитимных рынках оружия или ядерной энергетики, которые он монополизировал в годы холодной войны.

Ни Вашингтон, ни его союзники так и не ответили на мои предложения допустить Россию на рынки высоких технологий и особенно вооружений, в принципе предпочитали избегать обсуждения этих вопросов. При этом сами активно лоббировали экспансию своих производств в Восточную Европу и бывшие советские республики. Такая недальновидная политика только укрепляла антизападные настроения влиятельной части российской ядерной и военной элиты, которая упрямо продолжала развивать связи с преступными режимами, видя в них единственных доступных деловых партнёров.

При этом новая американская администрация всё чаще самодовольно говорила о победе в холодной войне. Такие высказывания попадали в заголовки российских газет, и противники реформ получали дополнительные козыри в борьбе за избирателя. «Видите, — говорили они с высоких трибун, — США и Запад относятся к России не как к равному партнёру, а как к разбитому врагу, который должен подчиниться воле победителей». Всё это воспринималось Ельциным крайне болезненно.

Заканчивалась моя статья такими словами: «Проявив мудрость и хорошую организованность в моменты важнейшего исторического выбора в прошлом — в борьбе с фашизмом и в сдерживании советского экспансионизма, — Запад мог бы помочь России утвердиться в качестве постоянного члена демократического „клуба“ наиболее передовых наций».

У меня не было иллюзий: для третьего сценария требовались лидеры типа Уинстона Черчилля. Теперь фигуры черчиллевского калибра на Западе не было.

Босния в центре внимания: мирный план Вэнса — Оуэна

Тем временем прекращение огня и политическое решение были отчаянно необходимы в Боснии, где продолжала литься кровь.

Второго января 1993 года бывший госсекретарь США Сайрус Вэнс, действовавший по поручению ООН, и бывший глава британской внешнеполитической службы Дэвид Оуэн, представлявший Европейский союз, после консультаций со сторонами боснийского конфликта и заинтересованными странами, включая Россию и США, выдвинули мирный план урегулирования. План Вэнса — Оуэна предполагал, что Сербия освободит ряд оккупированных территорий, а внутри Боснии и Герцеговины будут созданы десять полуавтономных районов.

Хотя план представлял собой сложный компромисс, достаточно трудный для воплощения, я решил поддержать его. Разработанный американским и британским дипломатами, план мог быть принят многими европейскими странами. Присоединившись к нему, мы бы получили шанс избежать опасного разрыва с западными державами. С его помощью мы могли бы противостоять и давлению националистов внутри страны. Их требования поддержать «братьев-сербов», какие бы преступления они ни совершали, нарастали с каждым днём.

Показательно, что план сразу же вызвал критику и со стороны сербов, и со стороны мусульман, и со стороны хорватов. Что доказывало его беспристрастность и справедливость. Примерно такие аргументы я использовал, убеждая российского президента поддержать мирный план Вэнса — Оуэна. Ельцин согласился с моими доводами, я в очередной раз мог гордиться своим президентом.

Россия распространила в Совете Безопасности ООН проект постановления с призывом ко всем конфликтующим сторонам в Боснии прийти без промедления к соглашению по плану Вэнса — Оуэна. Мы получили положительный отклик, особенно от европейцев, которые рассматривали план как инициативу ЕС.

Однако по международному консенсусу был нанесён мощный удар. Двадцать второго января 1993 года, на следующий день после инаугурации президента Клинтона, влиятельная газета *The International Herald Tribune* сообщила, что отдельные комментарии нового госсекретаря Уоррена Кристофера поставили Америку «в неловкое положение». Кристофер резко раскритиковал план Вэнса — Оуэна, хотя и утверждал при этом, что США поддерживают мирный процесс.

Я узнал об этой статье от Ельцина, которому кто-то сообщил о ней на следующее утро после публикации. Замысел был понятен: среди помощников президента были люди, которые очень хотели убедить его в злонамеренности США. Что оставалось делать? Только доказывать президенту, что речь идёт об отдельном эпизоде, вызванном неразберихой переходного периода.

— Я не знал, что в традициях американских президентов выбрасывать всё, наработанное их предшественниками, — сказал мне Ельцин. — Вы думаете, они могут также поставить под вопрос договор СНВ-2 и другие наши соглашения с Бушем?

Я сказал, что получил от уходящего госсекретаря Ларри Иглбергера прямые заверения в том, что избранный президент Клинтон проинформирован о переговорах по СНВ-2 и публично одобрил этот договор. Что касается других вопросов, время покажет.

— Сайрус Вэнс, — продолжал Ельцин, — был госсекретарём в демократической администрации, и его рекомендации должны быть более приемлемыми для демократа Клинтона, чем мнения других официальных лиц предыдущего республиканского правительства. Возможно, Кристофер, бывший когда-то заместителем у Вэнса, сейчас хочет принизить своего бывшего начальника.

Я был удивлён, что Ельцин так хорошо разбирается во внутриамериканском раскладе сил, и подумал, что за это надо сказать спасибо Евгению Примакову, директору Службы внешней разведки.

— Некоторые говорят, что мы поторопились бросить сербов и поддержать план Запада, который тот же Запад теперь критикует... Но вы правы в том, что лучшего плана у нас нет, — продолжал Ельцин. Я поспешил развить его мысль.

— Лучшего нет ни у кого, и американцы вернутся к нему рано или поздно. Возможно, они правы, когда резко обвиняют сербов, но в конце концов в этой ситуации совместные действия с сербскими лидерами неизбежны. Ключ к решению лежит в Белграде. Как и авторы плана, я много времени провёл с Милошевичем и верю, что его можно убедить в необходимости компромисса. Он начинает понимать, что Сербия слишком много теряет. Этнические чистки, за которыми стоят сербские радикалы, привели к жёстким санкциям против Белграда. Они оказались очень болезненными. Вот почему Милошевич принял мирный план несколько дней тому назад и порекомендовал лидерам боснийских сербов — политическому лидеру Радовану Караджичу и военному лидеру Ратко Младичу — сделать то же самое. Потенциально, это важнейший перелом в игре. Экстремисты при любом повороте событий без помощи Сербии долго не продержатся. Но, конечно, это будет болезненный процесс. Зверства боснийских сербов ещё долго будут вызывать негодование мировой общественности.

Президент слушал меня внимательно и, казалось, воспринимал мои аргументы. И тем не менее в завершение нашего разговора напомнил мне о ситуации внутри России:

— Российское общественное мнение видит это иначе. Оно считает сербов жертвами, и мы должны это учитывать. Если Клинтон попытается реализовать свои предвыборные угрозы и наказать сербов, мы не сможем это проглотить. Воздушные удары недопустимы!

Между тем, в ответ на наши шаги в ООН, американская команда выдвинула свой проект, который предлагал всего лишь «принять к сведению» мирный план Вэнса — Оуэна и призывал к переговорам, практически возвращая политический процесс к самому началу. В этих предложениях легко «читалась» позиция лидера боснийских мусульман Алии Изетбеговича, который не раз публично заявлял, что план Вэнса — Оуэна «легитимизирует раздел страны, результаты сербской агрессии и этнических чисток». Это утверждение было очевидно таким же пристрастным и несправедливым, как высказанное его противником, лидером боснийских сербов Радованом Караджичем, осудившим план как равнозначный геноциду сербов в Боснии и историческому унижению самой Сербии.

Позже лорд Оуэн в своих мемуарах объяснил позицию американцев нежеланием следовать в фарватере российской политики: «Это была инициатива русских, и у США вызывали подозрения их мотивы».

После того как американцы фактически поставили крест на плане Вэнса — Оуэна, позиция Милошевича резко изменилась. Он прямо заявил мне, что США не заинтересованы в мирном решении, хотят утвердиться в качестве верховного арбитра в Европе и поставить сербов на колени. Несмотря на это, мы вместе с Оуэном и Вэнсом ещё раз убедили его в том, что мирный план надо по-прежнему поддерживать. Однако его решимость бороться за него против Караджича и Младича, рискуя своей популярностью в Сербии, восстановилась не сразу.

Большинство европейских правительств тоже чувствовали себя преданными и пытались возражать Уоррену Кристоферу. Однако они не были готовы действовать без поддержки США, даже когда речь шла о защите своего собственного мирного плана. Говоря откровенно, я чувствовал себя преданным европейцами, которые знали, сколько сил я потратил, чтобы убедить Милошевича поддержать мирный план.

Несмотря ни на что, Вэнс и Оуэн продолжили свои усилия, чтобы поддерживать мирный процесс на плаву. Я помогал им, чем мог.

Дипломатия США: слова

В феврале 1993 года мне предстояла встреча с новым госсекретарём США. Я понимал, что это будет нелегкий, но очень важный разговор. Готовился тщательно, стараясь не упустить «подводные камни». Мне предстояло убедить новую американскую администрацию, что Соединённым Штатам следует рассматривать Россию не как развивающуюся страну с ядерным оружием, которая критически нуждается в американской помощи, а как промышленную державу на путях трудного перехода, исход которого определяется на наших глазах. Если нам не удастся наладить сотрудничество, возрастёт вероятность того, что в России к власти придут националисты, и Кристоферу тогда придётся иметь дело с другим министром иностранных дел. Чтобы убедить Кристофера в реальности такой угрозы, я решил напомнить своему коллеге о том, что депутаты готовят импичмент президенту Ельцину.

На встрече я предложил рассмотреть две группы вопросов. Первая касалась финансовой помощи и доступа к рынкам. По информации посла США в Москве, президент Клинтон хотел собрать пакет финансовой помощи для России с участием Соединённых Штатов и других стран «Большой семёрки». Я настоятельно рекомендовал Кристоферу согласовать это с Егором Гайдаром, который стал к тому времени советником Ельцина по экономическим вопросам, и Борисом Фёдоровым, тогда заместителем председателя правительства России. Кроме того, я постарался объяснить, почему юридические и политические барьеры на пути российского экспорта ядерных, космических и высокотехнологичных товаров и услуг в развивающиеся страны с недиктаторскими режимами должны быть устранены. Иначе нам будет очень сложно обосновать в парламенте необходимость отказа от сотрудничества со странами-изгоями и реформаторы в правительстве окажутся под угрозой отставки.

Другая важная мысль, которую я хотел донести до Кристофера, касалась роли России в международных делах. Я был уверен, что наша страна как великая держава должна играть в них заметную роль. Российское общественное мнение готово отказаться от советской конфронтации с Западом во имя партнёрства, но оно не готово отказаться от самого статуса великой державы. Это означало, что при решении международных проблем, от Боснии до Северной Кореи, Вашингтону следует координировать свои действия и консультироваться с Россией так же, как он это делает с другими союзниками. В случае же несогласия с позицией России хорошо бы извещать её о последующих шагах как можно раньше. Только тогда можно надеяться, что прогрессивные силы сумеют повлиять на то или иное решение и скорректировать его. Ранние консультации и никаких сюрпризов — такими должны стать правила игры.

У меня была возможность изложить свою позицию максимально подробно и откровенно. Кристофер вежливо слушал меня, в важных местах кивал головой, но я чувствовал, что он либо не понимал сути, либо она его не очень интересовала. Он, казалось, был заинтересован только в том, чтобы «поставить галочку»: дружественная встреча проведена, подготовка первой встречи в верхах между Клинтоном и Ельциным обсуждена.

Невнятная реакция Кристофера на мои предложения повергла меня в уныние. Стало понятно, что наши отношения с администрацией Клинтона будут разительно отличаться от существовавших при Буше. Новая вашингтонская команда, похоже, не имела понятия об усилиях, которых требовало продвижение реформ в России. Для них мы были не реформаторы, занятые тяжёлой работой по превращению «Империи Зла» в демократическую державу и партнёра Запада, а малопредсказуемой страной, с которой надо торговаться, преследуя сиюминутные цели. Всё, что я говорил Кристоферу о трудностях российской трансформации, оценивалось им как дипломатическая уловка, направленная на то, чтобы выторговать побольше.

Мои подозрения много лет спустя подтвердил Строуб Тэлбот. В книге «Рука России. Записки о президентской дипломатии» он упоминает о недовольстве, которое вызвало у Кристофера моё предупреждение о том, что я буду уволен, если националисты возьмут верх над демократами в России. «Очевидно, — писал Тэлбот, — что Кристофер воспринял это как бесхитростное давление, уловку, которую Запад часто приписывал русским: „Делайте, что мы говорим, или будете иметь дело с кем-то похуже“».

В конце разговора я сказал Уоррену Кристоферу, что, хотя мы и ценим отдельные заявления в поддержку демократических реформ и лично президента Ельцина, американцам следует быть осторожнее с обещаниями многомиллиардной помощи, которые не выполняются. Всё это вызывает в России антиамериканские настроения. Кристофер согласился со мной, но никаких обязательств на себя не взял.

Четвёртого апреля 1993 года в Ванкувере, 7–9 июля 1993 года в Токио на встрече «Большой семёрки» и далее везде Клинтон продолжал делать громогласные заявления о дружбе и сулил астрономические размеры помощи, которые в реальности не достигли и половины обещанного. Мои слова о возможной реакции становились реальностью: антиамериканские, и шире — антизападные настроения в России нарастали.

***

В Москве я постарался преуменьшить трудности, возникшие в отношениях с новой администрацией. 7 марта 1993 года в интервью «Московским новостям», которые я часто использовал, чтобы обнародовать свою позицию по важным вопросам, уверенно говорил о возможном достижении договорённости о стратегическом партнёрстве. При этом тревога не оставляла меня.

Двадцать третьего марта 1993 года я прилетел в Вашингтон для подготовки к апрельскому саммиту в Ванкувере и в ходе работы поделился со Строубом Тэлботом озабоченностью происходящим. Строуб говорил по-русски, был известен как переводчик мемуаров Хрущёва, нелегально вывезенных в Штаты, долгие годы освещал события в СССР как журналист. Студентом он был соседом Клинтона по комнате. В момент нашей встречи Строуб ожидал одобрения Конгресса, чтобы занять самую важную после госсекретаря должность, позволяющую влиять на отношения с Россией. Я надеялся, что в его лице мы получим эффективный канал связи с вашингтонской администрацией. Партнёром Тэлбота в России должен был стать Георгий Мамедов, одарённый молодой дипломат, с которым я познакомился, когда он отвечал за американское направление в МИД СССР. Я быстро повысил его до замминистра и полностью доверял ему. Он умел находить решения по самым сложным вопросам, что он впоследствии много раз демонстрировал, взаимодействуя со Строубом.

Ну а тогда, в марте 93-го, я встретился со Строубом конфиденциально. На меня произвели впечатление его ум, образованность, глубокое понимание русской культуры и политики. Он был очевидно нацелен на решение проблем. Я был рад, что нашёл партнёра, который выглядел заинтересованным и мотивированным, особенно на фоне механического профессионализма его непосредственного начальника, госсекретаря Кристофера. Впрочем, и тут у меня были опасения. Я боялся, что блестящая способность Тэлбота быстро схватывать суть событий и описывать их в ярких выражениях будет мешать ему углубленно работать над решением серьёзных проблем.

Как бы то ни было, итог нашего неформального общения был очень позитивным. Мы обсудили различные механизмы для расширения личных контактов на высшем уровне, и я предложил создать комиссию под совместным председательством премьер-министра Виктора Черномырдина и вице-президента Эла Гора. Мне казалось, что эта инициатива встретит лучший приём, если на саммите её предложит американская сторона.

Строуб тут же подхватил эту идею. В Ванкувере Клинтон предложил её Ельцину. Впрочем, излагая мою идею, президент США в качестве сопредседателей назвал двух вице-президентов, что чуть было не обрушило весь замысел. Ельцин вовсе не собирался давать дополнительные полномочия своему политическому оппоненту — вице-президенту Руцкому. Заметив эмоциональную реакцию Ельцина, Клинтон осознал свою ошибку и быстро её исправил: «То есть мой вице-президент и твой премьер-министр, Борис. Я имел в виду премьер-министра и никого другого с вашей стороны». После этой поправки Ельцин немедленно согласился.

Это был, на мой взгляд, самый важный положительный итог саммита. Клинтон, похоже, в основном старался произвести хорошее впечатление на Ельцина и Конгресс США, где республиканцы, продолжая линию Буша, по-прежнему хотели помочь России. Решая эти задачи, Клинтон демонстрировал американское великодушие, обещал нам потоки долларов, которые поддержат российские реформы. Но каждое очередное обещание сопровождалось оговоркой, что деньги смогут быть выделены, если российский парламент примет сбалансированный бюджет с определёнными социальными и экономическими ограничениями. Когда Ельцин понял условия предлагаемой щедрости, он справедливо почувствовал себя униженным и явно рассердился. Всего неделей ранее он с трудом избежал импичмента, а через две недели ему предстояло отстаивать свой мандат на референдуме. Он нуждался в американской помощи здесь и сейчас, а не в каком-то отдалённом будущем. И помощь ему была нужна именно для того, чтобы преодолеть сопротивление реформам.

Вот почему я не удивился, когда Ельцин оборвал поток обещаний Клинтона и спросил, нет ли возможности поддержать реформы прямо сейчас. Один из вопросов, требовавших наиболее срочного финансирования, был связан с выводом бывших советских войск из Восточной Европы и стран Балтии. Соединённые Штаты по настоятельным просьбам балтийских политиков давили на Россию, чтобы ускорить этот процесс, и Ельцин попросил денег на строительство жилья для офицеров. Клинтон посоветовался с помощниками и величественно предложил сумму в шесть миллионов долларов. Ельцин после долгой паузы и тяжелого вздоха сказал: «Это копейки, Билл». И попытался прояснить масштабы проблемы. В конце концов Клинтон пообещал попросить своих экспертов увеличить эту сумму.

Позже Ельцин поднял вопрос о западных рынках для России. Он объяснил, что нужно успокоить военно-промышленный комплекс, предоставив ему более широкие возможности для цивилизованной торговли. «Если это станет реальностью, — сказал Ельцин, — ВПК свернёт партнёрство с авторитарными режимами». По мнению Ельцина, самый естественный путь на западные рынки лежал через отмену торговых барьеров, созданных американскими законодателями в период холодной войны. Ранее Горбачёв уже просил Вашингтон решить этот вопрос, но безуспешно. Тогда консерваторы в Москве расценили эту неудачу как знак того, что США будут всегда дискриминировать Россию, какие бы реформы она ни проводила и сколько бы уступок ни делала.

В партнёрстве с Соединёнными Штатами Ельцин пошёл гораздо дальше Горбачёва, и он не просил многого. Он хотел, чтобы президент США инициировал в Конгрессе отмену поправки Джексона — Вэника к Закону о торговле 1974 года, которая привязывала советскую торговлю с Соединёнными Штатами к свободе эмиграции из СССР. Речь также шла о некоторых других старых законах, связанных с советским господством в Прибалтике и Восточной Европе. Клинтон согласился, что эти устаревшие юридические акты должны быть отменены. Ельцин воспринял это как обещание действовать. Напрасно. Позже американские дипломаты пояснили нам, что Клинтон не станет растрачивать свой политический капитал в Конгрессе на решение старых вопросов, имеющих только символическое значение. Это был горький урок для всех нас, и прежде всего для Ельцина.

В то же время американцы согласились отменить другие законодательные ограничения на российский экспорт, особенно в сфере высоких технологий. Но тоже выдвинули условие — если Москва расторгнет контракт с Ираном на постройку ядерного реактора, подписанный Горбачёвым в 1990 году. Притом что Иран был полноправным членом международного Договора о нераспространении ядерного оружия и контракт находился под наблюдением Международного агентства по атомной энергии. Российское министерство атомной энергетики и другие эксперты настаивали на том, что сделка являлась законной и полностью отвергали претензии американцев, утверждавших, что она сможет угрожать режиму нераспространения, позволив Ирану создать ядерное оружие. Давление США рассматривалось Москвой как попытка выдавить Россию с прибыльного для неё рынка ядерных технологий исключительно мирного использования. Споры между Советским Союзом, а затем Россией, и США велись на экспертном уровне на протяжении трёх лет, и света в конце туннеля не было видно.

Это был один из самых чувствительных и важных вопросов, которые обсуждались на саммите. Зная, что Клинтон поднимет его, я в конфиденциальной беседе предложил Уоррену Кристоферу, чтобы это было сделано во время встречи президентов один на один и в самой серьёзной форме. Президенту США следовало приготовить серьёзные доказательства в поддержку американских требований. По моему убеждению, только так этот вопрос можно было решить раз и навсегда. Однако Клинтон предпочёл обсуждать на конфиденциальной встрече помощь России. Зачем, если это можно было сделать и на открытых переговорах? Но, видимо, у Клинтона были свои, не очень понятные мне резоны. Обсудив вопросы помощи с Ельциным тет-а-тет, он вынес дискуссию вокруг иранской проблемы в публичное поле. В итоге этот острейший вопрос переадресовали российскому министру атомной энергетики и заместителю госсекретаря США по контролю над вооружениями и нераспространению, давним участникам соответствующих дискуссий. То есть саммит не привёл к прогрессу в этом вопросе. Так же, впрочем, как и в боснийском, где российское общественное мнение было на стороне сербов, а американское — против них.

Таким образом, встреча двух президентов не принесла ощутимых результатов ни по одной из острых политических проблем. Показухи, к сожалению, было намного больше, чем существенных действий.

Что хорошо удалось Клинтону и его команде, так это представить саммит мировым СМИ как невероятный успех — очень полезный пиар накануне всероссийского референдума по доверию президенту Ельцину.

Босния и Герцеговина: мирная инициатива Ельцина

Положение в Боснии продолжало ухудшаться. Боснийские сербы сжимали кольцо вокруг Сребреницы, анклава, обозначенного Советом Безопасности ООН как «зона безопасности». Теперь уже вслед за русскими и французы, которые инициировали создание «зоны безопасности» и симпатизировали сербам, начали терять терпение. Складывалось впечатление, что все стороны, кроме боснийских сербов, приняли, хотя и с неохотой, мирный план Вэнса — Оуэна. А сами инициаторы плана с помощью православной Греции, а также России и Франции делали дополнительные шаги навстречу боснийским сербам, чтобы ускорить процесс.

Мы понимали: если боснийские сербы отвергнут план, Россия на Совете Безопасности ООН не сможет наложить вето на новые санкции против Сербии. Пока же, 17 апреля 1993 года Россия воздержалась при голосовании по резолюции 820, одобренной всеми остальными пятнадцатью странами — членами Совета Безопасности ООН. Резолюция запрещала перемещение грузов через защищённые зоны, запрещала оказание услуг, например банковских, необходимых для ведения бизнеса, а также замораживала активы отдельных югославских юридических лиц. Новые санкции должны были вступить в силу через определённый промежуток времени. Мы надеялись, что Милошевич успеет за это время принудить Радована Караджича и Ратко Младича к одобрению мирного плана. И тогда причина для введения новых санкций исчезнет.

Ельцин занял твёрдую позицию и заявил, что Россия поддерживает мирный план и не будет защищать тех, кто противопоставляет себя мировому сообществу. В надежде воспользоваться положительным эффектом референдума 29 апреля, который стал безусловной победой Ельцина, я заявил в интервью газете «Известия», что голосование за президента означало и голосование за нашу внешнюю политику. Я попытался с помощью этого интервью послать сербам ещё одно предупреждение, чтобы они не рассчитывали на поддержку националистов в российском парламенте: после победы Ельцина на референдуме их голоса не стоят ничего. Более того, я заявил, что, возможно, мы ошиблись, не проголосовав за новые санкции, так как боснийские сербы тянут время, а Милошевич не оказывает на них достаточно сильного давления.

Через несколько дней Милошевич публично потребовал от боснийских сербов безотлагательно принять мирный план Вэнса — Оуэна, после чего начал поэтапно прекращать снабжение мятежных формирований. Вэнс и Оуэн вместе с греческим премьер-министром Константиносом Митсотакисом, моим заместителем Виталием Чуркиным и высокопоставленным американским дипломатом Реджиналдом Бартоломью на встрече с сербами в Афинах заметили эту перемену в позиции Милошевича и сочли её очень позитивной для успеха урегулирования.

Однако президент Клинтон действовал по-своему. Ещё в апреле 93-го он провозгласил новую политику для Боснии, которая сводилась к старой формуле «снять эмбарго и бомбить», поддержанной резолюцией 341 Сената США, принятой 16 сентября 1992 года. В мае 1993 года госсекретарь Уоррен Кристофер отправился в европейское турне для продвижения этой политики. Европейские страны приняли её холодно, так как она явно расходилась с реальными усилиями по установлению мира, которые предпринимались в это время. Французский министр иностранных дел Ален Жюппе, воплощение французских манер, стиля и сарказма, публично высмеивал «неприемлемое разделение задач» — американцы будут бросать бомбы в то время как европейцы, особенно французы, будут на земле в составе сил ООН обеспечивать безопасность.

Когда Кристофер добрался до Москвы, уже было ясно, что «новая политика» США в отношении Боснии проваливается. Кристофер уже не защищал формулу «снять эмбарго и бомбить» и показался мне более открытым к поиску альтернатив. Избавившись от затруднительной задачи защищать предложенную политику, он был готов к обсуждению некоторых более приземлённых вариантов. После короткой встречи госсекретаря с российским президентом и со мной я публично оценил его визит позитивно, подчеркнув, что это были продуктивные шаги по поиску решения в Боснии.

Через несколько дней боснийские сербы на более чем сомнительном референдуме отвергли мирный план Вэнса — Оуэна. Милошевич отреагировал дополнительными мерами по прекращению снабжения армии Младича. На встрече в Белграде я спросил его, почему Караджич и Младич так упрямо продолжают войну, которая не может принести им победы. В то время как мирный план обещал им около пятидесяти процентов территории Боснии, притом что сербы составляли около тридцати трёх процентов населения. Милошевич с раздражением начал излагать логику радикалов, затем вдруг остановился на полуслове и посмотрел на меня с изумлением, как будто впервые осознав, что я не только официальное лицо, но и просто человек примерно его возраста, встречающий сопротивление тех же самых людей, которые и его раздражают. Он рассказал популярный анекдот про боснийских сербов, знаменитых своим упрямством. Босняк три года сидит на необитаемом острове и безуспешно пытается добыть молоко из кокосового ореха. Вдруг появляется девушка с коровой и спрашивает, чем она может ему помочь. «Помоги расколоть орех, дура!» — отвечает он.

В общем, ситуация оставалась крайне непростой. Я понимал, что мы не должны позволить боснийским сербам похоронить мирный план. Его провал развёл бы мировое сообщество по разные стороны баррикад. Запад поддержал бы мусульман и хорватов, а Россия — сербов. Такое развитие событий усилило бы российских националистов и поставило бы под угрозу будущее нашей страны как демократического государства.

Я поделился своей тревогой с Ельциным и получил его одобрение для последней попытки обеспечить сотрудничество великих держав на единственной доступной основе — мирного плана Вэнса — Оуэна, даже если его придётся модифицировать или вводить постепенно. Если все воюющие стороны, за исключением боснийских сербов, согласятся с планом, Россия не станет возражать против силового принуждения по отношению к ним. Окончательное одобрение должен был дать Совет Безопасности ООН на встрече глав государств.

Эта тактика была обнародована под именем «мирной инициативы президента Ельцина для Боснии». Я настоял, чтобы инициатива исходила напрямую от российского президента, хотя и предвидел недовольство Вашингтона. Теперь боснийским сербам стало сложнее отвергнуть мирный план. А если они его примут — то и наказывать их не за что.

В середине мая Дэвид Оуэн и назначенный ООН вместо Сайруса Вэнса Торвальд Столтенберг прибыли в Москву. У меня с Торвальдом установились дружеские отношения, мы отлично находили общий язык, когда он был министром иностранных дел Норвегии. Я считал его убеждённым сторонником мира и человеком выдающейся честности и порядочности. Он и Оуэн были сделаны из одного теста и полны решимости спасти мирный план, добившись международного содействия в принуждении конфликтующих сторон к компромиссу.

Семнадцатого мая я должен был представить инициативу Ельцина в бывшей Югославии. В Белграде я неожиданно для себя обнаружил непривычное совпадение мнений между сербом Милошевичем, боснийским мусульманином Изетбеговичем и хорватом Туджманом. Все они поддерживали и поэтапную реализацию мирного плана, и конференцию на высшем уровне под эгидой ООН, которая должна была либо ратифицировать мирное соглашение, либо дать добро на применение силы против тех, кто захочет это план подорвать.

Другие европейцы тоже были настроены весьма позитивно. Британский и французский министры сообщили о своей готовности участвовать в конференции. Однако процесс шёл негладко. Наша миссия в ООН сообщала об отсутствии прогресса в консультациях по проекту резолюции. В частных беседах европейцы обвиняли в намеренной медлительности Вашингтон. Так оно и было, хотя Кристофер заявил в Конгрессе, что Босния — это европейская проблема и заниматься ей должна

Европа. Слова американской стороны явно расходились с делами, но европейцы были не готовы вступать по этому поводу в конфликт. Таким образом, судьба нашей инициативы зависела от итогов предстоявших мне встреч в Вашингтоне.

С самого начала визита в США я чувствовал себя как человек, который идёт по тонкому льду. Мне сказали, что президент Клинтон слишком занят, чтобы встретиться со мной в первый день, но госдепартамент попытается найти «окошко» для нашей встречи следующим утром, перед моим отлётом. Отказ принять в Белом доме министра иностранных дел, прибывшего с официальным визитом, был значимым нарушением традиции и личным оскорблением гостя.

Уоррен Кристофер, в свою очередь, предложил мне отказаться от созыва Совета Безопасности для голосования по инициативе Ельцина, а подписать некое российско-американское заявление о дальнейших усилиях по достижению мира в Боснии. При всех оговорках это показалось мне далеко не худшим сценарием. Российское общественное мнение будет приветствовать равное лидерство двух великих держав, а европейцы будут благодарны за то, что нам удалось вернуть за стол переговоров американцев. Я, со своей стороны, предложил привлечь к подготовке заявления европейцев.

Кристофер был против и согласился только на то, чтобы пригласить британского и французского министров иностранных дел в Вашингтон для подписания уже подготовленного текста.

Что касается самого заявления, то в нём американская сторона попыталась принизить значение мирного плана Вэнса — Оуэна, хотя ничего лучше на столе переговоров не было. Я смог настоять только на упоминании этой мирной инициативы. Зато Кристофер удивил меня своим разворотом в дискуссии о территориях. Раньше он критиковал план Вэнса — Оуэна за передачу сербам слишком большой территории, теперь, напротив, заявил, что Вэнс и Оуэн требовали слишком больших территориальных уступок от Белграда. Он предложил, чтобы сербы ушли всего лишь с двадцати процентов захваченных территórий и сохранили таким образом контроль над половиной Боснии. Я воспользовался моментом, чтобы привести аргументы в пользу Северного коридора, который хотели — и небезосновательно — получить боснийские сербы и за который готовы были отдать другие участки на переговорах с боснийскими мусульманами. Их лидер Алия Изетбегович также считал это практически осуществимым, так что поправка, которую мы готовили, очень помогла бы в достижении компромисса.

К концу дня заявление было готово, и на следующее утро Клинтон меня всё-таки принял. Я проинформировал его о положении дел в России, указав, что, несмотря на однозначные результаты референдума в поддержку его друга Бориса, парламент продолжал блокировать конституционную и другие жизненно важные реформы. Это может привести к роспуску парламента по инициативе президента, внеочередным выборам и референдуму по новой конституции. Клинтон понимающе кивал, а затем заговорил о Боснии и Ближнем Востоке. Я был удивлен, насколько уверенно он стал чувствовать себя в сложных вопросах внешней политики. И искренне позавидовал Кристоферу.

По окончании разговора я встретился с Кристофером и европейскими министрами, которых накануне мы пригласили: британцем Дугласом Хердом, французом Аленом Жюппе и представителем председательствовавшей в то время в ЕС Испании Хавьером Соланой. Они сообща ещё раз попытались включить в документ более весомую оценку плана Вэнса — Оуэна и предложение одобрить его в Совете Безопасности ООН. И получили твёрдый отказ по обоим пунктам, как и я накануне. С небольшими корректировками Франция, Германия, США, Россия и ЕС одобрили проект заявления.

Видимость единства между великими державами была восстановлена, и заявление представили публике как крупное достижение. Европейцы и Россия при этом удвоили усилия, чтобы заставить Милошевича вести себя более активно, так как он реально мог принудить Караджича и Младича принять мирный план Вэнса — Оуэна. И наши усилия не были напрасными.

Милошевич установил контроль над границей между Сербией и Черногорией и Боснией, перерезав пути снабжения мятежных боснийских сербов оружием, запчастями и боеприпасами. Более того, он согласился на международную проверку этой блокады. При этом Милошевич понимал, что все эти шаги осложнят его отношения с националистической оппозицией, имевшей сильное влияние в сербских вооружённых силах. Он вправе был ожидать, что мировое сообщество оценит его усилия. В этой ситуации я посчитал важным убедить его, что жёсткость санкций ООН против Сербии будет снижаться по мере того, как он будет добиваться успеха в прекращении кровопролития.

Ситуация, в которой я действовал, была крайне тяжёлой. Наши действия по урегулированию в Боснии продолжали резко критиковаться в российском парламенте. Оппозиция требовала, чтобы все санкции против Белграда были незамедлительно и безо всяких условий сняты. С другой стороны, американцы блокировали постепенное ослабление санкций, считая, что международное сообщество не может доверять Милошевичу. Мои доводы о том, что мы всегда можем сдать назад, если Милошевич не оправдает доверия, услышаны не были.

Милошевич получает неожиданный пример: Арафат

Долгие годы палестинский лидер Ясир Арафат, как и Слободан Милошевич, воспринимался мировым сообществом как вероломный злодей. Однако в 1993 году ситуация изменилась. Арафат заявил, что готов наравне с израильским премьер-министром Ицхаком Рабиным подписать Декларацию принципов о временных мерах по самоуправлению, более известную как Соглашение «Осло».

Декларация конфиденциально обсуждалась между израильтянами и палестинцами на долгих переговорах в Осло. США и Россия были официальными коспонсорами ближневосточного мирного процесса, и, когда декларация была готова к подписанию, Россия выразила заинтересованность в равном с Соединёнными Штатами присутствии на торжественной церемонии в Вашингтоне. Американцы согласились, чтобы я и Уоррен Кристофер участвовали на равных, а Клинтону как главе государства предназначалась намного более видная роль.

Я летел в Вашингтон из Средней Азии с короткой пересадкой в Москве. Впечатления от раздираемых войной Афганистана и Таджикистана, голоса местных политиков, обещавших мир на фоне непрекращающихся звуков близких пулемётных очередей — всё это ещё звучало у меня в ушах. Я прочитал текст Декларации и подумал: этот документ нуждается в дополнительных соглашениях, которые помогли бы поэтапно реализовать его. Без таких соглашений результатов не добиться, и ситуация останется взрывоопасной — примерно такой же, какой она была в Афганистане.

Церемония, которая состоялась 13 сентября 1993 года, была более чем впечатляющей. Телезрители по всему миру могли наблюдать, как Клинтон приглашает Рабина и Арафата совершить историческое рукопожатие, а мы с Кристофером стоим рядом, улыбаемся и аплодируем вместе с тысячами других зрителей на южной лужайке Белого дома.

После церемонии я увиделся с Тоби Гати на коктейле в российском посольстве. Тоби дружески подцела меня:

— Кое-кто в государственном департаменте считает, что ты мог бы выглядеть на церемонии и получше.

— Я что-то не так сказал или сделал? Как и Кристофер, я следовал протоколу и постарался, чтобы моя речь, как и речи других, звучала торжественно и оптимистично. Разве не так? — парировал я.

— Ты говорил отлично. Но люди заметили, что ты импровизировал, а не читал по бумажке. Это могло быть воспринято, как будто ты не подготовился и отнёсся ко всему этому слишком легкомысленно...

Мы посмеялись, так как оба хорошо помнили, как западные журналисты высмеивали немощных советских лидеров за то, как они с трудом зачитывали написанный для них текст.

Во время долгого обратного перелёта я пересказал этот разговор моим спутникам, что всех позабавило. Но, честно говоря, мне было не до шуток. Очевидно, что, в отличие от Ближнего Востока, Таджикистан и Афганистан мало интересовали Вашингтон. Так же, как и остальные запутанные конфликты рядом с нашими границами. Никуда не денешься — придётся улаживать их самостоятельно. Но Босния — это другой случай! Тем не менее и этот конфликт стоял на дипломатической «паузе». Американцы не отступали от своей позиции «снять эмбарго и бомбить», европейцы к применению силы готовы не были. Я понимал, что при отсутствии ясной и единой политики, одобренной Советом Безопасности ООН, воздушные удары по сербам будут восприняты в России как торжество американского диктата. Если удары будут нанесены под эгидой НАТО, каждая сброшенная на сербов бомба только укрепит в глазах россиян образ альянса как врага.

Почему бы нам в этой непростой ситуации не использовать Милошевича как Арафата? Ведь он уже пошёл намного дальше палестинского лидера. Милошевич признал право Боснии на существование в её законных границах, в то время как Арафат всё ещё собирался вести переговоры о точных границах Израиля. Как и Арафат на Ближнем Востоке, Милошевич был ключевым игроком на Балканах, и нужно было использовать любую возможность вовлечь его в мирный процесс.

НАТО: не только чай

Десятилетиями советская пропаганда демонизировала НАТО. После кончины СССР «ястребы» в российских силовых ведомствах продолжали культивировать враждебное отношение к Североатлантическому альянсу. Для них это была борьба за выживание. Если НАТО перестанет быть врагом номер один, зачем России содержать огромную армию с бесчисленными генералами и тратить миллиарды на гонку вооружений? Вопрос, конечно, риторический. Партнёрские отношения с Западом предполагали ослабление военного лобби, формирование новой военной доктрины и изменение роли армии. Россия в этом случае могла бы стать союзницей Запада в борьбе с общими врагами — терроризмом, торговлей наркотиками и т. д. Конечно, это требовало глубокого реформирования силовых ведомств, чему тоже могло помочь сотрудничество с НАТО. Для осуществления этих шагов, разумеется, была необходима прежде всего политическая воля президента.

Я не раз говорил с Ельциным на эту тему, он выслушивал, с чем-то соглашался, но тем не менее сохранял лично преданных министров обороны и внутренних дел, а также консервативного главу Службы внешней разведки, разделявших обычное предубеждение против НАТО.

Втягивание НАТО в боснийский конфликт могло поставить крест на наших надеждах выстроить с Западом союзнические отношения. Вот почему я использовал любую возможность, чтобы в частных беседах призывать западных коллег ускорить развитие прямых контактов между НАТО и российскими военными организациями. Такие контакты могли растопить лёд недоверия и сделать возможной глубокую перестройку взаимоотношений между людьми в погонах. Не менее важно было найти формулу для политического сотрудничества между Москвой и Брюсселем, устранить крепнувшие в Москве подозрения, что её отстраняют от принятия решений в Европе.

Я считал, что до тех пор, пока Россия и НАТО не установят между собой надёжное партнёрство, а лучше союз, новых членов в НАТО принимать не следует. Вместо этого страны, подавшие заявки на вступление, должны пройти через процесс политического и военного сотрудничества, предваряющий достижение полного членства, который предположительно должен был занять несколько лет. Таким образом, идею вступления восточноевропейских стран в НАТО, с которой выступал Клинтон во время своей предвыборной кампании, следовало рассматривать в долгосрочной перспективе и в более широком европейском контексте.

Я поднял этот вопрос в беседе с Кристофером. Не вдаваясь в политические соображения, он сказал, что ни у кого в Вашингтоне нет ни времени, ни интереса для практического обдумывания будущего НАТО, не говоря уже о новых членах. Он был уверен, что идея расширения не появится в повестке дня в ближайшее время. Мы пришли к неофициальному пониманию, что к вопросам НАТО следует подходить с особой осторожностью, и согласились продолжить их обсуждение, избегая при этом любых неожиданных шагов.

Но ситуация неожиданно изменилась. Виновником этого политического разворота стал президент Польши Лех Валенса. Как и президент Чехии Вацлав Гавел, он был выдающимся лидером, вышедшим из антикоммунистической оппозиции, однако, в отличие от своего чешского коллеги, польский президент был выходцем не из интеллигентской, а из рабочей среды. В общении с Ельциным он предпочитал прямолинейный, если не сказать грубый стиль поведения — ему нравился образ простого, но честного парня, чуждого бюрократизму и дипломатическим интригам. Он чувствовал родственную душу в Ельцине, который со своей стороны любил играть роль «русского медведя», для которого решительность важнее дипломатической деликатности.

Итак, в августе 1993 года Борис Ельцин отправился с официальным визитом в Варшаву. В один из вечеров Валенса пригласил его поужинать один на один. Далеко за полночь я был разбужен звонком президента, что было совсем необычно. Я вошёл в апартаменты Ельцина и увидел, что он был почти не в состоянии говорить.

Тем не менее он сконцентрировался и сообщил мне, что договорился с Валенсой включить новый абзац в подготовленный текст политической декларации, намеченной к подписанию на следующее утро. Он передал мне лист бумаги с неровно написанным от руки текстом, но обсуждать что-то был не в состоянии.

Похоже, польский лидер прибегнул к уловке, которую любил использовать президент Казахстана Нурсултан Назарбаев и некоторые другие лидеры СНГ, вовлекавшие Ельцина в приватные разговоры. За дружескими тостами они убеждали его давать необдуманные обещания и подписывать бумаги с уступками, главным образом по торговым и финансовым вопросам. К тому времени, как Валенса попытался применить тот же приём, другие от него уже отказались, потому что мы научились справляться с такими ситуациями и дезавуировать непродуманные обещания президента. Валенса об этом не знал.

Я прочитал новый абзац и задумался. В нём Россия обязывалась поддержать намерение Польши вступить в НАТО как можно скорее. В принципе, я мог только поздравить Ельцина с таким однозначным подходом. Но он был опасно преждевременным.

В практическом плане Россия, Польша и другие бывшие советские государства находились ещё на очень ранней стадии обучения взаимодействию с НАТО в рамках Совета по североатлантическому сотрудничеству, образованного в 1991 году. Потенциальным кандидатам ещё только предстояло получить представление о том, как работает эта организация. Какое-то время было необходимо и для того, чтобы психологически облегчить перемены для военных, которым предстояло союзнически взаимодействовать с бывшим врагом.

На следующий день рано утром я поговорил с министром обороны Павлом Грачёвым, и мы вместе пошли к Ельцину. После короткого обсуждения он согласился с более общей формулировкой: Россия признаёт право Польши, как и любой суверенной нации, вступать в любые многосторонние организации по своему выбору, включая НАТО. Ельцину, конечно, было неловко отказаться от своего слова, данного польскому лидеру. Мы это понимали, но были вынуждены прямо напомнить ему, что декларация была одобрена заранее и что подобный ковбойский стиль подхода к чувствительным проблемам может только затруднить их решение в будущем. К счастью, президент с нами согласился. Ну а Валенса, поторговавшись, был вынужден принять более мягкую формулировку. Правда, потом на каждом углу рассказывал, как я пытался саботировать вступление Польши в НАТО.

«Ночная» формулировка была слита в прессу, и вскоре вопрос о новых восточноевропейских членах НАТО, известный как «расширение НАТО на восток», стал самой взрывоопасной проблемой в отношениях между Россией и остальной Европой. Хотя это произошло и не по моей инициативе, я счёл себя обязанным выразить Кристоферу своё сожаление по этому поводу на нашей следующей встрече в Вашингтоне. Самым важным было то, что мы потеряли всякую возможность обсуждать этот вопрос спокойно и искать его решение без политизированного давления внутри страны, которое немедленно усилилось. Варшавские посиделки «не только с чаем» заслуживают включения в учебники по истории как классический пример разрушительных для политики результатов поздних ужинов.

К сожалению, заявление стало стартовым сигналом. Польша, Чешская Республика и Венгрия немедленно потребовали от США и НАТО однозначного ответа: открыт ли альянс для новых демократий? Ни Вашингтон, ни Брюссель не могли сказать «нет». Экстремистские критики «медленного продвижения» обвинили бы Запад в предательстве стран, всё ещё стоящих перед лицом русской угрозы. По другую сторону российские ястребы подняли шум, обвинив меня в непонимании того, что НАТО остаётся организацией, направленной против России. Но при всём том с осени 1993 и до весны 1994 года Вашингтон не видел необходимости форсировать дорогостоящий процесс расширения НАТО.

Я всеми силами старался снизить накал страстей из-за возможного расширения альянса и делал всё возможное, чтобы отделить критику поспешного расширения от враждебности к НАТО в принципе. «Поспешное» было ключевым словом.

Я пытался перевести публичную дискуссию на сроки вступления новых членов, что, на мой взгляд, означало бы: вопрос о расширении НАТО в принципе решён. А значит, мы больше не считаем НАТО враждебным альянсом. В программе NBC «Встреча с прессой» 26 сентября 93-го я сказал, что расширение НАТО не будет противоречить российским интересам. Но акцентировал: если альянс будет расширяться без России, это может создать напряжённость в Европе.

Параллельно я удвоил усилия по развитию военных контактов между Россией с одной стороны и США с НАТО с другой. Эти усилия дали результаты. В начале сентябре состоялся официальный визит российского министра обороны Павла Грачёва в Вашингтон. На Грачёва произвел большое впечатление уровень вооружённых сил США и их статус в обществе. Он стал лучше воспринимать идею превратить российские вооружённые силы в партнёров и, возможно, союзников лучших армий мира. Даже демократический контроль над военными институтами в связке с адекватным и стабильным финансированием стал казаться ему вполне приемлемым. Прямые контакты между военными набирали силу, однако на этой стадии отношения между ними были ещё достаточно хрупкими. Они не могли бы выдержать резкие движения любой из сторон. Будь то резкое расширение НАТО или увязка вывода бывших советских войск из стран Балтии с правами русскоговорящего населения.

Грачёв с удивлением и благодарностью обнаружил, что заместитель министра обороны США Билл Перри и другие высшие лица Пентагона придерживались сходных со своими российскими коллегами подходов к этим двум очень чувствительным вопросам. Они были против любых наземных операций в Боснии и очень осторожно относились к воздушным ударам. Что касается НАТО, они определённо предпочитали форсированному расширению развитие военных контактов и участие в совместных миротворческих миссиях.

Ельцин получает только половину послания Клинтона

В середине октября Строуб Тэлбот сообщил моему заместителю Георгию Мамедову, что Клинтон готов подождать в вопросе расширения НАТО. Он согласился, что восточноевропейские страны на этом этапе могут работать с НАТО по индивидуальным программам сотрудничества. Более того, России тоже предлагалась своя индивидуальная программа. «Партнёрство во имя мира», как предполагалось назвать программу целиком, будет служить своего рода «прихожей» ко вступлению в члены НАТО. Кандидаты, заинтересованные в будущем членстве, смогут участвовать в ограниченных совместных проектах, но натовские договорённости по безопасности на них не будут распространяться. Таким образом, потенциальные кандидаты проделают большую подготовительную работу, и через неопределённое время некоторые из них смогут получить приглашение стать полными членами НАТО.

Возможность превращения «Партнёрства во имя мира» в стартовую площадку для вступления в НАТО встретила жёсткую критику консерваторов в Кремле. Они настаивали, чтобы сама возможность расширения была отвергнута. Моей формуле «Нет поспешному расширению» они противопоставили свою: «Нет партнёрству, нет расширению!». Я убеждал их, что двойное «нет» было равнозначно откату к советской конфронтации с НАТО и диктату в отношении восточноевропейских стран. В практическом плане оно играло на руку тем, кто хотел изолировать Россию и ускоренно расширить НАТО.

Министерство иностранных дел предложило решиться на два важных шага. Первый: поддержать идею «Партнёрства во имя мира» и выработать с НАТО программу сотрудничества для России, в частности в военной области. И второй: твёрдо заявить Соединённым Штатам, НАТО и восточноевропейским государствам, что расширение можно будет обсуждать только по завершении существенной стадии программы «Партнёрство во имя мира», которая, как ожидается, позитивно изменит и НАТО, и его партнёров, включая Россию. После этого «новая»

Россия сможет рассматривать вопрос вступления в «новый» Североатлантический альянс наряду с другими потенциальными кандидатами или сможет заключить отдельный союзнический договор с НАТО. В любом случае, если Россия достигнет продвинутой стадии партнёрства с НАТО, приём в альянс новых членов не будет беспокоить союзническую Россию.

Это предложение получило поддержку Грачёва и многих разумных людей в его министерстве, которые хотели расширить сотрудничество с НАТО в практической сфере. Ельцин своим решением преодолел сопротивление оппонентов этого плана и тоже одобрил его.

Ещё не остыв от этих дискуссий, я принимал в Москве Уоррена Кристофера и Строуба Тэлбота, прилетевших 22 октября специально, чтобы представить президенту концепцию «Партнёрства во имя мира». Ответ Ельцина на специальное послание президента США, доставленное на высшем дипломатическом уровне, как рассчитывали, положил бы конец схваткам внутри российской и американской бюрократий, утвердил бы совместную договорённость двух президентов по чувствительному вопросу.

Ельцин, который охотился под Москвой, в Завидове, был рад услышать, что Кристофер привёз именно то послание, которое мы ожидали. Он попросил меня сказать госсекретарю США что-нибудь приличествующее обстоятельствам, но отказался встретиться с ним лично. Российский президент только что пережил тяжёлые события «чёрного октября», которые поставили Россию на грань гражданской войны, и сейчас приходил в себя в узком кругу друзей. Он не хотел встречаться с Кристофером, которого недолюбливал. «Заканчивайте с этим парнем и приезжайте сюда, но один», — сказал он мне и повесил трубку.

Высокий уровень послания, тем не менее, требовал, чтобы встреча состоялась. Я позвонил начальнику охраны президента Александру Коржакову, и тот смог убедить Ельцина в необходимости уделить Кристоферу хотя бы короткое время. Коржаков перезвонил и сказал, что вертолёт заберёт меня и Кристофера и доставит в Завидово в сопровождении только одного помощника с каждой стороны — я выбрал Мамедова, а Кристофер Тэлбота. При этом я должен был пообещать, что встреча не займёт у президента более десяти минут.

Когда мы приземлились, сотрудник протокола повёл троих гостей показать обширное охотничье поместье, построенное когда-то для советской номенклатуры. Я воспользовался паузой, чтобы поговорить с президентом.

— Я делаю это для вас, Андрей Владимирович, — сказал Ельцин и пригласил меня сесть в кресло рядом с ним в зимнем саду. — А то Клинтон может отказаться принять вас следующий раз в Вашингтоне. Но я не завидую вам, нелегко иметь дело с таким коллегой. Конечно, Клинтон сам не чета Бушу, но ваш парень и рядом не стоит с Бейкером! Он и голоса-то своего не имеет, какой смысл с ним что-то обсуждать? В конце концов, Грачёв и их Перри договорились развивать связи вместо расширения. Я поручил Грачёву активно вести эту линию, и это ему, кажется, нравится. Вы хотели, чтобы военные сотрудничали. Они это и делают, верно?

— Разумеется, Борис Николаевич, вы сделали свою работу, и Грачёв делает свою. К сожалению, моя состоит в том, чтобы доставить вам этого посланника от американского президента. Моё единственное оправдание — он госсекретарь США и привёз важное послание от своего президента моему. И, конечно, я хочу, чтобы он передал Клинтону ответ, полученный прямо от вас. Особенно в части расширения НАТО. Вы должны знать, что Строуб Тэлбот, сопровождающий Кристофера, и мой зам Мамедов существенно помогли в выработке новой программы «Партнёрство во имя мира». Но посмотрим правде в глаза. Валенса и другие восточноевропейские лидеры всё равно будут настаивать на вступлении в НАТО, и в дальней перспективе Запад не сможет этому противиться. Поэтому для России так важно сейчас выстроить новые отношения с НАТО. Разумеется, МИД сделает всё, чтобы помочь нашим военным коллегам в выполнении этой задачи.

— Хорошо, — сказал Ельцин.

Я видел, что он начал уставать, а мне он нужен был в форме. Я рассказал ему анекдот, он посмеялся, и мы отправились на встречу.

Кристофер начал излагать позицию американской стороны по расширению НАТО. Закончить он не успел, Ельцин перебил его одобрительными восклицаниями. Это тут же было использовано нашими партнёрами, которые буквально «свернули» тему расширения НАТО и перешли к обсуждению других вопросов. Я был в шоке от того, что послание американского президента явно не было озвучено целиком. Кристофер и Тэлбот попросту не исполнили свой долг и не донесли до Ельцина самого важного: Клинтон готов к форсированному расширению НАТО. Его формула «Партнёрство сегодня, расширение — завтра» так и не прозвучала. На обратном пути я с трудом не поддался искушению, чтобы не высказать обоим визитерам, что я думаю об их эффективности. Понимая, что это было бы неэтично с точки зрения дипломатии, я прикрыл глаза и сделал вид, что задремал.

Тэлбот и Кристофер впоследствии интерпретировали этот сюжет по-своему.

Тэлбот, в частности, писал в своей книге «Рука России. Записки о президентской дипломатии»: «Крис изложил наше решение по НАТО: мы не приступим немедленно к расширению, а вместо этого сосредоточимся на развитии „Партнёрства во имя мира“. Не дав Крису закончить, Ельцин раскинул руки и, растягивая слова, произнёс: „Гениально! Здорово! Передайте Биллу, что это чудесное решение!“

После краткого обзора других вопросов Козырев и другие помощники Ельцина буквально выставили нас за дверь. Президент был доволен, и дальнейшие дискуссии им были ни к чему. Прощаясь, Ельцин по-военному отдал мне честь и, понизив голос до театрального шёпота, лично поблагодарил меня за хорошую новость».

Строуб также вспоминает, что он попытался передать мне послание целиком «Партнёрство сегодня, расширение завтра». Но не сложилось: на обратном пути в Москву я спал.

Уоррен Кристофер в своих воспоминаниях «Шанс всей жизни» описывает эту встречу в основном так же. «Моей первой реакцией было: это не может быть так просто», — откровенно вспоминает Кристофер.

Его попытки объяснить произошедшее не менее показательны, чем у Тэлбота: «То ли Козырев, российский министр иностранных дел, умышленно не предупредил Ельцина о полном содержании решения Клинтона, то ли Ельцин просто успокоился, что расширение НАТО откладывается? Третий, вполне очевидный вариант, также пришёл мне в голову — возможно, у Ельцина было то, что мы в Северной Дакоте называем эвфемизмом „плохой день“».

Как лорд Оуэн неоднократно отмечал в книге «Балканская одиссея», «поиск козлов отпущения был фирменным знаком новой администрации». Если бы послание было направлено по обычным дипломатическим каналам, моим делом было бы доставить его моему президенту. Но Кристофер прибыл специально, чтобы передать его лично, и я не мог сделать его работу.

Американские посланники имели достаточно времени, чтобы передать Ельцину полное содержание послания Клинтона. Оба они признали, что после всплеска радости Ельцин никуда не ушёл. Более того, последовал короткий обзор других вопросов. Кристофер был опытным дипломатом, тонко чувствовавшим обычаи и правила. Госсекретарь мог бы и должен был настоять на том, чтобы представить в полном объёме политику своего президента. Тем более что он прибыл как специальный посланник, и «Партнёрство» было единственной целью его визита. Однако ни он, ни Тэлбот не попытались вернуться к незаконченному вопросу. Поэтому у Ельцина были серьёзные основания предполагать, что тема исчерпана, и что Клинтон ставил целью своей новой политики «Партнёрство во имя мира» вместо расширения НАТО.

Источники российской внешней разведки презрительно считали доставленное Кристофером послание не более чем ширмой. Они регулярно докладывали Ельцину и сливали в прессу, что, несмотря на послание, переданное в Завидове, «Партнёрство во имя мира» было ловушкой. Поэтому США и НАТО нельзя доверять как стратегическим партнёрам, и России нужно с большой осторожностью рассматривать любое участие в программе «Партнёрство во имя мира». Тем не менее Борис положился на слово Билла.

Глава 8.
Битва за Кремль

Внутренняя борьба

Весной 1993 года борьба за доступ к президентскому уху усилилась.

Демократы в окружении президента конкурировали с бюрократами, самой сильной фигурой среди них был, конечно, секретарь Совета безопасности Юрий Скоков. Он был не просто опытным аппаратчиком, а ещё и человеком с откровенно имперскими взглядами, презирающим тех, кто пришёл во власть на волне демократических реформ.

Любовь Ельцина к противопоставлению групп с конкурирующими точками зрения, на мой взгляд, не была стремлением к равновесию. Дело было в другом — президент сам не определился по многим принципиальным вопросам. Став лидером российских реформ, он не мог избавиться от привычек и представлений, накопленных за годы партийной работы. Для человека с его биографией это было естественно. Такие люди, как Скоков, понимали это и пытались манипулировать президентом.

Совет безопасности — по замыслу — должен был координировать деятельность всех структур, от которых эта самая безопасность зависела. На деле он пытался подменять правительство, а иногда и президента. Скоков демонстративно не консультировался со мной по вопросам внешней политики. Многие решения, принимавшиеся под эгидой СБ, шли вразрез с заявленными целями президентской внешней политики. Понимая, что я никогда не подпишусь под многими из его предложений, Скоков попытался просто отодвинуть меня в сторону. Он явно недооценил меня. Я не собирался сдаваться. Игнорируя Скокова, искал поддержки силовиков напрямую. И находил её — прежде всего, у министра обороны Павла Грачёва.

Тем не менее на практике аппарату секретаря Совета безопасности и структурам, которые стояли за ним, удавалось влиять на ход событий в конфликтных регионах и особенно на поведение в этих зонах российских военных и разведслужб. Лидеры отколовшихся сепаратистских регионов в Молдове и Грузии поддерживали тесные неформальные связи с этим альтернативным центром власти в Москве. В результате при помощи российских силовиков сепаратисты в Абхазии и Приднестровье создали собственные военные и полицейские силы для поддержки своих режимов.

Один из серьёзных вопросов, по которому тогда шли споры, был связан с миротворческой миссией России в зонах конфликтов. Сначала мои оппоненты выступали против миротворчества в странах СНГ в принципе. Но вскоре они сообразили, что миротворческие операции могут стать полезным прикрытием для вмешательства в дела соседних государств. Тогда «ястребы» стали настаивать, чтобы такие операции проводились исключительно российскими военными, которым должна быть предоставлена полная свобода действий во всех странах СНГ. Такой миротворческий карт-бланш. Более того, они требовали, чтобы ООН и другие международные организации одобрили этот подход и предоставили России «зонтичный» мандат для его применения. В начале 1993 года при поддержке помощников президента они смогли включить требование о «зонтичном» мандате в одно из выступлений президента Ельцина.

Я выступал против этого, настаивая, чтобы миротворческие операции проводились согласноооновскому принципу беспристрастности. Такие операции, в отличие от имперских интервенций, требовали отдельного мандата в каждом конкретном случае. Требования карт-бланш были нереалистичными и провокационными, говорил я, мы должны участвовать в миротворческих операциях наряду с другими странами на основе конкретных решений ООН или ОБСЕ. Президент согласился и уполномочил МИД готовить предложения для ООН по конкретным конфликтным зонам. Но, верный своему правило поддерживать равновесие, Ельцин продолжал время от времени возвращаться к теме карт-бланш в своих публичных заявлениях.

К сожалению, США и некоторые европейские правительства ухватились за разговоры о «зонтичном мандате», преуменьшая значение официальных запросов, поступавших от России в ООН в положенной форме. И это стало тормозом в развитии сотрудничества в области миротворчества, удобным аргументом в дискуссиях о реальной политике России.

Апрельский референдум

В марте 1993 года IX внеочередной Съезд народных депутатов после неудачной попытки импичмента назначил референдум по доверию власти на 25 апреля. Было сформулировано четыре вопроса.

Доверяете ли вы президенту Российской Федерации Борису Ельцину?

Поддерживаете ли вы экономическую и социальную политику, проводимую президентом и правительством Российской Федерации с 1992 года?

Считаете ли вы необходимым проведение досрочных выборов президента Российской Федерации?

Считаете ли вы необходимым проведение досрочных выборов парламента Российской Федерации?

Перед референдумом сторонники Ельцина Геннадий Бурбулис, Егор Гайдар, Галина Старовойтова, Сергей Юшенков, Виктор Шейнис, Пётр Филиппов, Николай Волков и другие работали день и ночь, формулировали политические лозунги и выстраивали коалиции, мобилизовали активистов и организовывали митинги. Бывший министр печати Михаил Полторанин, получивший после отставки пост руководителя

Федерального информационного центра России, проводил еженедельные совещания с большой группой журналистов, рассказывая им о нашей стратегии и отвечая на вопросы. Я сократил количество зарубежных поездок, чтобы участвовать в общей работе, и использовал свои медийные возможности для пропаганды главного лозунга референдума: «Да — да — нет — да». Это была своего рода подсказка правильных с нашей точки зрения ответов. На этом слогане строилась вся кампания поддержки референдума.

Наши усилия были не напрасны. Результаты референдума — более пятидесяти процентов ответов «да» на вопросы 1, 2 и 4, и всего около тридцати двух процентов на третий вопрос о досрочных перевыборах президента. Это была победа! Демократы настоятельно призывали Ельцина удвоить усилия, чтобы воспользоваться ситуацией и консолидировать народную поддержку, продвинуть вперёд реформы, принять новую конституцию. Она должна была обеспечить прочную основу и для досрочных выборов народных депутатов, и для создания демократических государственных институтов в соответствии с волей народа, выраженной в результатах референдума. Однако реальная политическая ситуация после референдума практически не изменилась. Парламент по-прежнему делал всё возможное, чтобы торпедировать волю проголосовавших.

Правда, Ельцин был в это время как-то недостаточно энергичен. Он, по-видимому, посчитал самым важным вопрос о доверии президенту. Между тем сторонники реформ связывали доверие президенту с поддержкой самого курса реформ, вопросом номер два. Именно эта связка давала возможность построить широкий фронт сторонников демократических реформ. Но, казалось, Ельцин не готов заниматься строительством такого фронта. Более того, он попытался использовать результаты референдума для усиления своей личной власти. Я это видел, но продолжал надеяться, что результаты референдума изменят политический климат в стране, и я смогу проводить прежний внешнеполитический курс.

Однако силы, которые объединились вокруг Скокова, продолжали гнуть свою линию. Уже в начале мая 1993 года они повели очередную атаку на независимость министерства иностранных дел. На этот раз она не ограничилась зонами конфликтов, а была нацелена против всей внешней политики Ельцина. Межведомственная комиссия по внешней политике под руководством Скокова представила проект под заголовком «Концепция внешней политики», в котором акцентировались трудности в отношениях с Западом в целом и с США в частности.

Ельцин наконец понял, что стоит за активностью секретаря Совета безопасности, 6 мая публично обвинил Скокова в нелояльности и через несколько дней уволил его. Однако многие люди Скокова остались в структурах власти и силовых ведомствах, продолжая его дело.

Президентский клуб

Мои позиции после отставки Скокова значительно укрепились. 12 июня 1993 года Ельцин пригласил узкий круг высших чиновников на неформальный ужин, чтобы отметить два события, происшедшие в этот день: в 1990 году Верховный Совет РСФСР, тогда ещё входившей в СССР, принял Декларацию о государственном суверенитете, а в 1991 лидер России впервые был избран всеобщим голосованием. За столом собрались премьер-министр Виктор Черномырдин, начальник Главного управления охраны Михаил Барсуков, министр внутренних дел Виктор Ерин, министр обороны Павел Грачёв, первый помощник президента Виктор Илюшин, глава президентской охраны и самый близкий к Ельцину человек после членов его семьи Александр Коржаков, первый заместитель премьера Владимир Шумейко, а также тренер Ельцина по теннису Шамиль Тарпищев и журналист, помогавший Ельцину писать мемуары, Валентин Юмашев. Этим вечером Ельцин объявил об образовании Президентского клуба со всеми присутствующими в качестве его сооснователей.

Таким образом образовался президентский ближний круг. Отношения внутри него были дружескими. Мы встречались в неформальной обстановке почти ежедневно за ужином, иногда за обедом и ранним утром на теннисном корте (отсюда второе название — «президентский теннисный клуб»). Клуб действовал как неофициальный консультативный совет президента, его влияние было намного бо́льшим, чем любого «отдельно взятого» официального лица, независимо от занимаемой им должности.

Признаюсь, что я со своими радикальными демократическими взглядами чувствовал себя в этой компании не очень комфортно. Четверо членов клуба принадлежали к силовым структурам. У них не было собственной политической повестки, их советы основывались на анализе информации, который готовили соответствующие ведомства. Виктор Черномырдин, редкий гость на ужинах и к тому же не теннисист, придерживался похожего подхода в экономической и управленческой сферах. Виктор Илюшин никогда не высказывался по политическим вопросам, его зоной ответственности оставалось рабочее расписание президента и документооборот. Шамиль Тарпищев, превосходный теннисист, также держался в стороне от политических вопросов. Валентин Юмашев не занимал никакой официальной должности, но пользовался своей возможностью влиять на Ельцина — предполагаю, что в пользу реформаторов, но очень осторожно. Владимир Шумейко был единственной политической фигурой демократической ориентации и иногда моим партнёром в парной игре. Всех членов Президентского клуба объединял успешный опыт выживания на высших должностях, прагматизм и личная преданность Ельцину.

Клуб собирался в большой правительственной резиденции на Воробьёвых горах, в двадцати минутах езды от Кремля. Она была окружена высоким забором и постами охраны. Здесь был ресторан, зимний сад, тренажёрный зал, большой бассейн, бильярдная, сауна и три теннисных корта. Многие приезжали сюда по утрам позаниматься в зале, поплавать, пообщаться в отсутствие президента. Коржакову как начальнику службы безопасности президента дежурные телохранители сообщали, когда Ельцин собирался выехать из своей резиденции в Кремль. По этому сигналу мы заканчивали спортивные упражнения и спешили на свои рабочие места. У Ельцина была привычка звонить по прямой линии нам в кабинеты. Иногда создавалось впечатление, что он звонил не для того, чтобы обсудить что-нибудь существенное, а чтобы проверить, находимся ли мы на месте.

Неожиданная дружба

До определённого момента у меня не было дружеских отношений ни с одним из силовых министров. Но наши занятия спортом в Президентском клубе изменили ситуацию. Неожиданно для меня у нас сложились дружеские отношения с министром обороны Павлом Грачёвым, который был очень близким человеком президента Ельцина. Постепенно у нас выработалась привычка оповещать друг друга о звонках президента. Естественно, мы обменивались впечатлениями. Если голос Ельцина звучал чисто и энергично, мы понимали, что нас ждёт хороший рабочий день и мы будем соперничать за президентское время. Если его речь была хриплой и неразборчивой, мы старались не обсуждать с ним серьёзных проблем.

Поскольку большинство моих предложений требовало по меньшей мере частичной координации с военными, мы работали вместе с Грачёвым почти ежедневно. Постепенно я стал понимать логику военных, а Грачёв стал более внимателен к внешнеполитическим последствиям, заложенным в военных решениях. Совместные поездки в зоны конфликтов убедили меня, что как минимум одна черта у нас с Павлом Грачёвым общая — это презрение к трусам и трусости.

Однако не всё в наших отношениях складывалось гладко. В августе 1993 года Грачёв и я проводили отпуск на черноморском курорте в Сочи, на двух соседних государственных виллах рядом с резиденцией, где отдыхал Ельцин с семьёй. Поползли слухи, что абхазские сепаратисты всего в нескольких километрах от Сочи готовятся нарушить перемирие, контролируемое российскими войсками, и напасть на грузин, чтобы захватить крупнейший город региона Сухуми. Я предложил Грачёву встретиться с лидером сепаратистов Владиславом Ардзинбой и неофициально посоветовать ему искать политическое решение длительного вооружённого конфликта в Абхазии. Грачёв согласился, и я позвал его с Ардзинбой к себе дружеский ужин.

Был прекрасный вечер. Мы наслаждались редким моментом расслабленного, неформального застолья с традиционными абхазскими и грузинскими блюдами и местным вином на открытой террасе с видом на море. Ардзинба и его жена мало отличались от моих знакомых московских интеллигентов. Они оба были кандидатами наук и раньше работали в научно-исследовательских институтах. Мы вспоминали моменты нашей московской жизни, и я не мог поверить, что этот человек возглавляет целую армию бойцов, среди которых остервенелые ультранационалисты и хладнокровные наёмники, готовящиеся к очередным массовым убийствам.

После ужина Ардзинба пообещал нам как своим друзьям, что он первым не нарушит перемирие с Грузией. Напомню, что, согласно кавказской традиции, обещание, данное под честное слово, имеет особый вес. Я отнёсся к тому, что он сказал, с доверием.

Но через три недели, 16 сентября, боевики Ардзинбы напали на грузин. Я подозревал, что это стало возможным при неофициальной поддержке российских военных. У меня были на то основания: тяжёлые вооружения, особенно артиллерия, находились на хранении у российских миротворцев. Выяснилось, что вооружения были возвращены только абхазам. Более того, им дали возможность беспрепятственно пересечь разделительную линию, патрулируемую российскими миротворцами. При таком одностороннем преимуществе они быстро захватили большую территорию и изгнали грузинское население. Были разрушены десятки грузинских домов, погибли люди...

В результате они полностью взяли под контроль территорию, которую ранее провозгласили независимой Абхазией, и обеспечили на ней своё этническое доминирование. До их нападения грузины составляли около половины населения этой территории. Грачёв отрицал, что дал согласие на одностороннюю поддержку, но, насколько я знаю, никто из генералов, командующих миротворцами, не получил от него взыскания.

После окончания боевых действий я облетел регион на вертолёте. Опустошение напомнило мне жуткие картины районов, подвергшихся этнической чистке, которые я наблюдал из самолёта в Боснии, — и тут, и там даже животные разбежались или были убиты. На обратном пути я сделал короткую остановку в городе, где находился штаб и российских миротворцев и сепаратистов. Разговаривал я, по понятным причинам, только с российскими офицерами и военнослужащими. Я чувствовал себя подавленным и обманутым лично. При встрече я отказался пожать руку Ардзинбе.

Грузинский президент Эдуард Шеварднадзе тоже прилетел в зону боёв и в Сухуми чуть не попал в плен к абхазам. По приказу Ельцина российские десантники спасли его, обеспечив безопасное возвращение в Тбилиси. Шеварднадзе попросил Россию сохранить свои миротворческие силы вдоль новой разделительной линии. Другого выбора не было.

В результате этих событий Запад окончательно отказался от миротворческих операций в районах конфликтов на постсоветском пространстве. Наши партнёры не желали делить с нами ответственность за прекращение огня. Надо сказать, что сомнения у них были и раньше. Во время нападения в Абхазии в регионе было только восемь международных наблюдателей вместо восьмидесяти восьми, предусмотренных планами Совета Безопасности ООН. И это были наблюдатели, а не реальные миротворцы.

В своём выступлении перед Генеральной ассамблеей ООН 28 сентября 1993 года я подчеркнул, что Россия внесла серьёзный вклад в установление и поддержание перемирий в четырёх конфликтных зонах на постсоветском пространстве, а также в нормализацию и начало национального диалога в Таджикистане. Проблемы, с которыми Россия — и не одна Россия — сталкивалась в этих конфликтных зонах, были слишком важны, чтобы Запад мог конкурировать за сферу влияния или бездействовать, исходя из неосновательного предположения о неоимперских планах России. Я напомнил с высокой трибуны, что российские дипломаты приложили огромные усилия, чтобы добиться одобрения Ельциным прямых военных операций ООН в регионах, которые рассматривались многими в Москве как свой задний двор и соответственно — как сфера своего исключительного влияния. Однако Запад предпочёл отстраниться и критиковать, нежели участвовать в сложной работе на постсоветском пространстве.

Мои противники в Москве тут же углядели в моей речи уступки Западу и приглашение ООН к вмешательству в традиционно российскую сферу влияния. Запад, настаивали они, никогда не будет помогать России, а скорее воспользуется любой возможностью, чтобы создать ей политические проблемы на постсоветском пространстве.

Октябрьский мятеж

Даже в тот момент, когда я выступал перед Генеральной Ассамблеей ООН 28 сентября, говоря о необходимости международных миротворческих усилий в конфликтных зонах, моей главной заботой был политический кризис, который разворачивался в России и грозил перерасти в гражданскую войну.

Напомню, что осенью 1993 года резко обострился конфликт между командой президента и Верховным Советом. Несмотря на результаты референдума, Верховный Совет продолжал торпедировать реформы и провоцировать президента. Многие демократически настроенные депутаты покинули парламент и перешли на работу в структуры исполнительной власти. Таким образом, большинство мест в Верховном Совете оказалось у коммунистов.

Они не оставляли попыток расширить законодательные полномочия за счёт власти президента. Фактически парламент деградировал, превратившись в реакционную организацию, блокировавшую конституционную и другие реформы и поддерживавшую вице-президента Руцкого в борьбе за власть с президентом. На мой взгляд, устаревший институт фактически утратил легитимность.

Двадцать первого сентября, за несколько дней до моего отлёта в Нью-Йорк на сессию ООН, Ельцин издал указ о прекращении деятельности Верховного Совета. На декабрь был назначен референдум для принятия новой конституции, которая должна узаконить новый, отличный от советского типа, парламент. Президентский указ также предусматривал всенародные выборы нового парламента. До выборов президент оставлял за собой право управлять Россией с помощью президентских указов.

В ответ часть депутатов Верховного Совета под предводительством Руслана Хасбулатова проголосовала за объявление президента вне закона и назначение вице-президента Руцкого президентом. Руцкой немедленно приказал Вооружённым силам и правоохранительным органам подчиняться только ему. Из прессы мы узнали, что он выдал ордер на арест Ельцина и некоторых известных демократов, включая меня.

Судьбоносная отсрочка

Содержание ельцинского указа не было для меня новостью. Одиннадцатого сентября я был приглашён на официальный обед на государственную дачу Ельцина, а не в обычное место наших встреч — Президентский клуб. Присутствовали также Павел Грачёв, Виктор Ерин, Александр Коржаков и исполняющий обязанности министра безопасности Николай Голушко. Ельцин попросил каждого из нас прочитать и прокомментировать проект указа о роспуске Верховного Совета. Я выступал последним, все остальные поддержали проект. Ко всеобщему удивлению я сказал:

— У меня есть серьёзное возражение, Борис Николаевич.

Ельцин взглянул на меня в недоумении. То же сделали и присутствовавшие министры. У меня была репутация радикального демократа, вечно открыто полемизировавшего с коммунистами и националистами в Верховном Совете.

Выдержав паузу, я продолжил:

— Такой указ надо было издать намного раньше.

У меня были основания так говорить. Референдум однозначно продемонстрировал поддержку курса президента на продолжение реформ. Особую ценность этому мандату доверия придавало то, что его выдали люди, которые платили за реформы очень высокую цену. Избиратели высказались за новые выборы и новую конституцию взамен устаревшей советской. Второго июня 1993 года было созвано конституционное совещание, которое занялось подготовкой проекта нового Основного закона РФ. В нём участвовали представители органов государственной власти, местного самоуправления и общественных организаций. Всего более восьмисот человек. 12 июля 1993 года участники согласовали проект новой конституции, подготовленный лучшими юристами страны. То есть референдум на самом деле дал толчок продолжению реформ, и они набирали обороты. И тут, совершенно необъяснимо, Ельцин опять как-то сник и ушёл в тень. Он вернулся к активной политике только в сентябре, когда оппозиция уже перегруппировалась и получила подкрепление, не оставив никакой возможности для компромиссного решения.

Вот почему я сказал, что указ нужен был давно.

— Хорошо. Мы дали депутатам более чем достаточно времени, чтобы образумиться. И мы не можем себе позволить больше ждать. Страна должна двигаться вперёд, а не назад, к старой системе, — сказал Ельцин при всеобщем одобрении.

Однако после опубликования указа мы столкнулись с колебаниями внутри силового блока. Оппозиция этим воспользовалась. Руцкой окружил себя высокопоставленными офицерами, до недавнего времени входившими в окружение Ельцина, включая министра безопасности Виктора Баранникова. Подстрекаемые лидерами оппозиции, вооружённые люди стали собираться вокруг московского Белого дома. По моей информации, эти ополченцы состояли в основном из ультранационалистов и уголовников, к которым примкнули военизированные формирования, прибывшие из Абхазии и Приднестровья для последней схватки с «предателями» — сторонниками ельцинской политики компромиссов. При почти полном бездействии полиции эти вооружённые толпы становились с каждым днём всё агрессивнее.

Около десяти часов вечера 2 октября в Нью-Йорке, во время официального ужина в ООН с участием глав делегаций и генерального секретаря Организации Бутроса Бутроса-Гали, я получил экстренный звонок из российского представительства. Группа сторонников Руцкого и Хасбулатова только что силой прорвалась на Смоленскую площадь к зданию МИДа в Москве. Редкое полицейское оцепление рассыпалось, и протестующие, легко оттеснив единственного охранника, ворвались внутрь министерства. Многие в толпе были пьяны и вооружены автоматами и ручными гранатами. Проскандировав радикальные лозунги, смешанные с руганью в адрес Запада, демократов и евреев, толпа двинулась дальше. Всё это произошло при полном отсутствии полиции.

На следующее утро новости из Москвы стали ещё тревожнее, а днём CNN показал, как Руцкой выкрикивает команды перед толпой вооружённых людей с коммунистическими красными флагами и нарукавными повязками с квазинацистской символикой, приказывая им захватить правительственные учреждения и телевизионный центр в Останкине. Вне всяких сомнений — банда Руцкого — Хасбулатова начала вооружённое восстание против всенародно избранного президента. Ночью Гайдар выступил на митинге сторонников Ельцина и призвал людей ответить на силу силой. Страна стояла на пороге гражданской войны, и только решительные действия президента и правительства могли — и действительно в итоге смогли — предотвратить такое развитие событий. Именно это я и сказал на заключительной пресс-конференции в Нью-Йорке.

До президента Ельцина я не мог дозвониться в следующие 36 часов. «Вы же знаете, сегодня воскресенье, — сказал мне секретарь после очередной неудачной попытки, — и президент просил не беспокоить его во время семейного ужина». Однако телевизионная картинка не оставляла сомнений в том, что воскресный вечер спокойным не был. Другие мои собеседники в Москве были явно встревожены отсутствием информации о президенте на фоне вооружённых столкновений в столице.

Я решил лететь домой днём 3 октября. Новости из Москвы достигли такого уровня напряжённости, что корреспонденты западных информационных агентств открыто обсуждали вопрос: кто — Ельцин или Руцкой — руководит Россией и кто на следующее утро обратится к стране из Кремля.

Можно представить, в каком состоянии мы провели девять часов в воздухе. Я ни с кем не разговаривал и постарался поскорее заснуть. Засыпая, подумал о том, что при любом исходе это мой выбор. И я о нём не жалею. Моя дочь была в безопасности. Я оставил её в Штатах в школе-интернате недалеко от Нью-Йорка, дав однозначное указание — она может покинуть школу только со мной или под опекой указанного мной лица. Никаким российским дипломатам или любым официальным лицам не разрешалось говорить с ней или забирать её из интерната. Память о советской практике брать детей в заложники, чтобы добраться до их отцов, была ещё слишком свежа в моём поколении.

Я приземлился в Москве около девяти часов утра 4 октября. Мой телохранитель сообщил, что кремлёвская охрана остается верна президенту, несмотря на приказы Руцкого. Я поехал прямо в Кремль. Офицер безопасности пропустил меня в совещательную комнату Ельцина. «Только поздороваться, не больше. Он устал».

— Вы правильно сделали, что вернулись раньше, — заявил Ельцин. — Прошлая ночь была тяжёлой. Но теперь будет лучше. Встретимся позже, обсудим дела. Идите к Черномырдину. Я поручил ему возглавить операцию.

Одним рукопожатием он одновременно и поздоровался, и отпустил меня. Тем временем Грачёв лично отправился командовать моторизованным подразделением десантников, направленным для подавления восставших.

Я нашёл Черномырдина в хорошей форме и боевом настроении в окружении ключевых министров. Не успел я заговорить с ним, как к нему подошёл помощник с новостью:

— Мне сейчас позвонил ближайший помощник Хасбулатова. Они готовы пойти на уступки и возобновить переговоры.

— Они прервали переговоры и начали кровавую драку. Они преступники и пойдут под суд, а не на переговоры. Скажите им, чтобы сдавались, и чем скорее, тем лучше! — резко ответил Черномырдин.

Ответ произвёл на меня впечатление. Я обратился к нему:

— Господин премьер-министр, министр иностранных дел докладывает о возвращении из Нью-Йорка и заверяет вас, что наши зарубежные партнёры, на самом деле все демократические страны понимают логику президентского указа, обеспокоены и возмущены мятежом и будут на нашей стороне, если для восстановления порядка понадобится применить силу.

— С возвращением! — улыбнулся Черномырдин. — Сейчас мы владеем ситуацией. Отправляйтесь в своё министерство и продолжайте разъяснять нашим партнёрам, что у нас нет иного выбора, кроме как применить войска.

«Танки стреляют по Белому дому!» — закричали одновременно несколько человек. Все бросились к экранам телевизоров.

Через тридцать минут занимавшие российский Белый дом депутаты начали сдаваться. Никто из парламентариев не погиб, в то время как десятки случайных прохожих были убиты и ранены во время уличных протестов в предыдущие дни. Хасбулатов, Руцкой и их сторонники были арестованы и заключены в Лефортовскую тюрьму. Войска приступили к зачистке других очагов сопротивления, банды мятежников ударились в бегство. Поздно ночью я видел из окна моей квартиры в центре города, как трассирующие пули рассекают темноту неба, и слышал спорадические автоматные очереди на соседних улицах.

Цена победы

Многие демократы, хотя и торжествовали после разгрома мятежа, были обеспокоены, что Ельцин теперь будет больше зависеть от военных и сил безопасности, полагаться на них как опору своей власти. Я смотрел на вещи с бóльшим оптимизмом. Урок, который казался очевидным, состоял в том, сколь ненадёжными показали себя силовики при защите закона и порядка. Президенту удалось заставить их действовать только в последний момент. При этом они не придумали ничего лучше, как стрелять по зданию парламента из танков! Я надеялся, что теперь-то президент поймёт, насколько силы обороны и безопасности нуждаются в реформировании и модернизации. Момент для этого созрел, поскольку оппозиция потерпела крупное поражение, а демократические силы были мобилизованы и объединены вокруг Ельцина.

Скептики полагали, что Ельцин, несмотря на обещания демократических реформ, будет всё больше опираться на бюрократию и силовиков. Я, напротив, был уверен, что он будет управлять страной, опираясь на итоги предстоящих выборов и новую конституцию. Как это ни странно, оба прогноза оправдались.

Пятнадцатого октября Ельцин издал указ, подтверждавший проведение новых парламентских выборов. Тогда же на референдум будет вынесен проект новой конституции. Голосование было намечено на 12 декабря. Вместе со многими демократами я видел в этом возможность окончательно перевернуть страницу советской истории и заложить прочную основу для реформ и современной внешней политики. Вместе с юристами мы посвятили немало времени отшлифовке текста конституции.

Я предложил внести некоторые поправки, часть из которых была принята, часть — нет.

За несколько дней до подписания проекта и вынесения новой конституции на всенародный суд Ельцин позвонил мне по прямой линии.

«Я только что прочитал вашу последнюю поправку — о необходимости представлять для одобрения парламентом кандидатуры послов в зарубежные страны, — сказал он. — Я знаю, что в США существует процедура одобрения в Конгрессе, и она доставляет администрации немало проблем. У меня есть сомнения по этому пункту, но оставим это на ваше усмотрение. Если вы так хотите, пусть будет так. Но потом никого не вините, если это станет головной болью».

Я сказал, что включил этот пункт ради соблюдения принципа баланса властей. Позднее, когда я столкнулся с трудностями при утверждении парламентом моих кандидатов, я признался себе, что остался непрактичным идеалистом, но ни разу не пожалел о своём решении. Оно было правильным.

Моя мурманская кампания

В начале девяностых я с огромным вниманием следил за депутатами, которые были избраны на первых в России всенародных выборах, искренне восхищался ими и даже завидовал. Среди них было много ярких смелых людей, которые открыто высказывали свою позицию и готовы были защищать её. Особое уважение вызывали у меня такие люди, как Андрей Сахаров, Анатолий Собчак, Геннадий Бурбулис, Сергей Шахрай и сам Борис Ельцин. И, говоря откровенно, я думал о том, что смог бы, как и они, использовать депутатский мандат на благо реформ. Я и без этого мандата всегда активно участвовал в публичных политических дискуссиях. Из-за чего журналисты называли меня «политическим министром», чтобы подчеркнуть моё отличие от «технократических министров» — членов правительства, не выходивших за рамки своей профессиональной компетенции. И когда президент объявил о выборах нового парламента, я подумал: вот шанс вступить в реальную политическую схватку по примеру людей, которыми я восхищался, и помочь им в их борьбе.

Мне было важно понять, насколько избиратели поддерживают мою уверенность в том, что будущее России связано с цивилизованным миром, что партнёрство с Западом поможет нам преодолеть советское наследие и никогда уже не вернуться в тоталитарное прошлое. Мои оппоненты всё время упрекали меня в том, что я не понимаю русский народ, которому якобы глубоко чужды все эти либеральные свободы и ценности. Я был просто обязан выбить этот козырь из рук моих критиков и доказать им, что русский народ в своём большинстве разделяет общечеловеческие ценности и видит Россию равноправным партнёром цивилизованного Запада. Простите за пафос, но я действительно чувствовал необходимость вынести мою политику на суд избирателей.

Ельцин в своих мемуарах пишет о почти невыносимом моральном давлении со стороны коммунистов, которые и после падения СССР осыпали его клеветническими обвинениями, именуя правительство реформаторов не иначе как «оккупационный режим». Сам президент был для них «врагом России номер один». После ухода Гайдара из правительства ко мне перешло звание «врага России номер два», что я считал повышением. И не раз публично говорил, что воспринимаю это как признание моего вклада в политику реформ. Критика со стороны коммунистов и националистов убеждала меня, что кое-что я делаю правильно.

Я вспоминаю один прекрасный летний день, когда мы собрались близким кругом единомышленников у нас дома. Это был 1992 год. Мы обсуждали срочные дела, спорили. Временами даже кричали друг на друга. Кто-то неожиданно попросил нас на секунду замолчать. Во внезапной тишине раздался голос моей одиннадцатилетней дочери. Она читала вслух вопросы кроссворда в коммунистической газете «Правда».

— Кто серый кардинал оккупационного режима? — читала она, не замечая, что наступила тишина и все её слушают.

— Ну конечно, это Бурбулис, — продолжала она. — Проверим. Подходит. Следующий вопрос: «Кто разрушил экономику России?» Тут должно быть: Гайдар. Подходит! Теперь «Кто продаёт Россию Западу?» Ну это легко — Козырев. Опять подходит. Какой лёгкий кроссворд...

Раздался взрыв смеха. Она подняла голову и увидела смеющиеся лица тех, чьи фамилии так хорошо вписались в кроссворд.

Пропаганда оппозиции была такой грубой и всепроникающей, что даже дети были знакомы с её штампами. Победа на выборах стала бы лучшим ответом нашим оппонентам.

Лицом к лицу с простыми людьми

Первая постсоветская выборная гонка всерьёз началась уже 1 ноября 1993 года, хотя официально трёхнедельная кампания должна была стартовать 21 ноября. В госдуме половина из 450 мест распределялась между общенациональными политическими партиями, а другую половину составляли депутаты, получившие наибольшее количество голосов на прямых выборах в местных округах. Избиратели получали два бюллетеня для голосования — за партию и за индивидуального кандидата. Кандидаты могли иметь партийную принадлежность или баллотироваться как независимые. Я входил в первую десятку списка блока «Выбор России» и, таким образом, практически гарантировал себе место в нижней палате нового парламента. Но этого мне было недостаточно. И я зарегистрировался в одномандатном округе Мурманска, чтобы получить прямую поддержку избирателей.

Предвыборный блок «Выбор России» был сформирован в октябре 1993 года той же группой демократических политиков под руководством Егора Гайдара, которая помогла Ельцину победить на апрельском референдуме. Ранее другая группа демократически настроенных политиков, возглавляемая Григорием Явлинским, создала предвыборный блок «Явлинский — Болдырев — Лукин» (в будущем партия «Яблоко»). Президент в очередной раз отказался поддерживать какую-либо партию или блок. При этом ни Гайдар, ни Явлинский не имели достаточной массовой популярности и дерзости, чтобы заменить Ельцина во главе демократического движения. Идеологически я был ближе к команде Гайдара и считал единомышленников Явлинского оппортунистами. Но делал всё возможное, чтобы навести мосты между двумя группами. Как оказалось, эти попытки были наивными.

Друзья советовали мне выдвинуть кандидатуру в одном из центральных московских районов, традиционном оплоте демократов. Но я хотел чего-то более непредсказуемого, чем Москва, и выбрал северный город Мурманск, где я как-то останавливался по пути в Финляндию. Губернатор Евгений Комаров при встрече рассказал мне, с какими тяжёлыми проблемами ежедневно сталкивались горожане. Здесь были довольно крупные предприятия, которые в период реформ попали в крайне трудное положение. Благодаря тёплому Гольфстриму в Мурманске работал крупный незамерзающий порт, который в советской экономике использовался как рыболовецкий и как база для крупнотоннажного грузового флота. Именно здесь разгружались американские и британские корабли, доставлявшие жизненно важные грузы из США, которые поступали в СССР по ленд-лизу. Кроме порта Мурманская область была известна горнорудной промышленностью. Надо отметить, что регион был сильно милитаризован, руководство СССР рассматривало его как бастион, который противостоит НАТО. В «закрытом» Североморске, который находился на территории Мурманской области (въезд и выезд тут осуществлялся по спецпропускам), располагалась база российского военного флота. Здесь были размещены самые современные боевые корабли и атомные подводные лодки, несущие большую часть стратегических ядерных вооружений страны, нацеленных на США и НАТО. Мурманск вместе с Североморском образовывали округ, избиравший одного депутата в думу. Именно за этот мандат я и решил побороться. Очень трудная задача для любого кандидата.

Мои источники в Мурманске не скрывали, что коммунисты и националисты были здесь особенно активны, спекулируя на социальной цене экономических реформ. Конкуренция обещала быть жёсткой. К моменту моего выдвижения несколько общенациональных и два местных политических объединения объявили о своих кандидатах.

Я поехал к Ельцину и сказал ему о своём намерении участвовать в думских выборах в качестве кандидата по одномандатному округу в Мурманске. Предупредил, что избирательная кампания заставит меня проводить больше времени далеко от Москвы. И заверил президента, что МИД будет работать как обычно. Я был в этом абсолютно уверен. Хотя недоброжелатели и обвиняли меня в злоупотреблении командировками — как будто у меня был выбор в то бурное время! — и жаловались Ельцину, что я плохо руковожу министерством, на самом деле оно и в моё отсутствие работало как часы. В разговоре с президентом я прямо заявил, что, если меня не изберут, подам в отставку с поста министра. Поражение будет означать, что я не получил одобрения своей внешнеполитической программы.

— Вы не раз шли кандидатом на выборы и получали общенациональный мандат, на который все мы опираемся. Было бы справедливо, чтобы и мы, ваши политические сторонники, также выставили свои кандидатуры на суд народа и получили собственные мандаты. По крайней мере, я так чувствую, — сказал я Ельцину.

— Хорошо, — отреагировал он, помолчав несколько минут. — Я вас понимаю, избираться — ваше право. Хочу только сказать, что вы не обязаны это делать. Я знаю, что на вас давят, но я вас поддерживаю и буду поддерживать — можете на это рассчитывать. Самое важное — получить народное одобрение новой конституции. Это откроет новую эру в российской истории и даст нам новую юридическую и политическую основу. Выступайте в Мурманске от имени новой конституции.

С того момента моя жизнь изменилась. Каждую неделю после двухчасового перелёта я приземлялся в другом мире. Мои местные помощники прямо в аэропорту информировали меня о недавних местных событиях, общественно-экономических проблемах, манёврах конкурентов. Это были волонтёры, которые сами пришли ко мне, когда узнали, что я стал кандидатом. Никто из них до того момента активно не занимался политикой. Это были свободно мыслящие люди, симпатизировавшие моей программе. Среди них оказались два врача, медсестра, три школьных учителя, три предпринимателя и морской офицер в звании капитана третьего ранга. Они внесли значительный вклад в успех не только этой, но и следующей моей кампании два года спустя.

Двенадцать соперников, хоть и спорили между собой, против меня объединились. Их критика сводилась к тезису: Козырев в Мурманске чужой, не знает здешних проблем и особенностей региона. Местный патриотизм был очень силён, и мне приходилось его учитывать. Я выстроил свою кампанию так, чтобы со мной могли познакомиться разные люди. Ездил на заводы, в школы, больницы, заходил в маленькие магазины... Часами отвечал на вопросы, чтобы убедить избирателей, что хорошо разбираюсь в их проблемах и готов ими всерьёз заниматься.

Однажды, после долгого и тяжёлого дня, мы с помощниками сели поужинать. По телевизору шла новостная программа, а после неё блок предвыборной рекламы. Сначала шли ролики с популистскими обещаниями коммунистов и националистов. Следом — ролик «Выбора России». В нём успешная супружеская пара в своём просторном доме собиралась куда-то вместе с другой хорошо одетой парой, а маленький мальчик говорил породистой собаке: «Жалко, пёсик, что мы ещё маленькие и не можем пойти с ними голосовать за демократов!»

— Эта собака, — прокомментировал один из моих помощников, с которым мы весь день отвечали на тяжелейшие вопросы избирателей, — в день съедает больше мяса, чем большинство тех, с кем мы встречались, за месяц.

Я не мог с ним не согласиться. После впечатлений того дня меня тоже шокировала эта реклама.

Через несколько дней я встретил Гайдара и спросил его, почему для рекламной кампании выбрали такой ролик? Егор ушёл от ответа, а ролик продолжали крутить по всем каналам. И мне раз за разом приходилось объяснять моим будущим избирателям, что я не имею никакого отношения к этой рекламе и иду на выборы как независимый кандидат. Хотя ролик, возможно, и не сильно повлиял на голосование, он давал повод задуматься о том, способны ли в принципе российские демократы находить общий язык с людьми за пределами Москвы и Питера.

Выражаться ясно

Проводя кампанию в Мурманске, я должен был учиться высказывать свою позицию просто и кратко. Это было особенно трудно, когда речь заходила о внешнеполитических вопросах. Традиционный язык дипломатии, уклончивый, богатый нюансами, содержащий больше намёков, чем прямых высказываний, здесь бы не сработал. Я это понимал.

Некоторые наблюдатели говорили, что моя кампания содержала элементы националистической риторики. Это, конечно, было не так. Но я действительно говорил о национальных интересах, которые людей волновали. Но от своих демократических взглядов не отказывался и обходился без популизма. Речь шла о некотором смещении акцентов. Например, на международной конференции я говорил прежде всего о необходимости тесного сотрудничества с Западом для решения глобальных вопросов безопасности, о нераспространении ядерного оружия. А на предвыборном митинге делал акцент на необходимости добиваться поддержки Запада, чтобы убедить Украину отказаться от своих ядерных амбиций. Политика та же самая — акценты разные.

Особым испытанием для меня стала встреча с офицерами военно-морской базы в Североморске. Сначала настроение зала, заполненного тысячей военных, колебалось между нейтральным и недружественным. Перед выступлением я узнал, что единственной доступной газетой на базе была коммунистическая «Правда».

Я вспомнил встречи с военными в горячих точках и решил опереться на собственный опыт. Он подсказывал: с этими людьми нужно говорить прямо и честно. Поэтому я начал с самого главного.

— Знаю, что кое-кто называет меня «прозападным» политиком. Действительно, я уверен, что союз с Западом наилучшим образом отвечает интересам России, которые, разумеется, отличаются от интересов номенклатуры, правившей в бывшем Советском Союзе. Так что я «прозападный», потому что я «пророссийский».

Зал молчал. Военные люди, они ценили открытый бой в споре, как и на поле битвы. Я продолжал:

— Важна суть, а не слова. А суть моей концепции — защита наших национальных интересов через расширение сотрудничества и построение союзов с западными странами. То есть с теми, которые традиционно называют западными, хотя крупнейшая страна этой группы, Соединённые Штаты, является, как и Япония, нашим восточным соседом. Что объединяет страны под названием «западные»? Демократия и рыночная экономика, которые обеспечивают высокий уровень жизни их народам. Я хочу, чтобы Россия продолжала свои радикальные реформы на пути к демократии и рыночной экономике, и в этом смысле я «прозападный». Вы знаете лучше, чем кто-либо, что у Америки и у НАТО первоклассные вооружённые силы. Ваш непосредственный противник — военно-морская база в Сан-Диего в Калифорнии. Я стараюсь реализовать программу обменов визитами между группами офицеров вашей базы и той. Те из вас, кто там побывает, обязательно заметят огромную разницу в уровне жизни между Сан-Диего и Североморском. Я горжусь, что в соревновании по служебным навыкам ваша команда недавно опередила американцев. Я мечтаю о том дне, когда мы также сможем гордиться, сравнивая условия жизни ваших семей и их. Вот что для меня значит быть «проамериканским».

В зале раздался сначала смех, а потом и аплодисменты. Не то чтобы они всерьёз поверили, что мы быстро догоним американский уровень жизни — мои слушатели не были так наивны. Но мой подход им понравился.

— Одним словом, я хочу, чтобы Россия не уступала западным странам ни в благосостоянии наших людей, ни в качестве вооружённых сил. Я хочу, чтобы Россия, как великая страна, вошла в клуб наиболее развитых стран мира, а не оставалась в изоляции от них, как раньше СССР. В этом смысле я «прозападный», — продолжал я.

О моих признаниях в «прозападничестве», конечно, сообщили в прессе, но вне поясняющего контекста, и националистическая пропаганда тут же использовала их против меня. О них также доложили Ельцину как об «очередной политической ошибке молодого Козырева» — он сам мне позже рассказал об этом.

Я мог бы предположить такое развитие событий, но в момент выступления у меня была одна-единственная задача: честно объяснить своим слушателям, что и зачем я как министр делаю. И мой ход сработал. Аудитория потеплела и живо откликнулась на моё предложение задавать вопросы, да и просто высказываться. Похоже, офицеры к такому не привыкли.

Первый вопрос касался социальной цены реформ. Я ответил, что эту цену увеличивали медленный, а не слишком быстрый темп экономических преобразований. Эту цену можно было отчасти уменьшить через более эффективные действия правительства, но главным образом — сняв политические препятствия на пути перехода от командной экономики к рыночной. Но Верховный Совет блокировал перемены в законодательстве — здесь я привёл конкретные примеры. В результате пострадали малые и средние предприятия, которые должны были создать новые рабочие места в таких городах, как Северо-морск.

Один офицер сказал, что новая внешняя политика отталкивает традиционных союзников и друзей СССР в странах третьего мира, важных и геостратегически, и экономически — как рынки для экспорта нашего оружия.

Я ответил прямо: это были союзники только в контексте холодной войны, имевшей целью бороться с «американским империализмом» в мировом масштабе. Такие цели отвечали интересам советского режима, которому нужно было поддерживать образ Запада — и прежде всего США — как врага. Новая Россия должна заботиться о своих собственных экономических интересах так, чтобы повышать уровень жизни своих граждан.

И тут я рассказал им случай из своей дипломатической практики. Примерно за год до того я посетил Сирию, которая была одним из ближайших советских союзников и крупнейшим получателем вооружений. В разговоре с многолетним лидером страны Хафезом Асадом я поднял вопрос о многомиллиардном долге перед СССР, который Сирия должна была выплачивать России. Ответ Асада был как раз в тему.

А сказал он примерно следующее. Десятилетиями советские руководители убеждали Дамаск, что Сирия должна бороться против империализма США и их союзника в регионе — Израиля. Не только убеждали, а давали для этого оружие. И вот теперь, сказал старший Асад, появляется молодой Андрей и говорит, что его тёзка, дедушка русской дипломатии Андрей Громыко, и все советские лидеры ошибались. И, соответственно, Сирия должна заплатить за вооружения, которые Москва поставила ради выполнения этой ошибочной задачи. Естественно, Асаду наше предложение вернуть долг не понравилось. Рассказав эту историю, я подробно разъяснил свою позицию:

— Мы продолжим переговоры с сирийцами, но шансы получить долг не слишком высоки, и в любом случае он будет пересчитан с большим дисконтом. Одна из причин этого — долг учитывался в так называемых инвалютных рублях. Курс такого рубля был произвольно установлен советским правительством и превышал один доллар, что было абсурдом с рыночной точки зрения. Неудивительно, что сирийцы оспаривают такие расчёты и несомненно выиграют в арбитраже, если мы не предложим огромную скидку. Это ещё один пример того, какую цену мы платим за изоляцию от западных рынков и международных институтов. Ещё меньше шансов у нас с Ираком. Большинство советских союзников составляли режимы с провальной внешней и экономической политикой, как и у самого СССР. Любые сделки, которые назывались экспортом вооружений в эти страны, были фактически раздачей оружия и других товаров, произведённых за счёт русских. Я горжусь тем, что такая практика прекращена.

Собрание продолжалось более двух часов и закончилось на дружеской ноте. После этого я часто посещал базу, бывал на военных кораблях, разговаривал с военнослужащими. Некоторые из них стали моими хорошими друзьями.

Правильный ответ разгневанным людям

Первые десять дней декабря были особенно трудными для моей кампании. Я чувствовал, будто плыву против течения. Везде я встречал рассерженных людей, требовавших выплаты зарплат, которые задерживались на два-три месяца. Большинство из них работало на государственных предприятиях, включая школы и больницы. Учителя и врачи традиционно считались опорой демократов, однако именно они страдали от задержек даже больше, чем работники заводов. Но и в промышленности дела обстояли плохо. Да, предприятия теоретически уже могли производить востребованную продукцию и продавать её на рынке, но практически это было невозможно: бо́льшая часть этих предприятий всё ещё находилась в собственности государства, и их свобода была ограничена. Особенно если речь шла о военно-промышленном комплексе, который в СССР составлял основу экономики.

Учителя и врачи, директора заводов и рабочие говорили примерно одно и то же: «Если мы должны работать в рыночных условиях и конкурировать за потребителя, дайте нам делать это на основе частной собственности. Но мы же по-прежнему работаем на государство, а оно не в состоянии платить. Получается, что демократы у власти не справляются со своими обязанностями и на людей им наплевать».

Мы обсуждали эти проблемы с министрами экономического блока, они уверяли, что изо всех сил стараются сдержать гиперинфляцию и надеются к концу года улучшить показатели. И соответственно — выплатить задолженности по зарплатам в конце декабря.

Мне казалось, что это категорически неприемлемо. Было несправедливо полагаться на долготерпение людей. Узкопрофессиональный подход экономистов-реформаторов не учитывал политическую реальность. Кроме того, высочайший уровень инфляции провоцировался популистскими решениями депутатов... Между тем выборы были назначены на 12 декабря. Увы, исправить ситуацию до этого момента оказалось невозможно. Исход выборов был предсказуем, и «Выбор России» с некоторыми из министров во главе списка ощутил на себе всю ярость электората.

Мои противники мобилизуются

Тем временем оппозиция воспользовалась ситуацией максимально. Владимир Жириновский, основатель и лидер Либерально-демократической партии, беспрерывно колесил по регионам и раздавал обещания выплатить задолженности по зарплате, как только его изберут в думу. В отличие от сотен других его предвыборных обещаний, это действительно оказалось выполнено. Только уж точно не благодаря его деятельности. Зарплаты были выплачены до конца года, практически сразу после того, как Жириновский привёл свою, казалось бы, маргинальную, партию к победе по партийным спискам. Но в 1993 году избранные депутаты ещё даже не приступили к работе.

До выборов практически никто не обращал внимания на рост популярности ЛДПР. На неё смотрели как на не слишком удачный продукт КГБ, который хотел с её помощью контролировать демократическое движение. Возможно, так и было. Только проект оказался весьма удачным и долговечным. Его милитаризм и антиамериканизм в новой обёртке ультранационалистической и популистской риторики оказался востребован избирателями. Жириновский оставался в политике вплоть до своей смерти в 2022 году.

А в декабре 1993-го Жириновский прибыл в Мурманск специально, чтобы выступить против моей кандидатуры. Он был среди тех, кто громче всего требовал моей отставки и изменения внешнеполитического курса России. Его союзники и хозяева хотели, чтобы их присутствие чувствовалось не только за кулисами.

На милитаристском и националистическом фланге политики играл не только Жириновский.

25 ноября глава Службы внешней разведки Евгений Примаков провёл пресс-конференцию. Он представил некий аналитический доклад, посвященный НАТО, который подготовило его ведомство и который, как он сказал, положительно принят военными.

Основные выводы доклада противоречили официальной линии МИДа и президента Ельцина. Главное, что, вопреки нашему курсу на сотрудничество с альянсом, Примаков утверждал, что он представляет опасность для России, как когда-то для СССР. Если МИД говорил, что восточноевропейские страны при условии согласования с Россией могут вступить в НАТО, то Служба внешней разведки настаивала, что расширение НАТО должно обсуждаться только после того, как альянс превратится во что-то иное. И НАТО, и её потенциальные новые члены сразу же усмотрели в этих требованиях возврат России к советской антизападной стратегии. И это стало дополнительным аргументом в пользу расширения НАТО на восток.

Думаю, что Примакова и его ведомство международная ситуация волновала мало, они жаждали победы на внутренней арене, мечтали о восстановлении могущества силовых ведомств.

Я высказал всё это Ельцину при нашей встрече на следующий день после пресс-конференции Примакова. И тут же положил на стол подписанные президентом документы, однозначное одобрявшие мою политику и поручавшие МИДу публично проводить её в жизнь. Я также представил президенту доказательства того, что эта политика была выработана в сотрудничестве с военными и службами безопасности. И ещё я особо подчеркнул: заявления Примакова не обсуждались предварительно с МИДом, что было явным нарушением этики и установленной процедуры.

Ельцин в ответ сказал мне, что Примаков проинформировал его о некоторых выводах, сделанных его ведомством, и что эти выводы заслуживают дальнейшего изучения. Речь не идёт о новой политической линии, а всего лишь об общественном обсуждении. (Примаков сказал мне примерно то же самое, когда я позвонил ему после пресс-конференции.) Ельцин признал, что это, конечно, необычный шаг для разведслужбы. Но времена меняются и, в конце концов, Примаков раньше был учёным и поэтому якобы любит академические упражнения. В завершение разговора Ельцин сказал, что мне как демократу следовало бы приветствовать дискуссии и не драматизировать расхождение во взглядах.

Именно тогда я впервые почувствовал, что президент не до конца откровенен со мной. Раньше, когда он менял своё мнение по вопросам внешней политики, он прямо говорил мне об этом. Я мог поспорить с ним и убедить его изменить свою точку зрения. Иногда мне это не удавалось. Конечно, окончательное решение всегда было за ним, я подчинялся ему, даже если был не согласен. Но на слово президента я полностью мог полагаться и действовать в соответствии с согласованной позицией. На этот раз я почувствовал, что ситуация изменилась. На словах он разделял мою позицию в отношении НАТО, но я уже понял, что на самом деле остался без его поддержки. Впрочем, я всё ещё надеялся, что реалии международного положения и дальнейшие контакты с западными лидерами помогут ему вернуться к здравому политическому курсу.

Тем временем я должен был сосредоточиться на моей кампании в Мурманске. Это меня захватило — я ездил по разным местам, выступал на митингах, пожимал руки, отвечал на вопросы, спорил, доказывал... Я потратил столько времени, усилий и нервов, что почувствовал себя глубоко привязанным к этому региону и его людям. В ночь после выборов я не мог заснуть в ожидании первых итогов.

Меня избрали!

Предварительные результаты голосования по спискам поступили из восточной части страны намного раньше, чем итоги голосования по одномандатным округам в Мурманске и в других западных областях. Вместе с миллионами других россиян я смотрел телетрансляцию из Кремля, где собрались лидеры «Выбора России», представители власти и журналисты в предвкушении победы демократов. Сценаристы были настолько уверены в успехе сторонников Ельцина, что назвали свой банкет празднованием нового политического года. Но первые же результаты с Дальнего Востока, где разница с Москвой составляла десять часов, не оставляли сомнений: демократы упустили первое место. Окончательные цифры голосования по партиям и блокам подтвердили победу ЛДПР Жириновского с 22,9 процентами голосов. Вместе с коммунистами она становилась силой, с которой приходилось считаться в новом парламенте. К утру праздничный банкет стал больше походить на поминки, и живую трансляцию прекратили.

Подсчёт голосов по одномандатному округу в Мурманске закончился около пяти утра и подтвердил мою победу с почти семьюдесятью процентами голосов «за». Я был рад, что моя тяжёлая работа оказалась вознаграждена.

«Выбор России» завоевал второе место после ЛДПР по партийному списку. Но благодаря победе одномандатников демократы всё же получили наибольшее представительство в думе (15,6% мест, в то время как ЛДПР — 14,2%). Однако при таком раскладе демократы не могли контролировать парламентскую повестку и эффективно продвигать свои интересы.

Но вот что было очевидной победой: за конституцию проголосовали 58 процентов. Это ознаменовало собой однозначный отказ от советской системы и выбор в пользу демократии.

И всё же итоги голосования давали повод всерьёз задуматься о том, всё ли мы делаем правильно. Я полагал, что избиратели наказали демократов за высокомерие и неспособность выдвинуть другого лидера, который, в отличие от Ельцина, был бы готов возглавить партию. К несчастью, эти уроки оказались невыученными. Демократы продолжали пренебрегать разъяснением своей политики, которое было необходимо, чтобы люди не чувствовали себя только жертвами реформ. Они остались группой поддержки Ельцина, полагаясь на его популярность. Но избиратели, сказав «нет» советской системе, надеялись, что их поведут к лучшему будущему. И это была ситуация, которая давала козыри популистам. Позиция демократически настроенных журналистов проигрывала агрессивной риторике СМИ, которые поддерживали националистов и коммунистов. И даже умеренные издания стали сдвигаться в сторону Жириновского и Зюганова.

В такой обстановке я не ожидал большого понимания со стороны депутатов и широкой поддержки своей внешнеполитической линии в думе. Тем не менее разделял общее мнение советников президента о необходимости сотрудничества с думой.

В качестве практического шага Ельцин разрешил мне неофициально встретиться с бывшим депутатом-коммунистом Иваном Рыбкиным. Рыбкин был из умеренных коммунистов, что не помешало ему поддержать КПРФ в октябре 93-го и встать на сторону Руцкого и Хасбулатова. Рыбкин избрался по партийному списку, но дал нам понять, что готов к сотрудничеству.

После обеда один на один с Рыбкиным я доложил Ельцину, что он мог быть хорошим кандидатом на роль посредника как между различными фракциями, так и между парламентом и правительством. Вскоре Рыбкин получил место спикера думы.

Я расходился с большинством из тогдашнего окружения Ельцина. Преобладающее мнение в президентской команде было таким: надо учитывать консервативные и патриотические взгляды парламентского большинства и искать компромисс. Я был не против компромисса, но считал, что уступки не должны затрагивать принципиальные вопросы. По моему мнению, мы не должны были отказываться от ключевых позиций по вопросам реформ. А вот изменить тон и акценты в нашей аргументации можно и нужно. Президент, похоже, думал иначе. После избрания Рыбкина он практически отгородился от гражданского общества стеной укрепившейся бюрократии, которая в основном разделяла взгляды консервативных депутатов и не была способна ни на что, кроме оппортунистического маневрирования.

Я победил, но мы проиграли

В конце 1993 года я полагал, что шанс радикально трансформировать Россию в современную демократию со свободной рыночной экономикой уже упущен. Политические и экономические реформы застопорились на полпути, возможно, на продолжительное время, а новой внешней политике неизбежно подрежут крылья. В результате полуреформированная Россия будет разрываться между полюсами своей двойной идентичности. Коммунистическое наследие, отягощённое неоимпериалистическими и антизападными комплексами, обрекало страну на разногласия с Соединёнными Штатами и Европой, отталкивало наших новых соседей. Но, как бы то ни было, новая конституция, декларирующая свободы, и фактический переход к рынку всё равно будут продвигать Россию в сторону Запада, чтобы стать частью современного мира. Противоречивые тенденции были очевидны, и с ними надо было как-то сосуществовать.

Эта ситуация вынудила меня скорректировать цели, которые я поставил себе, а Ельцин — российской внешней политике. Хотя завершить радикальную трансформацию было невозможно, оставалось пространство для манёвра с целью минимизировать советское наследие. Я должен был сделать мою политику более приемлемой для прагматиков из неосоветской элиты и постараться выбить почву из-под ног популистов.

Алармистские разговоры в Вашингтоне о «новом Козыреве», националисте и имперце, демонстрировали неспособность моих западных партнёров осознать реальность. Я просто сместил акцент с общности интересов с Америкой на позицию «сначала интересы России». При этом настаивал, чтобы моя страна выстроила свой курс, который вёл бы её в клуб западных демократий.

В последний день 1993 года я сделал несколько кратких заметок в дневнике: «Отныне игра называется компромисс. Хорошо, сыграем в неё, но только до тех пор, пока баланс будет удовлетворительным — то есть до тех пор, пока старорежимные реакции общества и Ельцина не превысят 60–70 процентов. Участвовать в поистине неосоветском эксперименте было бы слишком отвратительно. К тому же это было бы трудно, даже если бы я захотел, так как старая номенклатура никогда не примет меня как своего. Но главное, я хочу остаться в истории как первый министр иностранных дел России, который открыто защищал и проводил политику сотрудничества с нашими соседями и выступал за альянс с Западом».

Результаты года бурных перемен принесли много разочарований и мало поводов для оптимизма.

***

За два прошедших года СНГ мирно заменил Советский Союз. Россия вышла из внутренней политической борьбы 1992–1993 годов с новой демократической конституцией, развивающимся частным сектором в бизнесе и новой внешней политикой. В целом я был удовлетворён избранием в новый парламент и своим положением в кругу ближайших министров Ельцина.

Однако мой оптимизм относительно будущего почти исчез. Раньше я работал над продвижением политики мирного сотрудничества с Западом и соседними странами, теперь мои амбиции были скромнее — предотвратить откат назад. Зловещие силы сплачивались против дезорганизованных и разочарованных защитников добра. Быстро тающие надежды на помощь Запада усугубляли печальную картину.

Глава 9.
Упущенные возможности

Клинтон помогает в денуклеаризации Украины

В начале января Североатлантический альянс одобрил американское предложение учредить «Партнёрство во имя мира». «Партнёрство» должно было, по замыслу, стать механизмом, с помощью которого заинтересованные страны могли сотрудничать с блоком и готовиться к вступлению в него. Российские послы сообщали: европейские правительства стран — членов НАТО положительно оценили поддержку Ельциным «Партнёрства ради мира» в том виде, в котором эта программа была представлена ему Уорреном Кристофером и Строубом Тэлботом. Текст коммюнике, несмотря на определённую двусмысленность, предполагал, что «Партнёрство» является пусть временной, но альтернативой расширению НАТО на восток. Это давало сторонам возможность начать диалог Россия — НАТО по существу. Я надеялся, что отправной точкой станет официальный визит Клинтона в Москву в середине января 1994 года. Но всё оказалось сложнее.

Во время визита в Прагу Клинтон заявил, что вопрос не в том, будет ли расширяться НАТО, а в том, когда и как это будет сделано. Его слова немедленно были переданы российскому президенту. Ельцин был в ярости. Для него это был не только политический удар — он чувствовал себя так, будто его перехитрил и предал его друг. «Почему Билл так поступил со мной? — спрашивал он. — Я начинаю думать, что прав Примаков, и американцам нельзя доверять. Примаков всё-таки более опытен в международных делах...» Ситуация усугублялась многочисленными публикациями в российской прессе, которые обвиняли США и НАТО в лицемерии и попытках использовать дипломатию как ширму для реализации агрессивных планов.

Путь Клинтона из Праги в Москву лежал через Киев. Там американский президент встретился со своим коллегой Леонидом Кравчуком, и в российскую столицу они прибыли вместе. Три президента подписали соглашение по двум фундаментальным обязательствам. Первое: Украина соглашалась передать все ядерные боеголовки России, где их следовало уничтожить. И второе: взамен Украина получала гарантии безопасности (позднее закреплённые в Будапештском меморандуме), компенсацию за высокообогащённый уран, имеющий промышленное применение, и техническое содействие Соединённых Штатов в ликвидации ядерной инфраструктуры и ракет.

Я испытал чувство облегчения: безъядерный статус Украины становился фактом. Но вместе с тем меня беспокоила неспособность Украины и России договориться без посторонней помощи. Мою тревогу, кажется, разделяли все — от Ельцина до российской прессы. У Киева были свои поводы для беспокойства. Украина хотела, чтобы её воспринимали как самостоятельного игрока на международной арене. Но в то же время она нуждалась в гарантии третьей стороны, особенно в вопросе нерушимости её государственных границ.

Не понимающий этих нюансов Клинтон, его дипломаты и пресс-секретарь изо всех сил старались подчеркнуть роль американского президента в подписании соглашения. Победные реляции, наверное, улучшили образ Клинтона на родине, но для нас они создали существенные трудности. Общественное мнение в России становилось всё более антиамериканским.

Желание Клинтона произвести впечатление на «домашнюю» аудиторию за счёт России Ельцину очень не нравилось. «Джордж Буш никогда не прибегал к таким трюкам, — говорил он, — даже в конце тяжёлой избирательной кампании». Чтобы смягчить это негативное впечатление, я обратил внимание Ельцина на существенную важность американского вклада.

В международных делах есть не так много примеров такого справедливого и здравого поведения, которое продемонстрировала администрация Клинтона (а до неё — кабинет Буша) в весьма чувствительном вопросе. «В лучших традициях *realpolitik*, — сказал я, — американцы могли бы использовать проблемы между Украиной и Россией, чтобы разделять и властвовать, спекулируя на проблеме украинских ядерных вооружений. В конце концов, ещё совсем недавно Россия считалась стратегическим противником Америки, который попытался угрожать Штатам ядерным оружием с территории Кубы. Благоразумное отношение Америки к вопросу денуклеаризации Украины ярко продемонстрировало ценность нового партнёрства России с Соединёнными Штатами». Ельцин слушал меня внимательно и кивал, вроде бы соглашаясь. Но я почувствовал, что он был не вполне искренним.

Президент Украины быстро покинул Москву. Двусторонний российско-американский саммит начался с торжественного ужина. Клинтону подарили позолоченный саксофон, на котором он сыграл после того, как все вдоволь выпили водки, закусывая икрой. На следующее утро переговоры пошли по уже традиционному сценарию: ни один вопрос не был рассмотрен глубоко, все проблемы президенты переадресовали дуэтам Черномырдин — Гор, Козырев — Кристофер, министрам по атомной энергии Михайлову — Дэвису для последующего обсуждения и представления на очередном саммите.

В конфиденциальных дискуссиях о расширении НАТО и публичных выступлениях на эту тему в предшествовавшие месяцы Клинтон склонялся то к одной позиции, то к другой. Его «вариации на тему» простирались от «„Партнёрство" сейчас, расширение в будущем» до «Процесс расширения уже запущен». Ну и масса ни к чему не обязывающих оговорок. «Не беспокойтесь, это просто мысли вслух» или «Ничего не будет сделано без вас или без ведома России». Такие беспорядочные высказывания не позволяли вести осмысленное обсуждение этого вопроса, не говоря уже о достижении соглашения.

Мне так и не удалось убедить Ельцина провести серьёзную встречу с американским президентом, на которой обе стороны представили бы свои ясно сформулированные позиции. Вместо того чтобы остановить бессистемные разглагольствования Клинтона, Ельцин отвечал в такой же манере. Он принял его игру двойных формулировок и адресовал внешним слушателям мягкий вариант, а российской аудитории — жёсткий. Такого рода взаимная двойственность порождала негативную реакцию у антизападников в Кремле и приводила в замешательство российских демократов.

На пресс-конференции по итогам саммита в Москве оба президента не уступали друг другу в показном дружелюбии, пытаясь скрыть, как мало им в действительности удалось достичь.

Последние достижения

Тем временем, после успеха на декабрьских выборах, Жириновский и прочие националисты стремились конвертировать свою победу в реальные политические перемены. Самой лакомой темой для идеологических спекуляций оставалось положение 25 миллионов этнических русских в новых независимых странах, которые в одночасье почувствовали себя иностранцами. Я всерьёз опасался, что националисты захотят использовать эту проблему для оправдания военной интервенции. В качестве непосредственного предлога для вмешательства некоторые высокопоставленные военные, включая генерал-лейтенанта Александра Лебедя, уже указывали на этническую напряжённость в соседних странах (на самом деле подогреваемую политиками с российской стороны). На этой теме ещё в 1992 году делал упор в своём манифесте и член Президентского совета политолог Андраник Мигранян, который все эти годы был моим непримиримым критиком.

Одновременно всё более сильными становились идеи изоляционизма, которые были близки группе влиятельных генералов в Москве. Они выступали за немедленный вывод всех российских войск из-за рубежа, отказываясь рассматривать даже саму возможность участия в миротворческих операциях в бывшей Югославии. В основе лежало несогласие генералов с международными правилами миротворческих миссий и содержания баз на иностранной территории. Впрочем, свою роль сыграла и усталость от участия в миротворческих операциях без поддержки ООН. Чем бы ни был вызван подобный эскапизм, он был равносилен шантажу. Развяжите нам руки или будьте готовы принять потоки беженцев, эскалацию вооружённых конфликтов на границах страны и безработных военнослужащих в рядах националистов.

Желание генералов отказаться от выполнения миротворческих заданий могло иметь такие же бедственные последствия, как и угрозы интервенции. Наши отношения с соседними странами, не уверенными в намерениях Москвы, страдали от их растущего недоверия.

В такой ситуации проведение новой внешней политики России стало походить на упражнения по эквилибристике. И публично, и в частных дискуссиях с министром обороны Грачёвым и моими партнёрами на Западе я объяснял, что при определённых обстоятельствах российские войска необходимы для защиты мирных людей в местах конфликтов под миротворческим флагом. В исключительных обстоятельствах они могут быть призваны действовать и без миротворческого мандата, как делали американцы в семидесятые годы в Гранаде и Панаме.

Что касалось российских (бывших советских) войск, расквартированных вне зон прямых конфликтов, я настаивал на их возвращении в Россию. Альтернативой могли стать официальные договорённости о военных базах с теми правительствами, которые хотели сохранить российское военное присутствие — такие тоже были. Мои слова и дела были недвусмысленно направлены против имперских намерений и не выходили за рамки международного права.

Эти предложения я повторил на ежегодном собрании российских послов в начале февраля 1994 года. Ответом на Западе и особенно в Восточной Европе стала, как выражаются дипломаты, «определённая озабоченность».

На самом деле это была довольно эмоциональная реакция. Шумиха поднялась, после того как один латвийский корреспондент сообщил, что я угрожал применить силу против стран Балтии и отказался вывести российские войска. Я, разумеется, ничего подобного не говорил. Но Вашингтон поспешил с официальном заявлением, в котором выразил сожаление по поводу возврата Москвы к старой политике. Тут уже многие политики в Москве поддались эмоциям. И, конечно, обвинили США в том, что они продолжают рассматривать Россию сквозь призму холодной войны. Ну и уже в мой адрес — несмотря на «проамериканскую» политику МИДа.

Ельцин в своём первом послании новому парламенту 24 февраля 1994 года отреагировал на все эти дискуссии, заявив, что русские за границей будут защищены «на деле, а не только на словах». Оппозиция интерпретировала это в свою пользу. Но вскоре и я был вознаграждён — через несколько дней президент подписал указ, поручавший министерству обороны и МИДу начать переговоры с соседними странами по заключению соглашений о военных базах в рамках международного права, оставить там только взаимно согласованные контингенты, и вывести остальные войска.

Латвия одной из первых воспользовалась этим указом Ельцина — Рига уже несколько лет просила Россию вывести боевые подразделения и военных специалистов, обслуживавших радарную станцию раннего обнаружения в Скрунде. Две радарные установки, установленные на ней, имели важное значение для СССР, позволяя отслеживать возможные траектории направленных против него межконтинентальных баллистических ракет и контролировать спутники.

Подписанию соглашения по Скрунде поспособствовал и Строуб Тэлбот, представляющий госдепартамент США. В результате документ был подписан уже в апреле 1994 года. Разрешалось использовать станцию ещё четыре года, после чего Россия должна была демонтировать её и вывести обслуживающий персонал. Это же соглашение гарантировало Латвии порядок вывода российских войск с её территории. Соглашение было выполнено: в сентябре 1998 года специальная группа ОБСЕ удостоверилась, что объект прекратил свою деятельность, и начался вывод войск.

Холмы Сараева

Невзирая на то, что Россия в начале 1994 года находилась в глубоком экономическом кризисе с галопирующей инфляцией на фоне существенного замедления реформ, новоизбранная дума на одном из своих первых заседаний нашла время для обсуждения довольно далёкого от России кризиса в Боснии. Я посчитал приоритет, отданный этому вопросу, неуместным и решил, что дума, скорее всего, использует внешнеполитический вопрос как предлог, чтобы уйти от сложных внутренних проблем. Так и получилось. К тому же дебаты предсказуемо оказались упражнениями в антизападной и националистической риторике. Дума почти единогласно приняла резолюцию в защиту всех сербов, включая боснийских.

Вопреки сильному политическому противодействию со стороны России, НАТО предъявила боснийским сербам ультиматум: или они в течение десяти дней отводят тяжёлые вооружения из окрестностей Сараева, или по ним будут нанесены воздушные удары. К объявлению этого ультиматума НАТО подтолкнули ужасные кадры взрыва на субботнем рынке в центре боснийской столицы — последнего из серии бесчисленных преступлений против человечности, совершённых боснийскими сербами.

Несмотря на то что дума, большинство СМИ и политическая элита России открыто требовали от Кремля сильного ответа на угрозу бомбардировок как недопустимую в принципе, Ельцин выбрал более сбалансированную позицию. Его публичные комментарии наутро после объявления ультиматума сводились к тому, что альянс не должен принимать подобные важные решения, глубоко затрагивающие Россию, без консультаций с Москвой. В ответ последовали запоздалые телефонные звонки из Вашингтона и других западных столиц Ельцину и мне. Мы услышали просьбы использовать влияние России на сербов, чтобы они отвели вооружения, и тогда НАТО не придётся реализовать угрозы. Это было правильным шагом, но недостаточным. Таким образом Запад признавал Россию важным собеседником по острым вопросам стратегии НАТО — важным, но не полноправным. Альянс по-прежнему не собирался консультироваться с Россией по поводу конкретных действий.

Как я и ожидал — и предостерегал наших западных коллег, — их отказ от включения России в процесс принятия решений вызвал новый виток напряженности в Москве и осложнил обсуждение «Партнёрства». После ультиматума сербам перспективы благоприятных отношений Россия — НАТО и даже Россия — Запад зависели от возможности быстро создать систему «раннего предупреждения» о действиях НАТО в рамках «Партнёрства» или в какой-то другой форме.

Мне в равной степени не нравилась защита Россией воинственных боснийских сербов и исключение нас из равноправного участия в принятии решений мировыми державами. Недавно мне стоило немалых усилий убедить Ельцина не пользоваться правом вето при обсуждении резолюции ООН, разрешавшей авиаудары НАТО в случае нападения на миротворцев ООН в Боснии. Решающим аргументом стал такой. «Мы, — сказал я президенту, — просто не имеем права оставлять в Боснии и наших миротворцев без защиты». Теперь НАТО ссылалась на эту резолюцию в оправдание своих действий. Это было не совсем корректно. Во-первых, по условиям ультиматума воздушные удары наносились бы не как адекватный ответ на нападение на персонал ООН, а как наказание за невыполнение других требований НАТО. Во-вторых, согласно резолюциям ООН разрешение на удар могло быть дано только в ответ на конкретную просьбу командующих силами ООН на земле и только генеральным секретарём ООН после консультации с постоянными членами Совета Безопасности, включая Россию.

Генеральный секретарь ООН Бутрос Бутрос-Гали, которого Ельцин глубоко уважал, настаивал на том, что удары необходимы, и сообщил, что попросил НАТО их нанести. В принципе, он и НАТО имели полное право на такую позицию: сильный ответ на зверства сербов в сердце Европы был необходим. Тем не менее явно односторонний характер решения НАТО и её легкомысленное обращение с ООН были восприняты российским общественным мнением как умышленное оскорбление. Что, конечно, в полной мере использовали антизападные силы. В попытке сдержать агрессивный сербский национализм НАТО вызвала всплеск национализма в намного более мощной России. Последствия этого до сих пор проявляются в её внутренней и внешней политике.

Я останавливаюсь на этих деталях, для того чтобы моя позиция была полностью понятна. На мой взгляд, в подобных ситуациях США и НАТО целесообразнее было вообще не иметь мандата ООН и действовать самостоятельно, чем сначала достигать компромисса с Россией, а затем хитрить и всячески обходить его. Открытая односторонняя операция имела бы преимущества с моральной и политической точки зрения, тогда как фиговый листок, неумело прикрывающий применение силы, вызывал подозрения, презрение и злость.

Мой заместитель Виталий Чуркин, специальный представитель российского президента на переговорах по бывшей Югославии (позднее он станет постоянным представителем Российской Федерации при ООН), к тому моменту уже провёл некоторое время в поездках между Белградом и Сараево, пытаясь убедить сербов отвести свою артиллерию. Чуркин знал, что после натовского ультиматума Милошевич удвоил давление на боснийских сербов, чтобы добиться их отхода, но военное командование утверждало, что отвод артиллерии позволит превосходящим силам пехоты мусульман захватить позиции сербов и что миротворцы ООН ничего не сделают, чтобы этому помешать. Они сказали Чуркину, что не доверяют никому, кроме России, особенно после угрозы бомбовых ударов.

— Если бы наши миротворцы могли прийти на защиту сербов, — сказал мне Виталий по телефону, — появился бы шанс на более разумное поведение сербской стороны. Но это полностью исключено.

— Почему? — спросил я. — Я могу поговорить с Бутросом-Гали об этом.

— Проблема не со стороны ООН, а со стороны России, — ответил Виталий. — 14 февраля ООН задала нашим военным вопрос, можно ли перебросить в Сараево российские войска, выполняющие миротворческую миссию в Хорватии. После консультации с министерством обороны последовал отказ. Причина — в позиции Грачёва, который считает сараевский сектор слишком опасным, а после натовского ультиматума вообще не хочет иметь никаких отношений с блоком.

— Подожди минутку! — почти закричал я, перебивая Чуркина. — Проверь, пожалуйста, на самом ли деле сербские офицеры согласятся отвести артиллерию под российским прикрытием. Попроси их политического лидера и, возможно, Милошевича это гарантировать. Со своей стороны я сделаю всё возможное, чтобы убедить Грачёва и президента прислать войска из Хорватии.

Следующие два дня мы выбивались из сил, чтобы добиться согласия военных. И нам это удалось. 16 февраля российское военное командование сообщило ООН, что оно согласно перебросить войска в Сараево, что и было быстро сделано. Тут же боснийские сербы начали вывод своей артиллерии, и 20 февраля, в день истечения ультиматума, ООН объявила, что она удовлетворена, и необходимость в воздушных ударах отпала.

СМИ, в том числе и на Западе, говорили о большой победе России, приветствуя её возвращение на мировую политическую арену в роли важного и независимого игрока. Общественное мнение в стране торжествовало: Россия доказала своё влияние на мировые процессы.

Это влияние, я не уставал повторять моим западным партнёрам, может работать и к их пользе. Но надо понимать, что Россия, которая находится в поисках новой идентичности, нуждается в понимании со стороны западных партнёров — а если говорить прямо, в помощи. К сожалению, несмотря на официальные заверения в дружбе, мы постоянно сталкивались с конкуренцией и плохо прикрытой враждебностью Вашингтона.

Британец Дэвид Оуэн, занимавший в те годы пост сопредседателя Международной конференции по бывшей Югославии, в своих мемуарах «Балканская Одиссея» подтвердил мои впечатления: «Большинство европейцев с энтузиазмом приветствовали переброску российских войск в Сараево. В Вашингтоне реакция была более сдержанная. Похоже, там боялись, что присутствие российского контингента помешает воздушным ударам и не хотели привлекать Россию официально к принятию решений в рамках НАТО».

США предупредили Россию о недопустимости несогласованных действий в «чувствительных» областях. Это значило, что мы не имеем права ни на какие самостоятельные действия в принципе. Отношения подчинения, которые стремился установить Вашингтон, были смертным приговором не только для новой внешней политики, которую я пытался сохранить, но также и для доверия между Россией и США. В результате отношения свелись к кризисному управлению.

Встреча с госсекретарём США: всё сложно

14 марта мы встретились с госсекретарём США Уорреном Кристофером во Владивостоке. Я поделился с ним своими тревогами, о которых писал выше. И предложил сделать выбор между двумя моделями взаимоотношений между США и Россией: или тесная координация и совместное принятие решений, или более свободное партнёрство, включающее элементы координации, но при свободе действий для каждой стороны

для достижения согласованных совместно целей. Однако США, как я понял, выбрали для себя смешанную формулу. Первая модель (требование тесно согласовывать свои действия) это для России, а вторая модель (свободное следование своим целям) — для США. Эта позиция не могла нас устроить.

Я предложил в качестве примера дипломатического подхода двух стран к положению на Ближнем Востоке. Я не ставил под сомнение главную роль США в этом регионе — Вашингтон оказывал помощь Израилю и ряду арабских стран на сотни миллионов долларов. Но при этом Россия тоже исторически играла важную роль и сохраняла на Ближнем Востоке значительные интересы. Мы приложили немало усилий, чтобы улучшить отношения со странами, которые СССР считал враждебными, в частности с Израилем, и не имели намерения вернуться к роли защитника его врагов. И всё же палестинцы по-прежнему охотнее прислушивались к нам как своим традиционным друзьям. Незадолго до этого российские дипломаты вернули Арафата и Рабина за стол переговоров, после того как инцидент, повлекший гибель мирных людей, спровоцировал их прекращение. Я полагал, что смогу, опираясь на свою прозападную репутацию, убедить Запад в мирных намерениях России. Наверное, я ошибался: и тогда, и позже я не раз слышал от израильтян, что им было трудно воспользоваться потенциальными выгодами от наших инициатив из-за негативной реакции Вашингтона.

Как и год назад, я почувствовал, что Кристофер почти меня не слушал. Позднее я узнал от одного американского друга, что госсекретарю США наскучили мои «лекции про общие места» и он в принципе не считал, что есть какое-либо неравенство в отношениях между США и Россией. К вопросу о предложенных мной двух вариантах — более тесной или более свободной координации, мы уже не возвращались.

Блокпосты на пути к партнёрству с НАТО

Подписание Россией рамочного соглашения программы «Партнёрство во имя мира», стандартного документа, позволявшего начать работу по содержательной программе сотрудничества, было предварительно намечено на 21 апреля 1994 года. Это должно было произойти во время встречи министров иностранных дел стран НАТО. Меня пригласили специально с этой целью. Но накануне встречи в России произошла жаркая политическая схватка. Глава Комитета по международным делам Владимир Лукин сравнил наше присоединение к «Партнёрству» с согласием на политическое «изнасилование» России, поскольку альянс проигнорировал российские возражения в Боснии и свободно делал всё, что ему заблагорассудится. Андраник Мигранян, в свою очередь, заявил, что, принимая «Партнёрство», Россия «не присоединяется к системе безопасности, а признаёт НАТО единственной системой безопасности». Видный думский деятель Константин Затулин высказался ещё резче: «„Партнёрство“, — заявил он, направлено на то, чтобы изолировать Москву не только в Европе, но и на постсоветском пространстве». Последнее утверждение хорошо иллюстрировало извращённую логику российских имперцев. Все новые независимые государства уже сотрудничали в рамках программы, о какой изоляции речь, если Москва идёт по тому же пути?

Не только МИД, но и министр обороны Грачёв и его офицеры защищали «Партнёрство» в прессе и во время слушаний в Думе. И опять пресс-секретарь президента Вячеслав Костиков, позже уволенный, воткнул нам нож в спину. Тридцать первого марта он объявил, что ввиду различий во мнениях в обществе и в парламенте относительно присоединения к «Партнёрству» спешить не следует и что процесс займёт по меньшей мере шесть-семь месяцев. Такой вывод, сказал Костиков, он сделал из разговора с президентом.

Мы с Грачёвым бросились к президенту, который твёрдо сказал, что, несмотря на постоянное давление, он не меняет своего решения подписать рамочный документ «Партнёрства» в апреле. На следующее утро на фоне бесконечных спекуляций в зарубежной и российской прессе относительно истинных намерений Москвы я подтвердил решение подписать документ 21 апреля. Министерства обороны и иностранных дел ускорили подготовку к подписанию.

***

Нокаутирующий удар по нашим планам 11 апреля мы получили от НАТО. Без консультаций с Россией и даже предварительного уведомления о своих намерениях альянс нанёс воздушный удар по позициям боснийских сербов. Мы были шокированы таким высокомерным пренебрежением нашими интересами со стороны Соединённых Штатов (удары наносили американские самолёты). И это, несмотря на нашу достаточно жёсткую публичную позицию: Россия осудила действия сербов, которые активизировали осаду мусульманского анклава Горажде, и удар по силам ООН, размещённым в городе.

Клинтон опять позвонил Ельцину только через несколько часов после того, как бомбардировки состоялись и о них сообщила пресса. Репортёры окружили российского президента в аэропорту, когда он отправлялся с официальным визитом в Мадрид. «Я настаиваю, что такие важные решения как воздушные удары, не должны приниматься без консультаций между Россией и США», — заявил он, не скрывая своего возмущения. За этим последовал весьма эмоциональный обмен мнениями со мной и Грачёвым. Мы пришли к заключению, что не присоединимся к «Партнёрству», пока в программу не будут включены надёжные условия, обеспечивающие консультации между НАТО и Россией в случаях такого рода.

В России были ошеломлены односторонними ударами НАТО. Как это лаконично описал сторонник реформ Сергей Шахрай, возглавлявший центристскую думскую фракцию Партии российского единства и согласия, «бомбардировка сербских позиций без малейшего уведомления — это пощёчина России, которая усилит национал-патриотов вроде Жириновского».

«Похоже, — приходил к заключению Георгий Бовт, обозреватель „Коммерсанта“ в номере от 16 апреля, — что, если бы бомбардировки не произошли, „ястребам“ следовало бы их заказать из Москвы, так как после них смутные антизападные ощущения приняли у россиян отчётливую форму, к которой они привыкли с детства: „Они против нас!“».

Вопрос о подписании рамочного документа в апреле был снят с повестки дня.

***

Теперь моей главной заботой было предотвращение полномасштабного системного сдвига: несмотря ни на что, мы не должны были причислять США к враждебным странам, а боснийских сербов изображать невинными жертвами. Напряжённость с НАТО возникла не из-за сути партнёрства, а из-за возникающих проблем, утверждал я. У НАТО и раньше были большие трудности с консенсусом среди стран-участниц, а сейчас альянсу приходится консультироваться и с партнёром извне. Это действительно реальная проблема. Поэтому положение о политических консультациях должно стать дополнением к стандартному соглашению о «Партнёрстве», которое будет относиться к России. Соглашение вместе с дополнением мы предложили назвать «Партнёрство плюс».

«Продать» это на внутренней и международной арене было тоже непростой задачей. В публичных выступлениях и в разговорах с Ельциным я подчёркивал, что это единственный путь, чтобы избежать изоляции, — большинство восточноевропейских и даже некоторые страны СНГ уже присоединились или находились на финальных этапах присоединения с «Партнёрству». В этом я пользовался поддержкой, хоть и не всегда искренней, военных и умеренных парламентариев, которых, несмотря на оскорбительный характер односторонних действий НАТО, по-прежнему привлекал потенциал партнёрства с ней. Однако те же самые люди оказывались восприимчивыми к сомнениям, которые выражала Служба внешней разведки относительно готовности НАТО к существенной военно-политической координации с Россией.

«Ястребы» в Кремле и в думе, уже праздновавшие победу над «Партнёрством», были в ярости от предложения ещё более далеко идущей программы «Партнёрство плюс». «Партнёрство» или «Партнёрство плюс» было — по их мнению — равноценно легитимизации НАТО с её экспансионистскими устремлениями.

На одном из совещаний за закрытыми дверями с участием ключевых министров Ельцин выслушал обе стороны. Казалось, он воспринял и мой аргумент о потенциальной изоляции России, и аргумент моих оппонентов о вероятной отрицательной реакции в стране на расширение НАТО. Однако международный аспект перевесил в его расчётах. Вероятно, потому что внутриполитические аспекты не требовали немедленного ответа: следующие парламентские и президентские выборы предстояли не раньше декабря 1995 и июня 1996 года соответственно. Закрывая совещание, он попросил участников сообща подготовить меморандум, основанный на концепции МИДа, и отправил меня попытать счастья с НАТО: «Мы хотим партнёрства, которое бы отражало наш статус сверхдержавы, и нерасширения альянса». После продолжительного спора мне удалось вставить в эту формулу уточнение «поспешного расширения». Она и осталась в итоговой версии меморандума.

Не менее тяжело было добиться одобрения «Партнёрства плюс» от НАТО. Мне снова пришлось разъяснять, что, если альянс хотел включить Россию в процесс трансформации НАТО, альтернативы нет. Эта мысль приводила Уоррена Кристофера в ужас. Его преследовал страх быть обвинённым Восточной Европой в том, что он уступает давлению Москвы за их счёт. Два вопроса стояли в центре обсуждения: предоставление России специального статуса как привилегированному партнёру и потенциальная возможность помешать малым странам стать членами НАТО даже в случае их попытки сделать это «без спешки».

Британский министр иностранных дел Дуглас Херд блестяще сыграл роль посредника между американскими и российскими дипломатами. С помощью Херда мы выработали формулировки, которые в итоге удовлетворили всех. Как единственная европейская страна — член Совета Безопасности ООН, не являющаяся членом НАТО и имеющая ядерное оружие, Россия обладала правом на особый подход, что не должно было задевать других участников «Партнёрства». Вскоре российские и натовские дипломаты, а также военные эксперты начали работу над текстом дополнительного протокола. Мы рассчитывали его подписать одновременно с рамочным соглашением, как только уляжется пыль от бомбёжек. Несмотря на то что могущественные силы в Вашингтоне и Москве всячески противились соглашению, сея взаимные подозрения, я по-прежнему продолжал надеяться на лучшее. Для нашей страны было жизненно важно выстроить равноправное сотрудничество с тесными политическими связями. Это в огромной степени отвечало не только интересам России, но и интересам её партнёров.

Важные шаги вперёд

Боснийские сербы ответили на удары НАТО эскалацией своих военных действий. Ну а просербская фракция в Москве вовсю раздула истерию по поводу бомбёжек НАТО. В этой ситуации МИД приложил особые усилия, чтобы проинформировать российские СМИ, а через них общество о реальном положении дел. Скоро некоторые газеты, такие как «Известия» и «Коммерсантъ» стали публиковать критические материалы о действиях боснийских сербов, об осадах и этнических чистках в Горажде и других зонах, находившихся под защитой ООН.

Виталий Чуркин, вернувшись в Москву после марафона челночной дипломатии в бывшей Югославии, не скрыл от прессы своего разочарования бесконечной чередой обманов со стороны лидеров боснийских сербов. Он не подбирал выражений и сказал, что боснийские сербы намеренно сталкивают Россию с Западом в интересах своей агрессивной политики, сводят роль России к роли «банановой республики». Этот выпад попал в заголовки мировой прессы. Разумеется, националисты назвали это ещё одним подтверждением предательства МИДа по отношению к «славянскому братству» и потаканием «антисербской» кампании НАТО.

Высказывания Чуркина довели до сведения Ельцина с поразительной быстротой и в соответствующей негативной интерпретации. В 8:45 утра телефон прямой линии с президентом зазвонил у меня в кабинете. Почему это заместители министров рассказывают прессе о результатах своих миссий, не проинформировав сначала главу государства, спросил Ельцин. А другие стороны боснийского конфликта что, ангелы? Может быть, Чуркин теряет способность поддерживать связь с сербами и сохранять сбалансированную позицию в конфликте?

Вопросы были не из приятных. Мне пришлось признать, что высказывания моего коллеги были слишком резкими для дипломата, но, возможно, они были вызваны усталостью, заметил я. И постарался объяснить президенту, что Чуркин уже долгое время находился в горячем регионе, превосходно делая изнуряющую работу. Про себя я подумал, что лидеры боснийских сербов заслуживали ещё более крепких слов за свои продолжавшиеся массовые убийства. Я напомнил Ельцину, что не только европейские лидеры, но даже Милошевич осудил агрессивные действия боснийских сербов. И все они хвалили усилия Чуркина. Суровое обращение с Чуркиным повредит нашему имиджу, сказал я в заключении разговора. После напряжённой паузы Ельцин сказал, что моя работа как министра — обеспечить, чтобы российские дипломаты вели себя как подобает.

После этого разговора я первым делом сделал заявление для прессы о том, что мы находимся в процессе оценки ситуации в Боснии. Через несколько дней я сделал второй шаг, публично отметив, что не стоит недооценивать решимость международного сообщества, включая Россию, остановить войну и обуздать поджигателей войны всеми средствами, включая силу.

Ельцин также выступил с предупреждением боснийским сербам и призвал их не пересекать черту.

На Западе эти заявления восприняли как предложение возобновить сотрудничество по Боснии после сердитой реакции Москвы на воздушные удары. Поскольку удары оказались контрпродуктивными и не остановили агрессию боснийских сербов, сначала Европа, а затем и Соединённые Штаты стали поглядывать на Россию в поисках политического решения. Один за другим мои западные коллеги просили, чтобы мы использовали наше влияние на Милошевича и, если возможно, на боснийских сербов, обещая в будущем консультироваться с Москвой.

Дуглас Херд снова проявил себя блестящим дипломатом, оперативно пригласив в Лондон министров иностранных дел России, США, Франции, Великобритании и Германии для неофициальных переговоров. Так родилась Контактная группа по Боснии и Герцеговине. В июле 1994 года она выдвинула новый мирный план, который предусматривал, что Федерация хорватов и мусульман (такое государственное образование предложили создать американцы) получит 51 процент боснийской территории, а сербы — 49 процентов.

Этот план, во многом основанный на мирном плане Вэнса — Оуэна, предполагалось представить конфликтующим сторонам как мирный ультиматум. План включал набор стимулов, в том числе постепенное снятие санкций с Сербии и Черногории, если Милошевич примет план. Стимулы сочетались с угрозой наказания — вплоть до принуждения силой и ударов НАТО, если план не будет принят.

В последующие три месяца Контактная группа напряжённо работала над планом, невзирая на то, что американцы затягивали дело в части стимулов, а русские делали то же самое в вопросах принуждения. И всё-таки объединённый фронт мировых держав вынудил Милошевича объявить о своей поддержке плана, осудить сопротивление ему со стороны лидеров боснийских сербов и объявить закрытой границу между

Сербией и территорией, которую контролировали боснийские сербы. После этого США согласились приостановить некоторые санкции против Сербии и Черногории. Когда, после долгих лет осады, первый международный рейс приземлился в Белграде, сербы ликовали. Мы встретились с Милошевичем в начале октября, и он сказал мне, что наконец-то у него появились основания усомниться в теории международного заговора во главе с Америкой и Германией с целью задушить сербов. Его давление на воюющих боснийцев усилилось.

В ноябре Североатлантический альянс снова нанёс воздушные удары по сербским войскам, атаковавшим районы, которые находились под защитой ООН. Несмотря на то, что это снова было сделано без предварительного информирования России, Ельцин воспринял это намного спокойнее, направив свою критику в адрес «тех, кто отверг мирные инициативы международного сообщества и спровоцировал воздушные удары своими безответственными действиями». Это было мужественное заявление, потому что оно было брошено в лицо Думе, почти единогласно одобрившей резолюцию с осуждением действий НАТО как несанкционированных.

После трудностей на начальном этапе был также достигнут прогресс в диалоге НАТО — Россия. Двадцать второго июня 1994 года я подписал рамочный документ «Партнёрства во имя мира» и протокол «Партнёрство плюс», в котором говорилось: «Россия и НАТО согласились подготовить широкомасштабную индивидуальную программу партнёрства с учётом размеров, важности и потенциала России».

Ельцин и его западные коллеги торжественно поддержали Контактную группу и «Партнёрство плюс» на саммите Большой семёрки в Неаполе в середине июня, на который президент России был впервые приглашён в статусе полноправного участника в части обсуждения политических вопросов. На таком повышенном статусе, судя по всему, настоял Клинтон. Это было своего рода компенсацией за присоединение России к «Партнёрству» и обязательство вывести войска из стран Балтии к 31 августа 1994 года. Я увидел обнадёживающий знак в решении Ельцина назначить дату вывода войск, несмотря на оппозицию в Думе и в его собственной администрации. Это было достигнуто после тяжёлых переговоров, на которых Эстония обязалась соблюдать гражданские права российских военных пенсионеров, которые предпочли остаться жить на эстонской территории.

Важность присоединения России к Большой семёрке подчеркнула одна забавная деталь — смена формы одежды московской делегации. Раньше под влиянием ложного коммунистического пуританства Ельцин наотрез отказывался надевать смокинг, как принято в G-7. Поэтому, когда мы появились в великолепном зале итальянского палаццо в смокингах от Труссарди, нас встретили удивленные, но одобрительные взгляды. Ельцин даже надел галстук-бабочку, от чего прежде решительно отказывался. Похоже, он уверенно почувствовал себя в роли мирового лидера — равного среди равных.

Это вызвало у меня смешанные чувства. В хорошо сидевшем на нём смокинге президент России был неотличим от глав семи демократических государств, шесть из которых являлись членами НАТО, а седьмое, Япония, была близким союзником Соединённых Штатов. При этом в Москве он прислушивался к людям в серых костюмах, которые по-прежнему видели в НАТО безусловное зло и проповедовали авторитаризм. Какому клубу он будет верен? У меня не было твёрдого ответа на этот вопрос.

Билл обещает Борису

Следующий российско-американский саммит, состоявшийся в Вашингтоне в сентябре 1994 года, шёл по уже установившемуся сценарию: любая дискуссия по существенным проблемам откладывалась на потом. Поэтому стало сюрпризом, когда на конфиденциальном обеде президентов вопрос о расширении НАТО был затронут достаточно глубоко. Ельцин сообщил, что Клинтон при подходе к расширению пообещал придерживаться «трёх „нет"»: нет сюрпризам, нет спешке и нет исключениям. Хотя эта формула и не давала ясного руководства для практической дипломатии, она предполагала, что впереди будет достаточно времени, чтобы уладить все спорные моменты. Формулировка «нет исключениям» открывала возможность сосредоточиться на ключевом вопросе: включении России в практическое партнёрство или, ещё лучше, союз с НАТО. Я понимал, что это будет длительный процесс. Но был убеждён, что как только мы всерьёз запустим его, расширение НАТО перестанет быть для России проблемой.

Вернувшись в Москву, Ельцин согласился, что мне следует тихо и неофициально прозондировать отношение наших западных коллег и ведущих политиков в Москве к различным вариантам сотрудничества России с НАТО. Этим я и занялся, по ходу обмена мнениями информируя президента. Мы регулярно встречались, и я понял, что отношение Ельцина к вступлению России в альянс довольно двусмысленно.

Почти все мои собеседники выступали за членство России в НАТО, по меньшей мере в качестве конечной цели. Получить поддержку США и других стран альянса было принципиально важным. Это убедило бы нас, представляющих интересы России, что Вашингтон действительно больше не видит в нас потенциального противника. Я попытался прояснить позицию США на конфиденциальной встрече с Кристофером. Положительный ответ был получен в начале 1995 года: да, Россия может стать членом НАТО.

Некоторые из моих собеседников, впрочем, выразили сомнение относительно полного членства России из-за российской евразийской геополитики. Многие в России беспокоились, как бы это не оттолкнуло Китай, и опять я получил разрешение от Ельцина осторожно прощупать вопрос у моих китайских коллег. Ответ, такой же гипотетический, как и вопрос, гласил: скорее всего, это не станет проблемой. По мнению моих китайских собеседников, членство в НАТО не исключит возможность отдельного договора между Москвой и Пекином о ненападении и невмешательстве и других мер по укреплению доверия на границе.

Несмотря на эти обнадёживающие намёки, я не был уверен, что полное членство в НАТО должно стать нашей целью, по крайней мере в ближайшем будущем. Размах задачи делал её похожей скорее на фантазию, чем на практическую цель, и мог бы парализовать любые попытки по её осуществлению. Я уверен, что Путин понимал это, когда в первые годы своего президентства заигрывал с идеей вступления в НАТО. Это было нужно для того, чтобы отвлечь и успокоить Запад, и дало ему время для консолидации своего авторитарного режима и антиамериканской внешней политики.

Чтобы предотвратить непоправимый разрыв с НАТО, нужно было делать практические шаги. Я надеялся закончить бо́льшую часть работы в 1995 году, до выборов в США и в России, и «расчистить путь» для процесса вступления восточноевропейских стран в НАТО в 1996–1997 году. Самым быстро достижимым и практически осуществимым было соглашение о союзе между Россией и Североатлантическим альянсом, который позднее, если потребуется, можно было конвертировать в членство. Я сосредоточил усилия на главных положениях новых отношений, будь то членство в будущем или какой-то другой союз. И это было труднейшей задачей.

Наряду с поиском путей к союзу с НАТО я выступал за укрепление СБСЕ, где Россия уже была полным и равным членом, как и все новые независимые государства. СБСЕ содействовало распространению демократических норм, которые ставили права человека и гражданские свободы выше принципа невмешательства во внутренние дела стран-участниц. Эти и другие положения, закреплённые в документах СБСЕ, были весьма полезны для реформаторов в России и других постсоветских государствах, которые преодолевали советское наследие. Исключительно важным было и то, что от стран — членов СБСЕ требовался отказ от попыток изменения границ силой или с помощью угрозы применения силы.

Длительное время мы старались привлечь другие европейские страны и США к усилению роли СБСЕ. Мы считали, что СБСЕ могло бы стать зонтичной организацией для сосуществования и сотрудничества НАТО, Европейского союза, Совета Европы, Западноевропейского союза и СНГ. Эти организации воспринимались бы как более приемлемые странами, которые не являлись их членами, если бы они выглядели как составляющие более широкой системы сотрудничества, в которой все руководствуются одними и теми же принципами. Это могло бы помочь СНГ достичь европейских стандартов. СБСЕ было построено на тех же ценностях, но не имело ничего общего с военным блоком, даже гипотетически способным конкурировать с НАТО или вмешиваться в сферу его компетенции. Но американцам не понравилась наша идея превратить СБСЕ в центр координации усилий различных организаций в сфере стабильности и безопасности, миротворчества и защиты прав национальных меньшинств. Несмотря на это, по факту такая координация уже работала. Например, бомбёжки НАТО заставили сербов прекратить этнические чистки в Боснии, и позже ОБСЕ (организация — наследник СБСЕ с января 1995 года) оказала помощь в построении институтов, предотвративших возврат боснийских сербов к кровопролитию на этнической почве.

Мои противники использовали негативное отношение США к СБСЕ как доказательство того, что американцы не хотят усиления никаких европейских институтов, кроме НАТО, потому что этот альянс работает без России и против неё. Критикуя возражения США против СБСЕ, я без колебаний противостоял антинатовской позиции российских «ястребов». Однако США использовали требования наших ястребов как аргумент в дискуссиях о роли СБСЕ — как будто эти требования являлись частью официальных российских предложений.

На вашингтонском саммите в сентябре 1994 года Клинтон пообещал Ельцину, что он сосредоточится на промежуточном соглашении между Россией и НАТО. Он заверил российского президента, что приедет на будапештскую конференцию ОБСЕ в декабре и там вместе с другими европейскими лидерами откроет новую эру в построении настоящей общеевропейской системы безопасности, где НАТО станет ключевым, но не единственным инструментом. Но в дипломатических переговорах мало что изменилось. Ельцин чувствовал себя обманутым своим другом Биллом и всё более прислушивался к российским ястребам.

К ноябрю нежелание американцев обсуждать любое существенное усиление СБСЕ стало раздражать не только нас, но и многие западные страны, которые разделяли наше понимание узколобого НАТО-центризма. На будапештском саммите в декабре главы государств и правительств согласились переименовать СБСЕ в Организацию по безопасности и сотрудничеству в Европе и наметили укрепление ряда её институтов. По итогам была принята многообещающая декларация «К истинному партнёрству в новую эру», которая определяла ОБСЕ как «структуру безопасности, охватывающую страны от Ванкувера до Владивостока». К сожалению, на практике из-за неизменного сопротивления США новая организация больше походила на прежнее СБСЕ, чем на фундамент расширенного партнёрства в вышедшей из холодной войны Европе.

Багдад и железная леди

Одиннадцатого и двенадцатого октября 1993 года Вашингтон объявил, что, согласно его разведывательным источникам, иракский диктатор Саддам Хусейн приказал своим войскам подойти на опасно близкое расстояние к границам Кувейта. Клинтон послал подкрепление в Персидский залив и пообещал действовать не менее решительно, чем президент Джордж Буш — старший во время операции «Щит в пустыне» в августе 1990 года, когда США возглавляли коалицию стран при отражении иракской агрессии против Кувейта.

Я доложил об этих событиях Ельцину, подчеркнув, что мы должны без колебаний примкнуть к международному сообществу и поддержать Кувейт. Он согласился, и представитель

МИДа выступил с коротким заявлением. В нём говорилось, что в случае реальной опасности Кувейт может рассчитывать на защиту со стороны России. Но при этом подчёркивалось, что нам требуется дополнительная информация о действиях и мотивах Хусейна.

Мы не были уверены, что владеем адекватной информацией. Наши разведывательные источники сначала сообщили, что никакой необычной военной активности в Ираке не наблюдается. Через день, когда Ирак подтвердил передвижения войск, те же источники доложили, что да, «саддамовская гвардия» проводит «плановые учения». За этим последовало признание, что учения более масштабные, чем обычно, и включают использование танков и артиллерии.

Я не мог действовать на основании сообщений мировой прессы, не имея фактической и непредвзятой собственной информации. Эта ситуация ставила меня в тяжёлое положение, и я поделился своей озабоченностью с Ельциным. Защищаясь, он отверг мою критику (наши источники разве недостаточно хороши?). К тому же, как я понял, президент доверял политическим комментариям, которые получал из тех же источников внешней разведки. А они настаивали, что кризис придуман командой Клинтона накануне выборов в Конгресс США. Клинтон якобы решил обыграть республиканцев за счёт демонстрации американской военной силы в Ираке. Такая оценка просочилась в российскую прессу и получила распространение. Демократически настроенные обозреватели, как и их националистические коллеги, верили в эту версию, отличаясь только тем, что неприязненно относились к диктаторскому режиму Хусейна.

Официальный повод для войны в трактовке Хусейна был такой: Кувейт откачивал нефть из месторождения Аль-Рамайла, расположенного на границе между двумя странами. В дипломатических кругах считалось, что собственно Кувейт тут ни при чем. Саддам проводит провокационные учения, чтобы продемонстрировать своё несогласие с давлением Вашингтона. Надо сказать, Ирак в это время уже сотрудничал с инспекторами ООН, а они, в свою очередь, подтверждали прогресс в выполнении некоторых условий в области разоружения. Эти условия были выдвинуты Хусейну после его поражения в 1991 году в Персидском заливе. Французские, китайские и российские дипломаты говорили о необходимости признать этот прогресс на уровне Совета Безопасности ООН и продемонстрировать Ираку, что дальнейшее выполнение условий приведёт к постепенному снятию санкций. За развитием событий внимательно следили в Москве, в случае успеха повышалась вероятность возврата иракского долга в 7 миллиардов долларов. Однако американцы заняли очень жёсткую позицию, практически игнорируя любые позитивные изменения в поведении иракского лидера.

Глава Службы внешней разведки Евгений Примаков, открыто называвший себя личным другом Саддама, утверждал, что Хусейн был готов отступить в ответ на «дружеский совет», но не под американскими угрозами. Перед Россией открылась возможность смягчить позиции обеих сторон, продемонстрировав свой вес на мировой арене и сохранив перспективу выплаты Ираком его огромного долга. Примаков предложил использовать его личные связи с Саддамом Хусейном и иракским министром иностранных дел Тариком Азизом, чтобы доставить предложения Москвы напрямую верховному лидеру.

Сначала Ельцин отнёсся к этому варианту скептически, так как не хотел повторить унизительную попытку Горбачёва предотвратить «Бурю в пустыне». Тогда Горбачев отправил Примакова в Ирак поговорить с Хусейном, но результат оказался нулевым. Я понимал, почему Ельцин в сомнениях, но считал, что надо пытаться использовать даже малейшую возможность. При этом настаивал, что диалог с Саддамом будет результативным, только если его вести с позиции силы (в этом случае — угрозы применения силы Соединёнными Штатами) и с ясно определёнными чёткими условиями в рамках международного права.

Я попросил моего первого заместителя Игоря Иванова и бывшего советского посла в Ираке Виктора Посувалюка посетить Багдад и оценить, как далеко может пойти Саддам, чтобы выпутаться из ловушки, в которую он сам себя загнал. Их отчёт был обнадёживающим. Саддам отменил учения и пообещал выступить с публичным заявлением.

Я посоветовал Ельцину потребовать от Багдада официального признания суверенитета Кувейта в существующих границах, сняв, таким образом, не только непосредственное военное давление на эту страну, но также и главный иракский политический и юридический предлог для нападения на неё в будущем. Это стало бы поворотным пунктом в политике Ирака по отношению к Кувейту и важным шагом к выполнению резолюций ООН, открывающим путь к частичному снятию санкций.

Президенту понравилась эта идея, но он спросил, не слишком ли много мы просим. Я ответил, что мы должны применить все наши средства. Я готов лететь на встречу с Саддамом и доставить личное послание президента России с просьбой к президенту Ирака сделать важный шаг к миру. Это будет первый визит высшего официального лица страны — члена Совета Безопасности ООН за долгие годы. Мой план можно было осуществить только в том случае, если бы Хусейн лично гарантировал, что он выполнит свою часть в достижении компромисса. Тарик Азиз, которому мы позволили совершить секретный визит в Санкт-Петербург, дал нам такое поручительство.

Через несколько часов мы проинформировали Совет Безопасности ООН о моём намерении лететь в Багдад. Мне нужно было для этого специальное разрешение, так как аэропорт не функционировал из-за санкций. После закрытого заседания Совбеза, на котором постпред России при ООН Сергей Лавров изложил наш план, председатель СБ, британский посол при ООН Дэвид Хэннэй сделал заявление, публично поддержав нашу инициативу. Я сообщил о ней по телефону Уоррену Кристоферу, а Ельцин позвонил Клинтону. Они оба удивились, но пожелали нам удачи.

— Андрей, — сказал Кристофер, — я желаю тебе успеха, но разве можно верить такому человеку?

— Дело не в доверии, — сказал я, — а в веских доказательствах и проверяемых действиях: отвод войск, публичное и обязывающее признание Кувейта, продолжение сотрудничества с наблюдателями ООН.

Арафат был козырной картой в моих переговорах с Милошевичем. Она могла сыграть и с Хусейном. У них было много общего. И тот и другой прикрывали своё диктаторское правление националистической демагогией, но были загнаны в угол сильным международным давлением. Больше всего и Милошевич, и Хусейн хотели сохранить свою власть. А значит — рассуждал я — их должен вдохновить пример Арафата, который сменил образ международного разбойника на образ миротворца и сохранил свои позиции. С такими мыслями и надеждами я прилетел в Багдад. Переговоры шли ожидаемо тяжело.

В моём разговоре с Саддамом был один момент, когда у меня появилось ощущение дежавю, но оно было связано не с Милошевичем, а с последним таджикским коммунистическим боссом. Хусейн тоже заявил мне, что его возможные уступки могут касаться только внешней политики. «Вы все думаете, что мой железный кулак можно заменить на демократию, только потому, что вы не знаете Ирак. Страну разорвут на части соперничающие племенные и религиозные группы и иностранные силы». Имея за плечами опыт Таджикистана, я предпочёл не спорить на эту тему и вернуться к внешней политике.

Требования ООН, объяснил я, были просто стандартными нормами, применимыми к любой стране. Старый друг Ирака Россия, великая держава и постоянный член Совета Безопасности ООН, поможет сделать так, чтобы выполнение этих требований выглядело не как поражение, а как достижение разумного политика. Мы будем надеяться, что богатый нефтью Ирак станет ключевым игроком в мировой экономике и ближневосточной политике так же, как его конкурент Саудовская Аравия, подчеркнул я.

Поначалу Саддам слушал меня с лёгкой саркастической улыбкой, но скоро она сменилась выражением реального интереса, и он движением руки попросил удалиться своих помощников. Язык тела выдавал в нём эмоционального и, возможно, нестабильного человека, а не указывал, как мне виделось раньше, на то, что передо мной уверенный лидер. В конце нашего разговора он позвал своих советников и снова вернулся в тот образ, который был воплощён в золотой статуе в центре иракской столицы. Он поручил советникам подготовить коммюнике о том, что после встречи с министром иностранных дел России и получения письма от российского президента президент Ирака приказывает своим войскам завершить отход на исходные позиции. Он также принял историческое решение признать Кувейт и его международные границы. Все эти решения — подчеркнул Хусейн — были приняты в ответ на продиктованную доброй волей просьбу России, давнего друга Ирака.

Коммюнике было воспринято Вашингтоном как почти оскорбительное. Клинтон и Кристофер сначала пытались утверждать, что они не были проинформированы о моей поездке и её целях. Затем Пентагон выразил сомнение в том, что иракские войска отведены, но через несколько часов неохотно признал этот факт. Наконец, Вашингтон намекнул, что коммюнике было плохо составлено, потому что указывало на возможность снятия санкций, таким образом «вознаграждая агрессора».

Я выступил с публичным опровержением, указав, что торопливая негативная реакция с трудом совместима с партнёрством. Я также заявил, что претензии на то, что Вашингтон не был извещён, не соответствуют фактам и что указание в коммюнике на возможность снятия санкций было не более чем повторением тех же самых резолюций, одобренных с участием США. Российская пресса была полна комментариев о том, что Клинтон позавидовал дипломатическому успеху России, возможность которого он недооценил, когда давал согласие на мою поездку. Ельцин, с которым я созванивался каждые несколько часов, разделял эту точку зрения. Действительно, Клинтон, похоже, чувствовал, что у него украли возможность заработать очки в роли решительного главнокомандующего накануне выборов в Конгресс США. А для него это было очень важно, так как лидеры республиканцев, и среди них герой Второй мировой войны Боб Доул, умело спекулировали на его неоднократных отсрочках от воинского призыва во времена Вьетнамской войны.

Власти Кувейта, куда я прилетел из Багдада, приветствовали результаты моей миссии. В отличие от американцев, они сразу оценили признание суверенитета Кувейта как жизненно важное для мирного будущего своей страны. Реакция США вызвала в Кувейте растерянность. Власти страны не хотели быть замешанными в споры между великими державами.

Между тем ситуация в ООН оставалась для нас сложной. Представитель США Мадлен Олбрайт настаивала на немедленном голосовании в Совете Безопасности по Ираку, не дожидаясь моего возвращения из зоны конфликта, которое могло занять двенадцать часов. Олбрайт хотела занять должность Кристофера и сыграть роль «железной леди». В результате мы могли потерять возможность изменить агрессивное поведение Саддама мирным путем. К тому же поспешное голосование было бы демонстрацией неуважения к России, которая хотела и могла играть позитивную роль на Ближнем Востоке. Я серьёзно рассматривал возможность наложить вето на проект и настаивать на голосовании только после того, как у меня появится возможность выступить на Совете Безопасности в рамках обычной дипломатической процедуры. О чём и сообщил Ельцину. После обсуждения нескольких сценариев он сказал, что оставляет решение за мной.

Меня раздирали противоположные чувства. Моя популярность в глазах российского общественного мнения резко выросла бы, если бы, воспользовавшись правом вето, я преподал американцам урок, которого они заслуживали. Но драматический разрыв с Вашингтоном по такому чувствительному вопросу, как Ирак, несомненно, сыграл бы на руку антизападным силам в России, которые мечтали о возрождении альянсов советского типа с Ираком и другими диктаторскими режимами на антизападной платформе. Не мог я оставить без внимания и желание кувейтцев, которые просили меня способствовать принятию резолюции, несмотря на грубость американцев. Они зависели от американской помощи и не хотели ставить её получение под угрозу из-за дипломатических споров.

Непосредственно перед вылетом в Нью-Йорк я послал Сергею Лаврову указание проголосовать за резолюцию. Лавров был одарённым дипломатом, которого я сначала назначил своим заместителем, а позже перевёл по его просьбе в ООН. За несколько часов до голосования ему удалось с помощью пары поправок существенно улучшить резолюцию. Из почти истеричного, воинственного манифеста она превратилась в более сбалансированный документ, предостерегавший Ирак от провокаций и перечислявший условия для продолжения мирного процесса. В документе отмечалось объявленное признание Кувейта, но указывалось: чтобы быть юридически обязывающим, оно должно быть ратифицировано иракским парламентом.

На нашей второй встрече несколько недель спустя Хусейн был настроен на сотрудничество в меньшей степени. Он был разочарован тем, что ООН не отметила его признание Кувейта, а он считал это фундаментальным разворотом в своей политике. Тем не менее я убедил его не отказываться от нового курса и сделать ещё одну попытку преодолеть накопившееся недоверие некоторых членов ООН. Так, он выполнил своё обещание и завершил процесс признания Кувейта суверенным государством. Соответствующее решение было принято иракским парламентом. Чтобы эта процедура не выглядела пустой формальностью, он попросил меня выступить перед депутатами, что я и сделал. Это был, конечно, спектакль. Некоторые депутаты для проформы даже выражали определённые сомнения, несмотря на то, что решение уже было принято национальным лидером. После ратификации Хусейн согласился сделать ещё один шаг и образовать международную экспертную группу для розыска кувейтских военнопленных, пропавших без вести после вторжения 1990 года. Мне было трудно объяснить ему важность этой гуманитарной проблемы. Казалось, он был изумлён, что кого-то может действительно заботить судьба обычных людей.

И всё-таки американцы отказались включить в следующую резолюцию ООН даже намёк на ослабление санкций в ответ на эти позитивные шаги.

По информации нашего посольства, психологически Саддам вернулся к прежней позиции. Россия, сказал он, сделала всё, что могла. Но как он и предвидел, американцы не согласятся ни на что, кроме унижения Ирака и его лидера. Подобное мировоззрение, скроенное из многочисленных клише, было мне знакомо по встречам с сербскими и русскими националистами.

Российская пресса, с одной стороны, аплодировала нашим смелым дипломатическим шагам, но, с другой, соглашалась с Хусейном, утверждавшим, что наряду с Ираком унизить хотят и Россию. В этом контексте во многих комментариях упоминалась торговля американцев с Северной Кореей. Американцы, напомню, цинично требовали, чтобы международный консорциум купил ядерный реактор американского производства для установки в этой стране в нарушение условий Договора о ядерном нераспространении и механизма его мониторинга со стороны МАГАТЭ. При этом Вашингтон громогласно возражал против поставки Россией похожего реактора Ирану, полноправному члену Договора о нераспространении и МАГАТЭ.

Что касается Мадлен Олбрайт, она была повышена до должности государственного секретаря и позже две её фотографии обошли почти все российские СМИ. Одна была сделана во время визита Олбрайт в Северную Корею, вторая — во время её танца с Примаковым в зале ООН, где она пела что-то вроде «расширение НАТО», а он — «нерасширение».

Перед лицом осознанной американской враждебности вести дальнейшие переговоры было бы слишком обременительно. Российское общественное мнение поддалось антиамериканским настроениям. Отношение к Ираку всё чаще подчинялось советскому принципу: враг Америки — наш друг.

По этой причине я ослабил отношения с Саддамом. Мы больше никогда не встречались. Он снова стал вести себя с ООН вызывающе, но не отменил признание Кувейта и никогда больше не угрожал этой стране. Одно это доказывает, что летал я к нему не зря.

Даже сегодня я считаю, что Вашингтон продемонстрировал отсутствие стратегического видения и политического мужества и упустил историческую возможность изменить свою игру с одной из важнейших стран Ближнего Востока. Если бы США использовали этот потенциал, вероятно, не было бы дорогостоящего, затянувшегося и, в некоторых отношениях, катастрофического американского вторжения в Ирак десятилетие спустя. На этом перепутье, к несчастью, Вашингтон продемонстрировал такой же базовый подход, как и с Россией по проблеме расширения НАТО.

Холодный мир

Промежуточные выборы в США в ноябре 1994 года помогли Москве прояснить, какое влияние на Россию оказывает борьба за власть в США. Мы с растущей озабоченностью наблюдали, как администрация Клинтона уступала влиянию республиканцев. Они, как известно, завоевали места в Конгрессе на платформе, включавшей в себя скорейшее расширение НАТО и снятие эмбарго на поставку вооружений в Боснию.

Тем не менее я приветствовал возвращение республиканцев, помня о работе с командой Буша — Бейкера и статью в *The New York Times* 37-го президента Никсона. В ней Никсон призывал Соединённые Штаты быть откровенными с Россией, вместо того чтобы пытаться утопить различия в бокалах шампанского на «благодушных» саммитах. Однако администрация Клинтона продолжила избегать неприятного тет-а-тет с Кремлём, одновременно ужесточая свои позиции под давлением Конгресса.

Момент истины наступил в декабре. Сначала Контактная группа по Боснии узнала, что США, поменяв свою позицию, снова пытались продавить снятие оружейного эмбарго для Боснии. Мы и европейцы рассматривали это как опасный авантюризм, наносящий ущерб перспективной совместной работе. В Кремле в те дни часто задавались вопросом: почему только Соединённым Штатам позволено улаживать свои внутриполитические трудности за счёт других стран? Меня глубоко беспокоило, что может последовать за этим. Мы в России испытывали не меньшее давление со стороны думы, но мы не меняли курс.

Второй сюрприз ожидал меня в Брюсселе на сессии министров иностранных дел стран — членов НАТО. Я был приглашён туда, чтобы подписать документ о полном присоединении России к программе «Партнёрство во имя мира» (в июне я подписал только короткое заявление по этому поводу, потому что полностью программа подлежала дальнейшей разработке экспертами). Дипломаты в Брюсселе и в других европейских столицах открыто говорили о глубоких разногласиях внутри альянса по вопросам Боснии и будущего НАТО. Когда оставалось всего несколько дней до подписания «Партнёрства», мной стали овладевать растущие опасения относительно судьбы этого документа.

Незадолго до начала сессии американская сторона проинформировала российских дипломатов, что конкретные формулировки натовского коммюнике будут доступны только в последнюю минуту. Причина в том, что дискуссия между министрами всё ещё продолжается, из-за чего в документ могут быть внесены изменения. Это не добавило мне уверенности в благополучном исходе дела, которому я отдал столько сил. Чтобы подстраховаться, я попросил Виталия Чуркина, назначенного по его просьбе послом в Брюссель, сделать заявление накануне встречи министров стран НАТО со строгим предостережением против любых сюрпризов в отношении её расширения. Что он и сделал.

Кристофер заверил меня, что американский посол передаст Чуркину копию коммюнике, как только договорённость будет достигнута. Теоретически это давало мне возможность проанализировать финальный вариант документа и обсудить его с Ельциным до того, как коммюнике будет опубликовано, и до моего приезда в штаб-квартиру НАТО.

Я прилетел в Брюссель вечером накануне намеченной церемонии и поужинал с Чуркиным, который, хотя и немного скучал по безумному боснийскому марафону, всё же ценил размеренную посольскую жизнь, которая давала ему возможность чаще видеть семью. Мы ждали звонка от американского коллеги Чуркина до полуночи. Напрасно. Тем не менее мы всё-таки надеялись, и Виталий оставил включённой свою внешнюю телефонную линию в экстренном режиме на ночь.

Утром он позвонил мне и сказал, что ему только что сообщили: заседание затянулось до поздней ночи и документ ещё не готов. Обещали перезвонить. В ожидании мы играли в теннис в саду посольства, но опять не дождались.

Нашу игру пришлось прервать, когда поступил срочный звонок из Москвы. Помощник Ельцина сообщил мне, что ИТАР-ТАСС только что процитировало коммюнике, опубликованное натовскими министрами в Брюсселе. И это коммюнике содержало новые инициативы, направленные на расширение НАТО. Помощник Ельцина спросил, ждать ли ему моей телеграммы с анализом коммюнике или просто сообщить новость президенту, который уже несколько раз спрашивал, что происходит в Брюсселе. Я попросил дать мне пятнадцать минут. Тем временем Би-би-си и другие западные радиостанции тоже сообщили, что коммюнике опубликовано, и подтвердили, что оно содержит новые положения о расширении НАТО. Никогда раньше, даже когда он имел дело с боснийскими сербами, я не видел Чуркина таким разочарованным.

Через несколько минут нам удалось собрать воедино опубликованные отрывки натовского документа. Без сомнения, он содержал важные новые положения. Самый главный среди них:

через год вопрос о членстве в НАТО должен быть вынесен на обсуждение с участием трёх потенциальных кандидатов: Польши, Венгрии и Чехии. Участие России в обсуждении не предусматривалось.

Чуркин смог дозвониться до европейского коллеги. Бедняга взял трубку прямо в коридоре здания НАТО и удивился вопросам своего русского друга, а затем ответил с негодованием: «Но ведь Кристофер заверил сессию, что вы, русские, полностью в курсе и удовлетворены. Иначе американское предложение не прошло бы».

Зазвонил телефон московской линии, и помощник сообщил, что Примаков только что вошёл в кабинет Ельцина. Моментом позже раздался голос Ельцина. Его презрительным репликам не было конца:

— А сейчас, Андрей Владимирович, что вы скажете о своих любимых американцах? «Источники», к которым вы так скептически относились, знали лучше: Вашингтон проталкивает новый план ускоренного расширения НАТО! Мне об этом сообщили ещё вчера. А вы позвонили после появления сообщений в прессе. Где же ваш друг Кристофер? Он ведь обещал предупредить вас заранее, если в коммюнике будут любые новые элементы, не так ли? Или он говорит, что их там нет? Что вы думаете о решении альянса?

— Извините за опоздание. Это, похоже, длинный и сложный документ, который нам не передали, несмотря на обещание Кристофера. В коммюнике, конечно, упоминается о начале подготовки к расширению, но не о самом расширении.

— Но они хотят начать переговоры с новыми членами — поляками, венграми, чехами!

— Предварительные.

— Кого волнуют эти ваши дипломатические тонкости — политически это начало приёма трёх новых членов. Не спешите ничего подписывать.

Я согласился и пообещал потребовать объяснений от НАТО. И, конечно, от Соединённых Штатов, которые обещали нам те самые три «нет», а сейчас налицо были: и сюрприз, и спешка, и исключение.

— Что случилось с Биллом? Как мог он опять так со мной поступить? — возмущался Ельцин.

Сорок минут спустя я отправился на заседание. После обмена приветствиями я громко спросил Кристофера, есть ли у него текст коммюнике. Он обернулся к генеральному секретарю НАТО Вилли Клаасу. Брови у многих участников поползли вверх. Клаас передал мне коммюнике с неловкой улыбкой. Затем он указал на документ, лежавший перед моим креслом:

— Это, — сказал он, — программа «Партнёрство во имя мира» для России. Мы долго и напряжённо работали над соглашением о партнёрстве, и вот оно, готово к подписанию нами обоими.

— Да, — ответил я. — Это впечатляющее, существенное и перспективное соглашение, предусматривающее широкомасштабное сотрудничество между Россией и НАТО. Он должно быть и будет подписано. Однако, к сожалению, оно не может быть подписано прямо сейчас, несмотря на то, что я прилетел в Брюссель именно для этого. Причина отсрочки в том, что у меня не было возможности познакомиться с решениями, которые вы приняли несколько часов назад. По сообщениям прессы, они имеют важный характер и, в частности, предусматривают новые шаги по расширению НАТО. Перед тем как подписать «Партнёрство», мне необходимо понять эти новые элементы и доложить моему президенту.

Кристофер шепнул что-то Вилли Клаасу, и тот попросил прессу покинуть зал.

После этого Клаас извинился за то, что не смог предоставить мне коммюнике заранее, потому что, как он объяснил, до последней минуты министры обсуждали формулировки.

— Если так, — сказал я, — как вы могли ожидать, что я буду действовать, не прочитав текст, не говоря уже об обсуждении его с моим президентом? Действительно ли Россия — это будущий партнёр?

Что только ни делалось впоследствии, чтобы обвинить меня в случившемся. Представитель госдепа Майк Маккарри охарактеризовал моё заявление как театральное представление, предназначенное для внутрироссийского политического потребления. Какое двуличие! Я провёл многие месяцы, доказывая публично с трибун, и непублично в правительственных кабинетах, необходимость «Партнёрства» и долгосрочного сотрудничества с НАТО. Неужели я мог выбрать поражение в последнюю минуту? Но я проиграл. И не Жириновскому, а Кристоферу!

Мои комментарии в российской прессе, что этот эпизод — всего лишь ухаб на пути к сотрудничеству с НАТО, были почти не слышны среди криков негодования. Тревога в Москве усугублялась сообщениями о том, что с помощью шагов к расширению альянса Вашингтон хотел сплотить союзников, недовольных его политикой «снять и бомбить» в отношении Боснии. Иными словами, единство НАТО укреплялось за счёт России и российских интересов. В своих выводах на этот раз единодушно совпали и пресса, и Кремль.

Я постарался убедить Ельцина не действовать сгоряча. Я вызвал скандал в Брюсселе, сказал я Ельцину, чтобы он мог выступить по-президентски на предстоящем саммите ОБСЕ в Будапеште. Немного позже он успокоился и попросил меня набросать основные пункты будущей речи. «Я поговорю с Биллом про НАТО в Венгрии», — сказал он в заключение.

Выступавший первым на саммите СБСЕ в декабре Клинтон описал НАТО как центральную часть европейской системы безопасности, по сути, отодвинув СБСЕ, хозяина мероприятия, за рамки картины. «Никакой стране за пределами НАТО не будет позволено наложить вето на его расширение», — сказал он, бросив перчатку к ногам Ельцина.

Выступая после Клинтона, Ельцин механически прочитал пассажи о нашем видении новой Европы, руководствующейся принципами СБСЕ. Его рокочущий бас вернулся к нему, когда он дошёл до нескольких предложений, посвящённых НАТО, которые, очевидно, были добавлены в последний момент, — их не было в моём черновике речи. Если альянс собирается затмить все другие организации и увеличить число своих членов, Европа будет отброшена назад, если не к холодной войне, то к холодному миру. В подготовленном мной тексте были слова о том, что Россия против поспешного расширения НАТО. Я увидел, что в бумаге, которую зачитывал Ельцин, слово «поспешного» было перечёркнуто жирной красной линией.

Ельцин был оскорблён не только высказываниями Клинтона, но и его решением ограничить своё присутствие всего несколькими часами, исключив возможность любого существенного обмена мнениями. Два президента не смогли сделать ничего, кроме как попозировать пред камерами, пожимая друг другу руки. Довольный Клинтон намеревался сказать свою речь и улететь победителем. Ельцин не смог сдержать ярость. И это понятно. Он постарался, чтобы «друг Билл» не смог так легко ускользнуть. Эпитет «холодный мир» разлетелся в сообщениях информагентств раньше, чем борт номер один ВВС США поднялся в воздух.

С того момента мой голос был единственным голосом в Москве против поспешного расширения НАТО — все остальные, включая президента, окончательно выкинули слово «поспешное». Я продолжал петь старую песню на основании официальных письменных указаний, должным образом одобренных президентом, которые никто не отменял. И всё же я знал, что эти документы, написанные в надежде на партнёрство и союз с Западом, уже принадлежали прошлому.

В Кремле и за его стенами ельцинский «холодный мир» был воспринят не как предостережение натовским экспансионистам, а как официальное объявление конца внешней политики, проводимой Россией с огромными усилиями и некоторыми положительными результатами в 1992 и 1993 годах.

Чеченская трагедия

В середине декабря 1994 года президент созвал чрезвычайное заседание Совета безопасности, чтобы обсудить ситуацию в Чечне. Участники один за другим докладывали, что правительство Чечни под руководством бывшего советского генерала Джохара Дудаева действовало с нарушением конституции России и её законов. Дудаев создал даже свои собственные вооружённые силы и угрожал применить их против независимого государства — Грузии. Насилие стало в Чечне нормой жизни: из-за грабежей здесь было приостановлено даже железнодорожное сообщение, местные власти не выдавали центральной власти преступников, которые организовывали захваты заложников, в том числе на транспорте. Но самое главное — власти Чечни грубо игнорировали права людей, выдавливали русское население, в ход шли даже публичные казни без суда.

Прозвучало предложение объявить Дудаеву ультиматум: если через десять дней он не вернётся к соблюдению конституции РФ, мы применим меры принуждения.

— Думаете, это хорошая идея? — спросил у меня Ельцин.

— Россия как суверенное государство обязана, согласно международному праву, контролировать свою территорию и несёт ответственность за любые перемещения войск или военные действия внутри своих границ или за их пределами, — сказал я. — Поэтому мы имеем право и, более того, обязаны принять все меры, включая применение силы, чтобы обеспечить контроль над всей территорией страны, включая Чечню. Это мы можем без труда объяснить нашим зарубежным партнёрам. Поэтому у меня есть два вопроса: были ли исчерпаны все остальные меры и сможем ли мы действовать эффективно, если ультиматум будет отвергнут. Худшая политика — это пустые угрозы.

Президент обратился к другим министрам. Они ответили утвердительно на мои вопросы, и я вместе со всеми проголосовал за.

Через десять дней Совет безопасности собрался вновь. Дудаев ультиматум отверг.

На этом заседании министр обороны Грачёв сказал, что, по последним оценкам военных специалистов, операция против дудаевских сил потребует больше времени, войск и огневой поддержки, чем это предполагалось ранее. Это уже не выглядело как ограниченная и быстрая полицейская операция, и он склонялся к попытке продолжить переговоры. Но эти осторожные слова прозвучали слишком слабо и поздно. Поймав вопросительный взгляд президента, Грачёв быстро сказал, что армия, разумеется, готова сделать своё дело.

Решение применить силу снова было принято почти единогласно. Против проголосовал только министр юстиции Юрий Калмыков.

Это решение Совбеза раскололо демократов. Гайдар осудил его от имени «Выбора России». У меня вызвало раздражение, что он не проконсультировался со мной и, как я полагаю, с другими заинтересованными политиками. Я только что вернулся из моего избирательного округа в Мурманске, где многие отнеслись к военному варианту как к тяжёлому, но необходимому в целях сохранения территориальной целостности России. В интервью для телевидения я сказал что-то о выходе из «Выбора России» — слова, о которых я впоследствии пожалел, так как это ослабило непрочную либеральную партию и испортило мои отношения с Гайдаром, которого я уважал.

То, что Совет безопасности одобрил как ограниченную и высокоточную полицейскую операцию против зарвавшейся криминальной группы, быстро превратилось в затянувшуюся войну в Чечне, принесшую многочисленные разрушения и жертвы среди мирного населения. Армия избрала, по определению передовицы в *The New York Times*, «тактику кувалды», и это «заставило усомниться в том, что Москва в принципе имеет право поддерживать единство Российской Федерации, в том числе с применением ограниченной военной силы». Это

омрачило отношения с нашими зарубежными партнёрами на
годы вперёд.

***

Эпоха борьбы хороших демократов с плохими коммунистами
закончилась. Теперь и те, и другие заседали в думе. Президент
же использовал разногласия между ними для поддержания
стабильности — но не для продолжения крайне необходимых
реформ, к которым мы стремились. И всё же в целом нам удалось продвинуть страну вперёд экономически и политически.
Россия не только избежала повторения югославского сценария на пространстве бывшего Советского Союза, но продолжала развивать добрые отношения со всеми новыми суверенными соседями. Более того, несмотря на давление со стороны
националистов, мы сохранили сбалансированную политику
по отношению к бывшей Югославии через нашу работу в составе Контактной группы по Боснии, придерживаясь позиции
европейских держав. Получив депутатский мандат, я должен
был учитывать эти и другие обстоятельства, чтобы оставаться
в политике. При этом и не изменять своим принципам, и быть
эффективным. Как это совместить?

Размышляя над этим, я подумал: почему бы мне не сыграть
по новым правилам, уже не как герой-одиночка, а как команд-
ный игрок? И покинуть команду только в том случае, если произойдёт окончательный возврат к советской модели?

Я задавал себе эти вопросы и старался быть честным с самим
собой. Я внутренне признавал, что хочу сохранить комфорт-
ное положение в президентском окружении, и не обманывался,
понимая, что скорее всего, мне не удастся воспользоваться им
для изменения негативного тренда во внешней политике.

Часть третья

Движение вниз.
1994–1996

Глава 10.
Шоу Билла и Бориса

Интригующие предложения

Натовская повестка доминировала и в 1995 году. Уроки из драматичных столкновений с нашими западными партнёрами — моего в Брюсселе и ельцинского в Праге — оказались противоречивыми.

В начале января 1995 года российская пресса была полна пессимизма по поводу будущего взаимоотношений России и НАТО. Только немногие комментаторы в «Коммерсанте» и «Известиях» выражали сожаление по поводу разлада и призывали Россию попытаться сделать свой шаг навстречу альянсу, потому что НАТО — хоть и сложный, но ценный стратегический партнёр. Это соответствовало моей оценке и вселяло надежду. Однако в целом общественное мнение смещалось в противоположном направлении.

Антинатовские настроения доминировали не только в публичной сфере, но и в кремлёвских кабинетах. Силовые ведомства начали переписывать свои оперативные и долгосрочные планы, исходя из предположения, что США и НАТО представляют собой перманентную угрозу — взгляд, хорошо знакомый с советских времён.

Эта политическая динамика не ускользнула от внимания западных обозревателей. Третьего января 1995 года Джон Торнхилл написал в авторитетной *The Financial Times*: «Политические настроения в Москве заметно поменялись за последние недели. Президент Борис Ельцин становится всё более изолированным и непопулярным, он отдалился от своих бывших либеральных сторонников и всё больше полагается на администрацию и „силовых министров“ — обороны, внутренних дел и безопасности».

Между тем главы силовых ведомств, большинство президентских советников и члены Президентского совета пугали Ельцина тем, что разъярённый электорат проголосует на думских выборах в декабре и на президентских в июне за оппонентов Кремля.

В Америке российский отказ от присоединения к программе «Партнёрство во имя мира» был расценен как поражение американской дипломатии, и Вашингтон хотел отыграться. В начале 1995 года США сделали предложение: американцы не будут делать никаких публичных шагов к расширению НАТО до президентских выборов в России. В обмен на это и, возможно, на некоторые другие уступки, Россия должна подписать программу «Партнёрство во имя мира». Началась торговля. Ельцин хотел получить хорошую цену за подписание документа. Его позиция была более выгодной, чем позиция Клинтона. Американцам присоединение России к «Партнёрству» нужно было немедленно, а до президентских выборов в России было ещё полтора года.

Я был поражён тем, что базарная торговля о времени присоединения России к «Партнёрству» заменила обсуждение важнейшего вопроса по существу. Окончательное решение теперь зависело не от осознания национальных интересов страны, а от расчётов Ельцина как политика, подыгрывающего националистам в отчаянной борьбе с коммунистами продлить свою власть.

С этого момента для меня вопрос об отставке был решён. Оставалось понять, как и когда. Я хотел сделать свою отставку политически значимой, публичным актом несогласия и протеста против поворота Кремля от сотрудничества к враждебности по отношению к Западу. И стал искать подходящий момент, чтобы мой шаг привлёк наибольшее внимание.

Однако два неожиданных предложения, от которых я не мог отказаться, помешали моей немедленной отставке. Одно было от Ельцина, другое — от Соединённых Штатов.

Ельцин сделал предложение во время нашего перелёта из Псковской области в Москву. Мы обсуждали внутреннюю политику, в которой всё большее влияние приобретали националисты и коммунисты. Демократы тем временем вели себя сдержанно, выжидая, пока Ельцин решит, будет ли он баллотироваться на следующих президентских выборах. Ельцин тянул, а мы теряли динамизм и привлекательность. Осторожно подведя разговор к избирательной кампании, я предложил назначить её руководителем кого-то из близких помощников президента. Ельцин обдумал мои слова, затем сказал:

— Вы знаете, что я не хотел избираться на новый срок. Нужен кто-то помоложе, со свежим умом...

Я узнал традиционный аппаратный стиль — Сталин и другие советские лидеры использовали этот приём, чтобы проверить лояльность своих помощников.

— Однако вы правы: борьба будет тяжёлая, и никто их тех, кому я могу доверять, не сможет победить. Люди вроде Немцова или Явлинского всё ещё слишком молоды и неопытны, чтобы переиграть старых волков типа Зюганова и Жириновского.

Он вздохнул и снова сделал паузу.

Я удержался от возражений, которые уже готовы были вырваться наружу. Те, кого он назвал, были молодыми, но уже опытными политиками, к тому же этот ряд можно было бы продолжить. Почему не дать другим политикам демократического толка шанс? Но я трусливо сказал:

— Я не вижу альтернативы вашей кандидатуре.

— Вы профессионал, Андрей Владимирович, во всём, что вы делаете. Почему бы вам не возглавить мою кампанию? На предварительном этапе вы можете сочетать это с работой в МИДе, а когда стартует официальная кампания, в феврале-марте следующего года, мы посмотрим, как это лучше сделать.

Меня приятно удивило это предложение, и я пообещал сделать всё возможное, чтобы не подвести президента. Я старался успокоить свою совесть, рассуждая, что, возможно, это назначение позволит мне возродить демократическую повестку предыдущей избирательной кампании Ельцина. Окружение Ельцина противилось такому подходу, и, наверное, поэтому президент избегал обсуждать политическую направленность кампании, считая это преждевременным. В целом моя активность в этой новой сфере ответственности была встречена без энтузиазма.

Однако была ещё одна важная причина, чтобы остаться на посту министра иностранных дел на весь 1995 год. Она возникла в виде неожиданного предложения от Уоррена Кристофера.

Запоздалое предложение

Я встретился с Кристофером в начале января 1995 года в Женеве, и у меня создалось впечатление, что он, наконец-то, готов серьёзно отнестись к моей озабоченности по поводу взаимоотношений России и НАТО. Мы согласились начать предварительный диалог о стратегическом партнёрстве, которое могло бы перерасти в настоящий альянс, устойчивый к политическим штормам. Такой союз позволил бы сделать расширение НАТО не только приемлемым, но и желательным для России. В этом новом уравнении каждый очередной член НАТО становился бы новым союзником не только для Запада, но и для России. Я с радостью сообщил Ельцину об этом благоприятном повороте событий. Его реакция оказалась сдержанной и даже скептической. Тем не менее он согласился, что нам не следует отказываться от возможности испытать добрую волю американцев, и поручил мне проработать конкретное предложение, согласованное с министерством обороны и Федеральной службой контрразведки. Это было обычной практикой при подготовке подобных документов.

Однако оба ведомства настаивали на том, что Вашингтону нельзя доверять и любой диалог о партнёрстве с НАТО будет

опасным и контрпродуктивным. Генералы с советским мента-
литетом, окопавшиеся в силовых ведомствах, особенно в аппарате Совета Безопасности, не желали отказываться от образа
НАТО как врага. Их мотивация была очевидна: чем страшнее
враг, тем больше военный бюджет и реальнее шансы дослу-
житься до больших звёзд на погонах.

Я понимал, что в продвижении инициативы Кристофера
у меня не будет союзников, поэтому решил донести свои предложения до президента окольным путём. Я рассчитывал на его
инстинкт реформатора, который он не раз демонстрировал. Во
избежание процедурных сложностей я оформил новую позицию как очередную попытку реализовать поручение президента — добиться возможного компромисса с НАТО.

Я сформулировал четыре условия, которые, на мой взгляд,
нам имело смысл выдвинуть, начиная переговоры на новом
этапе. Мои предложения предусматривали:

Начало подлинной совместной работы по созданию новой
структуры всеобъемлющей европейской безопасности, в которой НАТО как военный альянс будет важным игроком наряду
с ОБСЕ, ЕС, СНГ и другими организациями. Ни НАТО, ни какая-
либо другая организация не должна претендовать на исключи-
тельность или доминирование.

Учреждение постоянного механизма для политических консультаций, исключающего взаимные сюрпризы и обеспечива-
ющего совместное принятие решений.

Установление такого же порядка в военной сфере. Обе военные машины должны учиться сотрудничать, чтобы преодолеть
своё историческое отчуждение и стать союзниками. Разумеется, этот процесс будет намного сложнее и длительнее, чем
создание политического механизма. По этой причине следует
предусмотреть переходный период, возможно, с взаимными
гарантиями военных, что они не будут продвигать свои базы
или вооружения, особенно ядерные, в сторону друг друга во
время переходного периода.

Военно-промышленное сотрудничество в создании, производстве и торговле современными вооружениями и оборудованием на открытом и расширенном рынке НАТО.

Ельцин посчитал целесообразным прощупать намерения Вашингтона на основе этих четырёх пунктов и дал мне соответствующее поручение.

Реакция Кристофера была положительной. Все пункты, по его мнению, были приемлемы, хотя требовалась значительная работа, чтобы наполнить их практическим содержанием. Вдохновлённый результатом, я сказал Ельцину, что теперь к нашим консультациям нужно постепенно привлекать других членов НАТО, чтобы американцы потом не смогли дать задний ход под тем предлогом, что они не могут говорить за весь альянс. Он ещё раз перечитал все пункты, ещё раз уточнил, есть ли положительные сигналы от Кристофера и произнёс всего одно слово: «Хорошо».

В середине февраля я познакомил членов думского комитета по внешней политике с этими четырьмя пунктами. Ответ был нейтральным, и это меня ободрило.

Ещё больше меня воодушевили быстрые ответы от европейских стран — членов НАТО. Многие из них, включая Великобританию, Францию и Германию, удивили нас своим серьёзным подходом к новому диалогу, который сосредоточился на политическом консультационном механизме как относительно простой и быстро достижимой цели. Остальные пункты также были признаны важными элементами для построения партнёрства между Россией и НАТО.

К началу марта мы начали обсуждать, как зафиксировать четыре пункта и другие элементы новых отношений в соглашении. Я хотел, чтобы это был союзный договор Россия — НАТО. Вашингтон предпочитал декларацию или хартию с таким же содержанием и в равной степени обязывающую, но не требующую долгой процедуры ратификации шестнадцатью странами — членами НАТО и российским парламентом. Европейские министры на встрече в Каркассоне в середине марта выдвинули предложение о договоре между НАТО и Россией.

В результате огромных усилий нам наконец удалось добиться от Запада серьёзных шагов к выстраиванию партнёрских отношений с Россией. Но чем лучше развивался наш диалог с НАТО, тем больше негодования это вызывало в Кремле. Мои ближайшие сотрудники чувствовали это ежедневно. Нас также беспокоило, что Уоррен Кристофер мог столкнуться с такой же, пусть и менее жёсткой оппозицией со стороны «ястребов» в Вашингтоне. Поэтому мы предложили американцам обменяться посланиями между нашими президентами. Это могло стать официальным одобрением уже достигнутого прогресса и открыть путь для дальнейшей работы.

Надо сказать, что у наших противников в Москве хорошо работали «разведисточники» в МИДе, и силовики настойчиво убеждали Ельцина, что Вашингтон просто применяет отвлекающий манёвр, чтобы прикрыть расширение НАТО. К сожалению, Соединённые Штаты дали основания для такой интерпретации. Американские дипломаты продолжали настаивать на подписании нами рамочного соглашения по «Партнёрству» и торговались о цене, которую были готовы заплатить Ельцину за этот формальный акт. Но российский президент признавал торг только на своём уровне — с президентом США.

Со своей стороны, Клинтон, видимо, понимал, что ему придётся встретиться с Ельциным, чтобы заполучить его подпись. Не в последнюю очередь именно поэтому президент США принял наше приглашение на празднование 50-летия победы в Великой Отечественной войне. Его советники наивно полагали, что сам факт приезда в Москву Клинтона будет достаточной компенсацией для Ельцина, и он подпишет «Партнёрство».

Я предполагал, что формального визита будет недостаточно, и направил свои усилия на то, чтобы Ельцин сосредоточился на консультациях по существу отношений Россия — НАТО. Этот важнейший вопрос, считал я, должен был полноценно обсуждаться двумя президентами во время пребывания Клинтона в Москве. Я с интересом прочитал в номере *The Washington Post* от 17 апреля 1995 года слова известного американского журналиста Роберта Д. Новака: «Самый важный совет, который могут дать Биллу Клинтону его профессиональные дипломатические советники: не обнимайтесь с Борисом! Публичное зрелище двухнедельной давности, когда министр обороны лебезил перед российским министром обороны, поднимая тост за здоровье Павла Грачёва, мясника Чечни, привело в ужас сотрудников госдепа. Они не хотят повторения такого зрелища».

Кристофер попросил меня прилететь в Вашингтон на переговоры по поводу предстоящего саммита. Для начала на меня решили воздействовать с помощью лёгкого шантажа. Мне объявили, что встреча с Клинтоном (которая была обычной дипломатической любезностью) возможна только в том случае, если Кристофер доложит о готовности Москвы подписать «Партнёрство». После обмена мнениями с Ельциным я объявил американцам, что президент России поддерживает подписание «Партнёрства», но при условии, что окончательная шлифовка соглашения состоится в телефонном разговоре между двумя президентами.

В результате я встретился и с Кристофером, и с Клинтоном, но был разочарован. Существенные задачи по формированию новых отношений между Россией и Америкой и между Россией и НАТО американцы обошли вниманием. Мой недавно воскресший оптимизм относительно возможности реального российско-американского партнёрства почти испарился.

Жалкая сделка

В игре на поле властных интриг американцы не имели шансов против бывших советских аппаратчиков. Я аплодировал Ельцину, который от души выпил за ужином перед намеченным телефонным разговором с Клинтоном и повесил трубку, когда американский президент захотел подробнее задержаться на теме «Партнёрства».

***

Не думаю, что умышленно, но получилось так, что во время торжеств в честь Дня Победы Клинтон всё время ходил по пятам за Ельциным и был похож на провинциального родственника в ожидании обещанного подарка. После шантажа в Вашингтоне я не испытывал сочувствия к американскому президенту, но ситуация казалась мне тревожной и малопредсказуемой.

В Москве американцы опять попытались использовать меня в своих целях. Сразу после публичной церемонии на Красной площади Строуб Тэлбот шепнул мне, что формула «Партнёрства» работает прекрасно и сейчас мне нужно объявить о том, что я готов подписать официальный протокол во время встречи министров иностранных дел НАТО в конце мая. Я совершенно не собирался этого делать и сказал Тэлботу примерно следующее: «В неформальной обстановке Ельцин мог допустить какой-то намёк на наше согласие подписать „Партнёрство“, но это нельзя считать официальной позицией». И объяснил, что не стану ничего сейчас уточнять у президента — в данный момент он, как хозяин, принимает приглашённых им мировых лидеров, и было бы неприлично его от этого отвлекать. Напомню, в Москву приехали лидеры нескольких десятков стран.

После встречи президентов, на которой присутствовали Тэлбот и помощник Ельцина по внешней политике Дмитрий Рюриков, Строуб повторил свою попытку. Я предложил ему сверить собственные впечатления от слов российского президента с впечатлениями Рюрикова. Как выяснилось, Рюриков не подтвердил решимость Ельцина немедленно подписать «Партнёрство» — Тэлбот был разочарован. Клинтону пришлось прикладывать новые усилия, чтобы уговорить своего российского коллегу. В конце концов Ельцин дал мне через Рюрикова указание подписать «Партнёрство».

Цена, которую пришлось заплатить Клинтону за наше согласие, впечатляла. На пресс-конференции по итогам саммита Ельцин заявил об ускоренном повышении своего статуса до действительного полноправного участника на следующей встрече «Большой семёрки». Большего прозападные демократы не могли и просить. Их оппоненты тоже могли быть удовлетворены: Клинтон в своей речи заявил, что Договор по обычным вооружённым силам в Европе следует изменить, учитывая озабоченность России. Мало того, президент США публично подтвердил, что внутренние решения альянса по расширению ещё не дошли до этапа согласования процедур или времени принятия новых членов. «Ястребы» увидели в заискивающем тоне Клинтона подтверждение тому, что Кремль может сыграть жёстко.

Клинтону пообещали, что «Партнёрство» будет подписано 31 мая на конференции министров иностранных дел стран НАТО в Ноордвейке в Нидерландах. Однако, даже скрепив сделку рукопожатием, Ельцин попытался увернуться и отложить её исполнение. Он принял решение, что Совет безопасности России, молчавший месяцами под надзором секретаря и старого друга президента Олега Лобова, созывается 24 мая на полномасштабное заседание, посвящённое взаимоотношениям с НАТО.

Лобов был простодушным аппаратчиком, с которым у меня завязались дружеские отношения ещё с августа 1991 года, когда мы оба выполняли важные поручения российского президента. Сейчас он испытывал неловкость, по долгу службы помогая «ястребам» свалить меня. При этом он чувствовал, что у Ельцина пока нет решения, поэтому предусмотрительно сохранял нейтральную позицию. Именно от Лобова я узнал о настроениях силового блока во главе с Примаковым. Настроение можно описать как мстительное и реваншистское. Но при этом — по мнению Лобова — ситуация не была однозначной. Опытные аппаратчики, силовики были сориентированы на «начальника», хорошо усвоив принцип «заходи к шефу со своим мнением, а уходи с его». Для начала они обрушились на меня с критикой за отказ согласовать с ними представленный мной проект резолюции СБ. Выполняя свою роль координатора, Лобов как секретарь Совета постарался поправить ситуацию, но в итоге просто доложил президенту, что мой проект не был согласован с другими членами СБ.

Когда я подошёл к трибуне, чтобы представить свою позицию, Ельцин сказал: «Как-то все в этом зале против вашего подхода. Черномырдин недавно твёрдо высказался против расширения НАТО и „Партнёрства", если это просто прихожая для новых членов. Кажется, что это консенсусное мнение».

Налёт театральности в его поведении вывел меня из равновесия. У меня мелькнула мысль: вот скажу сейчас, что неосоветская политика по отношению к НАТО нанесёт вред России и подам в отставку. Но торопиться с этим не стал.

Мне показалось, что Ельцин просто хочет выпустить пар перед тем, как принять непопулярное решение, — с таким образцом поведения его ближайшие помощники были знакомы. Дело в том, что Черномырдин как премьер-министр не занимался внешней политикой или проблемами безопасности. Цитирование его слов в принципе не имело значения и уж тем более не означало, что «ястребы» победили. Поняв суть происходящего, я подыграл Ельцину, сказав, что мой подход не расходится с черномырдинским, поскольку оба они имеют в основе один источник — предыдущие директивы Ельцина.

Большинство членов Совета Безопасности ожидали, что я буду выступать за подписание «Партнёрства». Как же они были удивлены, когда услышали, что я не считаю подписание само по себе важной целью, но готов сделать это 31 мая, если президент этого хочет в соответствии с соглашением, которого он, очевидно, достиг с Клинтоном во время празднования Дня Победы в Москве. Это напомнило Ельцину о том, что на кону стояло его слово и что подписание не моя инициатива.

— Андрей Владимирович, — обратился ко мне президент, — сядьте вместе с другими членами Совета Безопасности и включите их точки зрения в итоговый доклад, чтобы я мог принять решение. Не надо капризничать или завидовать. Есть много интересных идей, которые нельзя упустить.

Позже, ещё раз обдумывая этот эпизод, я пришёл к трезвому выводу: сегодня я ещё могу с чистой совестью оставаться во главе российской дипломатии, защищая линию на сотрудничество с Западом, но завтра политический поворот неизбежен. Лобовое столкновение двух противоборствующих курсов было лишь вопросом времени, и сторонники поворота рано или поздно одержат победу, не оставив мне другого выбора, кроме отставки.

Приближался период летних отпусков, и, вероятно, у меня есть время до начала осени — размышлял я. Осенью я смогу начать свою кампанию по переизбранию в думу. По новой российской конституции думский мандат уже нельзя совмещать с работой в кабинете министров, что предполагало мой отказ от министерской должности до декабря.

***

Я хотел, чтобы подписание программы «Партнёрство во имя мира» стимулировало содержательную работу по построению отношений между Россией и НАТО. Но Ельцин заблокировал такую возможность. Незадолго до моего отлёта в Нидерланды президент приехал в министерство на встречу с моими ближайшими помощниками, в основном заместителями министра. Накануне мы с ним обговорили детали этого мероприятия, он дал понять, что его визит будет формальностью. Пожатие рук под телекамеры и короткий обмен мнениями… И, конечно, я был застигнут врасплох, когда утром он буквально ворвался в зал, где собрались участники встречи, и после торопливого формального приветствия отпустил прессу и обратился прямо ко мне.

— Почему вы, Андрей Владимирович, ведёте переговоры по условиям, на которых мы можем допустить членство в НАТО или расширение НАТО? Кто вам это разрешил? Я не разрешал. Это не могло быть согласовано и с другими ведомствами. Это поспешные шаги, и они ведут в неверном направлении.

— В соответствии с вашими директивами мы ведём предварительные и конфиденциальные консультации не по условиям расширения, а по альтернативе поспешному расширению. Я доложу вам по этому вопросу позже, — сказал я, заметив, как побледнели мои заместители.

— Я не знаю, о какой альтернативе вы говорите. Наши соперники в НАТО воспринимают ваши инициативы как признак слабости нашей позиции и как предложение поторговаться о цене за расширение, — сказал он, успокаиваясь. Увидев, как поднялись мои брови на его последних словах, он, как бы защищаясь, добавил:

— Есть недвусмысленная информация на этот счёт из надёжных источников, очень близких к людям, с которыми вы разговариваете в Вашингтоне. Мы обсудим позже с глазу на глаз, но сейчас я хочу, чтобы все здесь запомнили, что Россия — президент России — против НАТО, против его расширения, и мы не собираемся вести переговоры ни о каких условиях нашего согласия, просто потому что мы не согласны.

Когда Ельцин упомянул об источниках, я понял, откуда взялась эта вспышка гнева. Во время моих утренних докладов по понедельникам он часто ссылался на противоположную «информацию из других источников», обычно подтверждавшую «грехи» государственного департамента или моего министерства. Большинство этой «информации» на поверку оказывались неточным изложением событий или ложной интерпретацией их политического смысла. Когда я узнал, что тридцатиминутная встреча по понедельникам с Евгением Примаковым предшествовала моей, таинственный «источник» перестал быть секретом. У меня с президентом уже не раз случались сложные объяснения по поводу предвзятого характера информации, полученной от Примакова. В этой ситуации я предложил, чтобы мы с Примаковым регулярно встречались для сверки своих докладов перед встречей каждого из нас с президентом. Примаков не возражал. Мы договорились, что будем по очереди ездить в ведомства друг друга на рабочий обед. Евгений Максимович вёл себя дружелюбно, но при этом делился информацией скупо, на согласование позиций шёл неохотно.

Возмущение Ельцина во время визита в министерство и его ссылки на «надёжные источники» подтвердили мои догадки о том, чья фамилия скрывается за словами «надёжные источники».

***

31 мая 1995 года на церемонии подписания «Партнёрства» в Гааге я ограничился парой протокольных любезностей и передал меморандум генеральному секретарю НАТО. Документ требовал внимательного и незамедлительного прочтения.

Напомню, что моя формула взаимоотношений Россия — НАТО всегда была такой: «Сотрудничество — да, поспешное расширение — нет». Меморандум же содержал другую формулу: «Условное сотрудничество — да, расширение — нет». В документе говорилось: «Решение о расширении НАТО на восток привело бы Россию к необходимости соответствующей корректировки своего отношения к «Партнёрству ради мира»». Поскольку НАТО не собиралась отказываться от идеи расширения, по сути, российский меморандум означал «нет» и для сотрудничества, и для расширения.

Более того, меморандум содержал призыв к НАТО изменить свою природу и превратиться «из военного альянса в политический». Как на него отреагировали наши партнёры? Очень просто — они этот призыв проигнорировали. Между тем он заслуживал серьёзной реакции. Этот тезис доказывал, что российские «ястребы» отрицают само право НАТО на существование. Если Варшавский договор был распущен, так же следует поступить и с НАТО — такой была их логика. Подобные оценки со временем возобладали во всех эшелонах российской власти. Отсюда — стратегия Кремля на подрыв и развал НАТО любым способом.

В конфиденциальной беседе я обратил внимание Кристофера на эти опасные аспекты. Я не хотел, чтобы эти поправки ассоциировались с моим именем. Более того, на мой взгляд, было важно, чтобы Запад разглядел в них знак перемен в российской внешней политике. В разговоре с Кристофером я попытался настоять на немедленной встрече двух глав государств для обсуждения отношений НАТО с Россией. Иначе, сказал я, подписание рамочного документа о «Партнёрстве» ознаменует собой не начало новой главы в нашем партнёрстве, а его конец. Вашингтон моё предостережение проигнорировал. Нашим американским коллегам казалось, что Клинтон выполнил своё обещание, и, по сути, начал процесс расширения НАТО, обеспечив одновременно присоединение России к «Партнёрству». Таким образом они успокаивали свой электорат, Конгресс США и европейских союзников Вашингтона. На бомбу замедленного действия, которая стараниями московских «ястребов» была заложена в документе, они не обратили внимания.

Зато тревожные моменты не ускользнули от внимания западной прессы. *The International Herald Tribune* 31 мая написала, что «госсекретарь США Уоррен М. Кристофер во главе официальных лиц НАТО приветствовал… решение России присоединиться к программе „Партнёрство во имя мира" и оценил это как „начало новой эры" в отношениях с Москвой. Между тем его российский коллега Андрей Козырев предупредил НАТО, что новые соглашения о сотрудничестве окажутся под угрозой, если альянс продолжит осуществление своих планов по приёму новых членов в Восточной Европе… Но г-н Кристофер сказал, что расширение НАТО остаётся неотъемлемой частью нашей стратегии».

В российской прессе заявление Кристофера о расширении НАТО как неотъемлемой части стратегии Запада вызвало бурю. Кремль воспринял его как прямое оскорбление. Добиваясь подписи Москвы под рамочным документом «Партнёрства» и одновременно игнорируя её возражения против расширения, Вашингтон, как утверждали многие российские политики, в очередной раз продемонстрировал своё неуважение к России и пренебрежение её интересами. Естественно, свою долю критики за подписание программы «Партнёрства» получил и я. В том числе от ближайших помощников Ельцина, которые пользовались репутацией либералов и демократов. Рассказывая об этих событиях в книге «Эпоха Ельцина», президентские помощники (Георгий Сатаров, Юрий Батурин, Михаил Краснов) напоминают свою оценку истории с «Партнёрством». Они, в частности, пишут, что поведение США выглядело так, будто американцы были победителями в холодной войне, «которым полагались трофеи, значительная экспансия и даже гегемония в мире». И в качестве примеров приводят взаимоотношения с НАТО и боснийский кризис. Спустя годы, а книга вышла в 2006 году, они продолжают обвинять меня в потворстве американцам и в том, и в другом случае. Эти оценки были мне известны тогда, в 95-м, и я понимал, что остался во властных коридорах в одиночестве. Тем не менее я продолжал отстаивать свою позицию: фундаментальные национальные интересы России состоят в создании союза с Западом. Да, я всегда так думал и до сих пор убеждён в этом. Но уже в 1995-м я осознавал, что, оппонируя растущей волне антизападных настроений, веду себя по-донкихотски.

После подписания рамочного документа «Партнёрства» важнейшая тема отношений Россия — НАТО свелась к лицемерной болтовне с обеих сторон. Дипломатические любезности, особенно на саммитах Билл — Борис, использовались для прикрытия расхождений в реальной политике и были адресованы внутреннему потребителю. Так продолжалось и при Евгении Примакове и Мадлен Олбрайт, которые пришли на смену Кристоферу и мне. Двадцать седьмого мая 1997 года к соглашению о «Партнёрстве», которое выполнялось так же неохотно, как и подписывалось, был добавлен «Основополагающий акт» между НАТО и Россией. После возвращения с пышной церемонии подписания на саммите НАТО Борис Ельцин в своём радиообращении к россиянам назвал подписанный

акт попыткой «минимизировать негативные последствия расширения НАТО». На мой взгляд, этот новый документ выглядел
скорее как основополагающий акт управляемой враждебности,
а не сотрудничества.

Тогда же, в 1995 году, события в Боснии опять выдвинулись
на первый план.

Массовые убийства в Сараеве и потворство Ельцина

В начале 1995 года Контактная группа по Боснии предложила
модернизированный план для мирных переговоров. Боснийские сербы его отвергли и атаковали зоны, которые находились
под защитой ООН. В ответ НАТО в конце мая нанесла очеред-
ные воздушные удары. Но когда сотни мирных жителей-му-
сульман и даже миротворцы ООН были взяты боснийскими
сербами в заложники и использованы в качестве щита, НАТО
была вынуждена приостановить бомбежки. Политическая позиция европейских стран по отношению к боснийским сербам
резко ужесточилась.

Несомненно, сербские экстремисты надеялись на защиту от
возмездия со стороны своих «православных братьев». Имелись
многочисленные доказательства того, что не только послания
и посланцы, но и военное снаряжение направлялось за моей
спиной в Сербию и Боснию различными нетрадиционными
способами. Оглядываясь назад, я склонен думать, что Ельцин,
по крайней мере, был в курсе этих «гибридных» операций и,
вероятно, разрешал их проведение при условии, что они остаются тайными. Путин, придя к власти, продолжил и расширил
такой вид вмешательства.

Как сербские, так и российские «ястребы» считали дни до
момента, когда Москва отбросит прозападную внешнюю политику и твёрдо выступит против американской и натовской
стратегии доминирования на Балканах и в мире.

***

Несмотря на это, до середины лета 1995 года мне удавалось поддерживать у Милошевича конструктивный настрой. Он продолжал блокаду боснийских сербов, что сдерживало их агрессию. Это усиливало нашу роль в международной Контактной группе по Боснии и в европейской политике в целом, и я старался выжать из этого максимум пользы для продолжения прозападной политической линии.

Пик моих усилий пришёлся на начало июня, когда я встретился в Лондоне с премьер-министром Великобритании Джоном Мэйджором и министром иностранных дел Дугласом Хердом. Они согласились вернуться к идее фундаментального соглашения по НАТО. Херд также подчеркнул необходимость для России и Запада работать вместе в Боснии, потому что надежды добиться успеха поодиночке не было. Он считал, что России и НАТО необходим консультационный механизм, который позволял бы не только информировать друг друга, но и тесно сотрудничать в сфере безопасности — речь шла уже не только о Боснии.

Когда мы встретились с президентом, я изложил суть разговоров в Лондоне и понял, что мои старания не произвели никакого впечатления. Тем не менее я упрямо продолжал убеждать его в правильности своей линии. Напрасно. Не сработал даже такой аргумент: альтернативой «лондонскому варианту» — убеждал я его — будет конфронтация с НАТО и её потенциальными новыми членами, то есть большинством восточноевропейских стран.

В конце концов вялая реакция президента заставила меня использовать самый прямолинейный довод. Я сказал, что Россия в любом случае не сможет блокировать расширение и, попав в изоляцию, ничего не выиграет, а потерять может многое. Последующее за этим национальное унижение — сказал я президенту — будет использовано националистами и прочими «ястребами» для усиления своих позиций. Это — подчеркнул я — не может быть приемлемо для первого избранного президента России, которого эти политические силы всегда будут ненавидеть как разрушителя советской империи. Они просто воспользуются уступками, поаплодируют развороту в политике и продолжат бороться за реванш.

Похоже, президент был огорошен моим агрессивным тоном. Перехватив его встревоженный взгляд, я закончил на более дипломатичной ноте. Резюмируя, напомнил, что через несколько дней состоится саммит «Большой семёрки» в Галифаксе и позитивный диалог о будущем отношений Россия — НАТО поможет ему больше, чем открытая конфронтация с западными странами.

— Возможно, вы правы, — сказал Ельцин, — но нам обоим было бы хорошо выслушать и другие мнения при подготовке к встрече в Галифаксе. Приходите завтра в 11 утра на мою встречу с членами Президентского совета. Мои помощники говорят, что есть важные свежие идеи.

По сути, совещание с членами президентского совета было повторением заседания Совета безопасности, которое состоялось 24 мая. Андраник Мигранян был основным докладчиком. То, что помощники Ельцина выбрали такого человека мне в оппоненты, само по себе говорило о настроениях, царящих в Кремле. Мигранян высказал мнение, что Россия совершила большую ошибку, присоединившись к «Партнёрству». Его аргументы: это не остановило расширение альянса — раз, НАТО создаёт силы быстрого развёртывания для использования в бывшей Югославии в обход Совета Безопасности ООН — два, США нанесли воздушные удары без консультаций с Россией — три. Мигранян раскритиковал мое заявление, в котором я допускал, что российские войска могут присоединиться к силам быстрого реагирования в бывшей Югославии.

— Возможно, мне теперь придётся дезавуировать это заявление в Галифаксе. Я скажу, что мы против оказания давления через использование силы! — воскликнул Ельцин, глядя на Миграняна, и немедленно добавил, повернувшись ко мне. — Наша позиция по Боснии остаётся неизменной.

Президент жёстко обошёлся со мной, сыграв на публику, и из-за этого я чуть было не взорвался. При этом он ясно давал мне понять, что в действительности не собирается ничего менять, по крайней мере в ближайшее время, подчёркнуто подтвердив ранее одобренную позицию. А она, как мы оба знали, не исключала возможности участия России в международных силах в Боснии, поскольку это была единственная альтернатива полному исключению из важнейшего политического процесса в Европе.

— Мы проанализируем ситуацию и только потом примем решение, — сказал я спокойно.

После ещё целого ряда нападок Мигранян Ельцин объявил заседание закрытым. Затем он обратился ко мне в обычной деловой манере с вопросом, нет ли каких-нибудь новостей, необходимых ему для подготовки к Галифаксу.

Прежде чем я успел ответить, он добавил:

— Я разочарован этим заседанием. Они надоели мне и, честно говоря, стали раздражать. На самом деле, у них никаких свежих идей, ничего подходящего для предстоящей встречи. Разве нет?

— Это была не моя идея пригласить их, — сухо ответил я. — Как вы знаете, я регулярно выслушиваю их на консультативном совете по внешней политике в министерстве, и они никогда не говорят ничего нового. Если в советское время НАТО называли «инструментом агрессии американских империалистов», сейчас её осуждают за то, что она служит «американскому доминированию». Это очень удобно тем, кто хорошо понимает в советской пропаганде, и намного легче, чем попытаться разобраться, как сотрудничать с Западом. Да, есть трудности и разногласия с Америкой и с НАТО, но, отвергая их как стратегических партнёров и по старинке демонизируя их, мы никуда не придём — только к самоизоляции. Ничего другого нельзя ожидать в Галифаксе, если президент России последует только что услышанным рекомендациям.

— Расслабьтесь, — сказал Ельцин, потрепав меня по плечу. — Поехали в клуб пообедаем.

Это обезоружило меня, и я почувствовал, что мой личный контакт с президентом восстановлен. Я был уверен, что в Галифаксе он будет проводить приемлемую для меня как министра внешнеполитическую линию.

***

Через несколько недель армия боснийских сербов захватила зону под защитой ООН в мусульманском анклаве Сребреница, оттеснив голландских миротворцев. Не обошлось без многочисленных жертв среди мирного населения. Трагедия широко освещалась в СМИ. При этом на Западе к сербам отнеслись с негодованием, а в России с симпатией — их зверства преуменьшались, а мусульмане обвинялись в провоцировании нападения. На фоне тревожных сообщений о том, что сербы готовятся захватить ещё одну «зону безопасности» ООН в Горажде и увеличить давление на Сараево, премьер-министр Великобритании Джон Мэйджор созвал международную конференцию. Цель: достичь соглашения о более широком использовании боевой авиации НАТО и — в качестве последнего средства — наземных сил, чтобы остановить сербскую агрессию. Как и другие страны, Россия была представлена министрами обороны и иностранных дел.

Конференция проходила весьма хаотично. После короткого совместного заседания министров иностранных дел попросили подождать рекомендаций их военных коллег, собравшихся отдельно, чтобы оценить положение в зоне боевых действий. Когда закончился долгий перерыв на кофе, пошёл слух, что министры обороны пришли к консенсусу, согласившись на жёсткий военный ответ в случае нападения на Горажде, Сараево или любую другую зону безопасности. Мало того, решение предполагалось объявить вскоре на пресс-конференции, созванной Джоном Мэйджором в качестве председателя. Я бросился к своему британскому коллеге и сказал ему, что никакое решение не будет поддержано российской делегацией, если Павел Грачёв не проконсультируется со мной и мы оба не доложим нашему президенту. Мне было сказано, что, по всей видимости, Грачёв достиг полного взаимопонимания со своим американским коллегой Биллом Перри. В любом случае, мне обещали проект решения, «основанного на военном совещании», немедленно.

Вскоре я увидел Грачёва, который сообщил, что у него состоялась очень продуктивная встреча с его другом Биллом Перри и что он ждёт соединения с Ельциным по мобильной связи. Через несколько минут он взял трубку, и по выражению лица я понял, что он разговаривает с президентом. Я не слышал, что он говорил и что отвечал ему президент, но Грачёв быстро потерял уверенный вид, который имел всего несколько минут назад. Он передал телефон мне, и я проинформировал президента о том немногом, что знал, подчеркнув, что британцы пообещали передать мне заранее проект решения. Ознакомившись с ним, мы сможем доложить полную картину и запросить инструкции: поддержать документ или нет.

— Да, конечно, вы должны получить проект, и мы обсудим, что с ним делать. Пожалуйста, проследите, чтобы Павел Сергеевич, у которого меньше дипломатического опыта, действовал соответственно. Вы одна делегация и должны говорить единым голосом по моему указанию, как обычно. В любом случае мы не согласны на военные действия НАТО. Это моё указание вам обоим.

Я напомнил ему его предыдущие решения. Россия уже согласилась, что войска альянса могут быть использованы для поддержки миротворцев ООН в случае просьбы генерального секретаря ООН после консультации с Советом Безопасности.

— Да, — сказал Ельцин. — Эта позиция остаётся неизменной, но НАТО не должна получить никаких дополнительных полномочий. Никаких воздушных ударов по сербам. Никаких бомбёжек.

Последние слова явно означали отход от предыдущей позиции.

— Странно, — пробормотал Грачёв с озадаченным видом. — В Москве он просил меня не вступать в конфронтацию, избегать изоляции...

Он замолчал, затем обратился ко мне.

— В нашей группе все были за жёсткие действия, все осуждали боснийских сербов. Я приводил им фактические доводы против, но они их не убедили.

Мне пришлось признать, что, несмотря на некоторые оговорки со стороны Греции и Испании, настроение министров иностранных дел было таким же: сербы зашли слишком далеко, и их нужно остановить. Другой силы для этого, кроме НАТО, нет. И Джон Мэйджор решил огласить это мнение в заявлении председателя без официального одобрения на пленарном заседании. Грачёв и я проинформировали наших британских коллег о том, что Россия возражает против использования силы в отношении боснийских сербов. Проекта решения я, увы, так и не получил.

Российский министр обороны отправлялся в Лондон, имея за плечами опыт хороших личных отношений с Биллом Перри, и Кремль с Белым домом ожидали от них чуда. Грачёв также рассчитывал на особые отношения с Ельциным, чтобы получить одобрение своих договорённостей с Перри. Момент истины наступил, когда он получил последнее указание от президента, которое не оставляло шансов для согласия с Перри и европейскими министрами обороны. И тем не менее я был рад, что Павел прилетел в Лондон, и благодарен ему за искренние усилия избежать конфронтации с Западом. Но понимал, что конфронтация уже неизбежна. Когда это стало очевидным, Грачёв перестроился. Он превратился в стойкого противника НАТО, борца с натовским вмешательством в Боснии и применения сил против боснийских сербов.

На совместной пресс-конференции с Грачёвым в Лондоне я заявил, что совещанию «не удалось достичь всеобщего консенсуса». А Грачёв добавил: «Мы отвергли применение авиаударов... Предложение по силам быстрого реагирования также было отвергнуто нашей стороной».

Строуб Тэлбот пишет в своих мемуарах, что «на лондонской конференции в июле русские на самом деле отказались от своих прав на предотвращение бомбёжек». Очень странное утверждение. Возможно, Строуб, не присутствовавший на конференции, находился под впечатлением завышенных ожиданий от сотрудничества Грачёва и Перри. Вашингтону также во что бы то ни стало нужно было представить решение бомбить боснийских сербов как результат «лондонского консенсуса». Тэлбот таким образом выдал желаемое за действительное.

Я принимаю решение

Статья в *The Guardian*, посвящённая этим событиям, вышла с подзаголовком «Политика Москвы поощряет боснийских сербов думать, что им всё сойдёт с рук». Почему-то именно этот подзаголовок подтолкнул меня к окончательному решению уйти в отставку. Западные интриги вызывали у меня не меньшее отвращение, чем российские, но политика Кремля стала для меня неприемлемой.

Вернувшись в Москву, я стал искать возможность для откровенного разговора с Ельциным в спокойной обстановке. Для меня было важным, чтобы мы поняли друг друга и приняли общее решение: или продолжить работу вместе — на что, похоже, почти не оставалось шансов, — или расстаться на достойных условиях. Похоже, предчувствуя, к чему идёт дело, Ельцин избегал встреч со мной один на один. При этом относился ко мне с неизменным дружелюбием и даже теплотой, когда я по его приглашению принимал участие в совместных ужинах Президентского клуба.

Тем летом Ельцин проводил отпуск на государственной даче в Сочи в окружении своей большой семьи — с двумя дочками и внуками. Грачёв и я с нашими семьями занимали дачи по обе стороны от ельцинской. Это был лучший летний отпуск из всех четырёх, что я провёл на этом черноморском курорте, наслаждаясь ежедневной игрой в теннис и плаванием в море. Учась виндсёрфингу недалеко от берега, я чуть не столкнулся с Борисом Немцовым, тогда нижегородским губернатором, который пытался освоить водные лыжи. Так получилось, что каждый из нас был силён в том виде, которому другой пытался научиться, и мы отлично провели время. Он учил меня виндсёрфингу, а я помогал ему с лыжами.

Десять лет спустя Немцов, который стал непримиримым оппонентом президента Путина, был убит рядом с Кремлём. Через несколько дней *The Washington Post* напечатала мою статью, посвящённую памяти Бориса, с осуждением агрессивного кремлёвского режима.

А тем летом 1995 года Ельцин два или три раза приглашал Грачёва и меня на семейные ужины, и моя дочь Наташа подолгу проводила время с его внуками. Она полюбила «дедушку Бориса» и особенно «бабушку Наину», которые от души баловали детей.

Тему предстоящей отставки нужно было деликатно затронуть в семье. Однажды вечером, когда Наташа вернулась от Ельциных, мы пошли прогуляться по парку.

— Мы хорошо проводили последние четыре года на этом курорте, — начал я. — Это было время, когда я делал всё, что мог, для страны и человека, в семье которого ты сейчас была.

Предчувствуя, куда я веду, она перебила меня:

— Он просто классный! Этим летом я лучше узнала его. В последнее время он выглядит уставшим. Говорят, что болен. Он очень добр к нам. И тебя любит. Я вижу это по тому, как он говорит о тебе, папа. Конечно, он не говорит со мной о политике... Я знаю, что перспективы изменились, я читала об этом в Америке... Но ты всегда говорил, что решение остаётся за ним, он ведь первый избранный президент.

Я честно ответил на её незаданные вопросы:

— Да, он историческая личность, и он заслуживает моего безоговорочного уважения как первый избранный руководитель России, но похоже, он принял решения, с которыми я не согласен. Поэтому я не смогу с чистой совестью помогать их исполнению. Мы с ним обсудим это, и я всё ещё надеюсь убедить его изменить своё мнение. Однако я чувствую, что эта глава моей жизни подходит к концу. Думаю, это наше последнее лето на даче в Сочи. Ничего страшного, перемены добавляют острых ощущений в жизни.

Через несколько дней мы попрощались с сочинской дачей и разлетелись в разных направлениях. Наташа вернулась в Нью-Йорк, где уже начались занятия в школе, а я отправился в Манилу на ежегодную встречу министров стран АСЕАН. Ельцин остался в Сочи. Я по-прежнему ждал шанса поговорить с ним. Срочной необходимости не было, но тучи сгущались. Мы получали сообщения, что НАТО уже на практике готовится к расширению. И хотя полноценное членство восточноевропейских государств откладывалось на несколько лет, эти новости были приняты в Москве как непосредственная угроза национальной безопасности. Но дальше риторики дело пока не шло.

Все изменилось 30 августа, когда мой отпуск закончился, а НАТО приступила к широкомасштабным бомбардировкам в Боснии в ответ на второй случай массовых убийств в зоне безопасности. Это стало началом военно-воздушной кампании, которая месяц спустя охладила сербские горячие головы, вынудила их снять осаду с Сараева, сформировать с Белградом единую команду для переговоров и начать под руководством Милошевича мирные переговоры на основе предложений Контактной группы. Несмотря на то что Россия столько сделала, чтобы образумить Милошевича и превратить его в ключевую фигуру боснийского урегулирования, вся слава достались Соединённым Штатам и их специальному переговорщику Дику Холбруку. Россия практически самоизолировалась, решительно выступив против бомбардировок НАТО. Мои противники в Кремле и пресса изобразили операцию как наступление под руководством американцев, которое в итоге было направлено против самой России.

Ельцин, ещё до возвращения из Сочи в Москву, оценил действия НАТО как «казнь боснийских сербов». Правительство Черномырдина сделало специальное заявление с обвинением НАТО в геноциде. Затем дума одобрила постановление с требованием к президенту немедленно пресечь агрессивные действия НАТО и отказаться от санкций против Сербии. Ни одна парламентская фракция, включая сторонников Гайдара и Явлинского, не удержалась от безусловного осуждения НАТО и солидарности с боснийскими сербами как жертвами.

В лучших советских традициях Кремль и дума обвинили мировое общественное мнение и прессу в подчинении американо-натовскому заговору и занялись поиском козла отпущения. 13 сентября Джон Торнхилл написал в *The Financial Times* под заголовком «Козырев может заплатить своей должностью за Балканы»: «Российский министр иностранных дел умело играл дипломатическую роль, представляя приемлемое лицо России за границей и безобидное лицо западных интересов у себя в стране. Но по мере того, как разрыв между западными и российскими интересами расширялся, ему становилось всё труднее что-то сделать».

Точнее было бы сказать «стало невозможно что-то сделать».

***

Через несколько дней после начала бомбардировок меня вызвали в Сочи. В гостиной ельцинской дачи я увидел Грачёва и посла России в Великобритании, моего бывшего заместителя Анатолия Адамишина.

Ельцин безотлагательно перешёл к делу, начав с Югославии.

— Бомбёжки НАТО стали новым вызовом для России, и, по-видимому, наша реакция оказалась запоздалой и слабой. Анатолий Леонидович Адамишин был свидетелем недавнего заседания так называемой Контактной группы и возмущён, что участники проигнорировали наше требование сейчас же прекратить удары. Я тоже возмущён, как и дума, и все в России!

Россия не может играть роль беспомощного бедного родственника в Европе.

День начинался, как и предсказывали утренние новости: согласно некоторым источникам, президент собирался провести важное совещание по Югославии в Сочи, отправить в отставку Козырева и назначить министром иностранных дел Адамишина, ветерана советской дипломатии, привычного к жёсткому языку, который Запад понимает. Примерно в этом направлении всё и развивалось.

Ельцин пригласил Адамишина и Грачёва высказаться первыми. Оба выразили возмущение действиями НАТО: бомбёжками боснийских сербов и игнорированием России. Оба заявили, что пришло время положить всему этому конец, если потребуется, с помощью жёстких мер. Ельцин торжествующе посмотрел на меня:

— Что вы скажете, Андрей Владимирович?

Следуя указаниям президента, сказал я, Грачёв и я на лондонской конференции, а затем я на лондонском заседании Контактной группы с помощью нашего умелого посла в Великобритании сделали то, что ждал от нас президент. Мы дали ясно понять НАТО, что воздушные удары неприемлемы и Россия не может допустить, чтобы её позицию игнорировали. Однако наш голос был единственным. Европейское общественное мнение не разделяет наше убеждение в агрессивной природе НАТО. Все новые демократии и страны СНГ участвуют в программе «Партнёрство во имя мира». Хотя некоторые и высказали оговорки по поводу воздушных ударов, большинство из них приветствует решимость НАТО остановить то, что мировое общественное мнение рассматривает как варварство, творящееся в самом центре Европы. Все воюющие стороны в бывшей Югославии совершали преступления. Это понятно, но боснийских сербов считают злейшими преступниками, а русских — их защитниками. Такое негативное восприятие может только усилиться в результате непрекращающихся российских угроз воспрепятствовать усилиям НАТО.

Я подчеркнул, что пустые угрозы особенно контрпродуктивны, если вы хотите что-то остановить, — это всеобщий закон. Так же, как и пустые обещания, когда вы хотите чему-то способствовать. Далее я перешёл к предложениям Грачёва и Адамишина:

— Пока я услышал два предложения по практическим мерам. Павел Сергеевич намекнул на некоторые шаги военного характера, которые, на мой взгляд, нуждаются в детальном анализе под политическим углом. Но для начала давайте посмотрим на карту. Бывшая Югославия отделена от России другими странами, некоторые из них являются членами НАТО, а другие стучатся в ее дверь. Они смогут заблокировать любое движение войск или снабжение через свою территорию или воздушное пространство. Поэтому, даже если бы эти военные шаги были признаны желательными, возможность их осуществления очень невелика. Анатолий Леонидович, в свою очередь, предлагает выйти из состава Контактной группы в знак протеста против политики НАТО. По-моему, это только поможет миру игнорировать Россию. Если имеются силы, желающие выдавить нас из европейской политики, это будет им на руку. То же самое можно сказать о требовании думы выйти из «Партнёрства».

По мере того как я говорил, выражение лица Ельцина менялось от гневного к раздражённому и, наконец, озадаченному.

— Есть другие мнения о практических шагах? — он оглядел нас. После паузы он объявил совещание продуктивной попыткой мозгового штурма и закрыл его. Выходя из комнаты, он попросил меня и Грачёва остаться для индивидуальных разговоров, что оказалось обычным дружеским обедом.

Я был в панике: опять у меня не будет возможности для содержательного обмена мнениями. Я думал, как бы кратчайшим образом выразить то, что было у меня на уме. Мы стояли небольшой оживлённой группой со стаканами скотча в руках, и я просто сказал Ельцину (только в этот момент вдруг заметив, как он сильно сдал), что хочу переизбираться в думу по своему мурманскому округу осенью.

Он всё понял: должности в думе и в правительстве больше нельзя было совмещать, и моё намерение идти на выборы было равнозначно просьбе об отставке в конце года.

— Почему? — спросил он тоном учителя, встретившего возражение со стороны любимого, но упрямого ученика. — Мне казалось, вам нравится работать с президентом. Конечно, дело ваше. Но вы помните, что однажды вы мне обещали принять такое решения только после консультации со мной? В любом случае, ещё слишком рано. Поговорим об этом позже, ближе к выборам.

Когда пришла моя очередь поднять тост, я предложил Грачёву выпить за честь и привилегию работать с первым избранным президентом России.

В тот день я вздохнул с облегчением. Мои отношения с президентом были прочными. Наш договор выдержал испытания невзгодами: если он захочет избавиться от меня, скажет мне первому. Со своей стороны, я ясно заявил о своих намерениях. Если он окончательно выберет неосоветский уклон во внешней политике, я буду избираться в думу и автоматически освобожу свою министерскую должность.

Поэтому я не слишком расстроился, когда на пресс-конференции Ельцин подверг критике МИД за его неспособность помешать натовским ударам и ещё за какие-то менее важные вещи.

— Исправьте свои ошибки и найдите мирное решение в бывшей Югославии, — сказал он, обращаясь к министерству и ко мне.

Я воспринял это как попытку спасти лицо, обвинив дипломатов в ошибке, которую совершил президент, упрямо боровшийся против воздушных ударов, что на его беду привело к тому, что Россию просто-напросто проигнорировали. Ещё со времён Бурбулиса — Гайдара между членами ельцинской команды существовало общее соглашение принимать на себя основное бремя критики, направленной против Ельцина, из-за его уникальной роли в управлении страной. По этой причине реформаторы обычно не отвечали президенту публично, даже если он несправедливо критиковал их или увольнял. Так действовал и я.

Два дня спустя, на нашей обычной утренней встрече в понедельник он даже не упомянул о своих резких замечаниях, сосредоточившись вместо этого на перспективах балканского урегулирования. Это подтвердило мою догадку о том, что его публичные комментарии были вызваны попыткой сохранить лицо. Перед уходом я сказал ему, что, хотя это и нормально — возлагать на МИД часть ответственности за дипломатические неудачи России, справедливо будет также призвать к ответственности тех президентских помощников и те ведомства, что пытались подтолкнуть политику в предсказуемо рискованном направлении. Например, на той же пресс-конференции, где президент обвинил МИД, он допустил возможность создания Россией военного блока в ответ на расширение НАТО. Однако в действительности было слишком много желающих либо стать членами, либо сотрудничать с альянсом, включая все бывшие социалистические страны и советские республики. Китай и Индия, любимые альтернативы Примакова, проводили сбалансированную политику, но конфликтовали между собой; было бы смешно даже предлагать военно-политический блок кому-нибудь из них или обеим странам вместе. А кто ещё есть для анти-НАТО?

— Вы знаете, зачем всё это говорится, — раздражённо ответил он. — Что касается критики, то вам не следует принимать её слишком близко к сердцу.

***

Вспоминая этот разговор в Кремле в последующие дни, я подумал, что Ельцин скоро устанет от таких споров и примет решение о моём будущем. Тем временем я почувствовал себя свободным от ответственности за проведение внешней политики России и занялся текущими делами.

Всё это время я сохранял очень хорошие личные отношения с Ельциным, часто встречался с ним за столом в Президентском клубе, но он старательно избегал любых серьёзных дискуссий. Первого октября я послал ему официальное письмо, прося его согласия на моё отсутствие в министерстве в течение двух дней каждую неделю до выборов в связи с проведением в Мурманске кампании по моему переизбранию в думу. Зарегистрированный кандидат имел по закону право отсутствовать на рабочем месте, но был обязан согласовать даты с работодателем. Не дожидаясь ответа, 6 октября я отправился в Мурманск и начал свою кампанию, оставаясь по-прежнему связанным с Ельциным нашей личной договорённостью.

Кто будет следующим президентом?

Реформаторски настроенный губернатор Мурманской области Евгений Комаров неожиданно предложил идею, которая раньше никогда не приходила мне в голову.

— Почему бы вам не подумать о более масштабной избирательной кампании? Я уверен, что многие вам симпатизируют, и не только здесь. В стране всё ещё немало демократов и реформаторов. Это правда, что они перешли к обороне, но у сильного лидера были бы хорошие шансы мобилизовать их и победить. Я говорю о вашей собственной национальной кампании, не ельцинской.

— Это слишком сомнительная идея. Во-первых, я связан своим согласием стать координатором кампании президента. Во-вторых, я иду на выборы в думу. Давайте посмотрим, чем эти два дела закончатся.

Когда я вернулся в Мурманск через неделю, Комаров опять поднял эту тему, но предложил выйти из машины, чтобы обсудить её на свежем воздухе. Очевидно, он опасался, что в машине нас могут подслушивать. Я отмахнулся рукой от этого предложения. После падения коммунизма был принят закон, запрещавший тайное прослушивание без решения суда. Ещё более возмутительным было бы прослушивание избранного губернатора и избранного депутата думы. Это означало бы возврат к советской практике, о чём, конечно, мечтали некоторые ветераны спецслужб, но они бы не посмели делать это в демократической России. По крайней мере пока, подумал я. И мы продолжили разговор в машине.

— Я поговорил с рядом моих коллег-губернаторов на совещании, которое состоялось несколько дней назад, и их предварительная реакция была многообещающей: они бы могли рассматривать вас как своего кандидата.

— Звучит слишком хорошо, чтобы быть правдой, — ответил я. — Но то, что я сказал в прошлый раз, остаётся неизменным. Я сосредоточусь на моей думской кампании здесь, и после этого рассмотрю остальные варианты.

Спустя три часа я вернулся в Москву. Президент должен был приземлиться вскоре после меня, поэтому я решил подождать его в зоне прилета правительственного терминала во «Внуково». После обычных рукопожатий он пригласил меня вместе с группой высших должностных лиц, часть из которых сопровождала его в поездке, а другая приехала встретить в аэропорту, в небольшую комнату, где, как обычно, были накрыты столы с напитками и бутербродами. Он был напряжён и быстро опрокинул несколько рюмок коньяку. Присутствующие обменивались шутками и анекдотами и дружно смеялись. Внезапно Ельцин перестал смеяться и пристально посмотрел на меня.

— Почему бы нам не выпить за нового президента России, Андрей Владимирович? — сказал он напряжённым голосом, и шумная веселящаяся компания немедленно умолкла.

— У нас есть президент, — сходу нашёлся я. — И я предлагаю поднять бокалы за то, чтобы он остался!

Все встали и подняли рюмки.

— Неет! — почти зарычал Ельцин. — Я имею в виду нового президента, которого изберут в будущем году.

— Я тоже имел это в виду, — ответил я. — У нас есть президент, и новый нам не нужен. Выборы только подтвердят это.

Раздался рёв одобрения — гости подумали, что инцидент исчерпан. Однако Ельцин не собирался на этом останавливаться.

— У меня есть другая информация. Новым президентом будет Козырев! — веско произнёс он.

Никто не двигался, все поняли, что он не шутит. Секунду я тоже не мог пошевелиться.

— Обычно я не спорю с президентом, — сказал я, выдавливая из себя улыбку. — Но не на этот раз. Я предлагаю пари на бутылку виски. Идёт, Борис Николаевич?

— Так нечестно, Андрей наверняка выиграет! Если вы примете пари, Борис Николаевич, я тоже хочу спорить. Я тоже люблю виски, — сказал Грачёв.

Теперь все рассмеялись, и многие предложили поставить на победу Ельцина. После ещё нескольких рюмок Ельцин встал и нетвёрдой походкой, опираясь на руку Грачёва, направился к выходу.

— Что за странная фантазия?! Почему он так говорил с вами? — спросил меня глава администрации президента Сергей Филатов, не ожидая получить ответ, но явно выражая симпатию. Я пожал плечами. Когда Ельцин впервые заговорил о новом президенте, я тоже пришёл в замешательство. Затем я вспомнил о беспокойстве Комарова по поводу возможного прослушивания его машины. Похоже, губернатор был прав.

Около недели спустя незнакомец с закутанным шарфом лицом поймал меня за руку на улице Мурманска и сказал:

— Я вас уважаю, вы заслуживаете того, чтобы знать правду. Вот копия сообщения, полученного Ельциным от сотрудника службы безопасности из Мурманска 6 октября.

Он дал мне листок бумаги и, едва дождавшись, когда я прочту его, выхватил обратно из моих рук.

— Знакомый текст, да?

С этими словами он исчез. Текст на самом деле был мне знаком: это была запись двух моих разговоров в машине Комарова. В некоторых местах в тексте были пропуски с комментарием «звуковые помехи». Самые большие помехи случились как раз на том месте, где я в ответе ссылался на свои обязательства, связанные с кампанией Ельцина. Сотрудники спецслужб не только подслушивали политика, избранного народом, они изменили запись в нужном им смысле. Теперь имелось доказательство, что Ельцин получал детальные и политически пристрастные разведданные, объём которых рос, не только из-за границы, но также и внутри страны, и внимательно следил за ними.

Мои худшие предположения относительно эволюции режима и президента получили веские основания.

В этой ситуации у меня не было шансов. И я решил прибегнуть к тому же средству, что и в 1992 году, — общественному мнению, хотя на этот раз больших надежд на значительную реакцию у меня не было. Тем не менее я пригласил молодого журналиста Владимира Абаринова помочь мне в решении этой задачи.

20 октября газета «Сегодня» опубликовала его интервью со мной. Позволю себе его процитировать.

«Вопрос. В начале 1992 года вы предупреждали о „реванше аппаратчиков“. Создаётся впечатление, что сегодня они уже победили?

Ответ. Силы, которые извлекали выгоду из гонки вооружений и конфронтации с Западом, никуда не делись и постоянно пытаются взять реванш и вновь захватить власть с помощью бюрократии, политических партий и думы. Конфронтация ведёт в никуда, но она отвечает узким корпоративным интересам.

Вопрос. Через два дня президенты России и США встретятся в Америке. Это будет первый саммит на фоне такой интенсивной антиамериканской и антизападной кампании в России. Вы обеспокоены?

Ответ. Да, мы испытываем давление... Я продолжаю настаивать, что Запад является таким же естественным союзником демократической России, каким он был врагом Советского Союза... Нет „двух Козыревых“. Если в 1991 году я хотел, чтобы наблюдателям СБСЕ было позволено поехать в прибалтийские республики (которые стали жертвой нападения советских войск), то сейчас я выступаю за то, чтобы наблюдатели СБСЕ были допущены в Чечню, потому что соблюдение прав человека это не исключительно внутреннее дело».

За три года до этого моё публичное предупреждение об аппаратчиках-реваншистах попало в заголовки большого количества газет и информационных агентств почти сразу же, как было опубликовано. На этот раз даже либеральная газета «Сегодня» не попыталась сделать это главным материалом, поместив интервью на девятой странице, посвящённой международной политике.

Также, в отличие от предыдущей ситуации, оппозиционные силы не замедлили нанести ответный удар и сделали это открыто.

Уговор превращается в ловушку

В день, когда было опубликовано интервью, после обеда Ельцин провёл пресс-конференцию, посвящённую разным темам. Это было воскресенье, я собирал вещи, готовясь сопровождать президента в Соединённые Штаты, куда мы вылетали на следующий день, поэтому смотрел пресс-конференцию по телевизору. Кто-то из журналистов поинтересовался, улучшилась ли работа МИДа после его критики президентом. Ответ Ельцина прозвучал огорчённо и в то же время резко: министр иностранных дел не поправил свой курс, он не справляется со своей работой, он потерял авторитет в зарубежных столицах, которые не обращают внимания на интересы России, он утратил доверие своих коллег в правительстве, которые отказываются согласовывать с ним позиции по международным вопросам. И резюмировал: задача — найти мне подходящего преемника.

Я внимательно посмотрел вечерние новости. Отчёты о президентской пресс-конференции были сделаны в язвительном духе: раз за разом телеканалы повторяли короткий эпизод, когда Ельцин, входя в зал, ущипнул миловидную женщину-стенографистку, сидевшую за маленьким столиком, — та в ужасе подскочила на стуле. Также телеоператоры фокусировали внимание на странных жестах Ельцина и его невнятной речи, а комментаторы гадали: он пьян или болен — или и то и другое?

Заявления, касавшиеся меня, были поданы в такой же манере. Игнорируя политический контекст, в том числе и предстоящий в Америке саммит, большинство репортёров изощрялись в грубых формулировках и злорадствовали по поводу взбучки, которую получил один из фаворитов президента. Комментариев по существу было немного, и они ограничились короткими ремарками о том, что перемены во внешней политике и кадровые решения в МИДе ожидаются не первый день.

Перед сном я ещё раз взвесил имеющиеся варианты. Можно было на следующее утро не ехать в аэропорт и вместо этого созвать пресс-конференцию, на которой объявить об отставке, обосновав её неосоветским переворотом во внешней и внутренней политике. Такой вариант политически поставил бы меня во главе либеральной повестки, пресса наверняка дала бы моему шагу циничное объяснение. Но в результате я бы невольно ослабил и без того хрупкое демократическое движение и подорвал позиции президента накануне важного саммита. Внутренний голос профессионального дипломата подсказывал: займись личными проблемами и отстаивай правоту после того, как выполнишь должным образом свои дипломатические обязанности.

Второй вариант — поехать в аэропорт и поговорить с президентом. На пресс-конференции он, возможно, был не в форме и сказал больше, чем сказал бы в другом настроении, как это с ним частенько бывало. Если он публично даст обратный ход — а там будет полно прессы, — тогда можно будет принимать решение после его возвращения. Это также даст время, чтобы оценить реакцию мурманских избирателей и учесть её при выборе будущего курса.

Я мысленно вернулся к первому варианту. Предположим, меня ждёт успех, и я моментально стану героем демократов, раздражённых поведением Ельцина. А что дальше? Соперничать за лидерство в одной из маргинализированных либеральных партий, ослабленных амбициями их лидеров? Перспектива не очень привлекательная. Настоящее возвращение могло состояться только в ходе президентской гонки. Тут расклад сил был такой. Генерал Александр Лебедь, бывший командующий 14-й армией в Молдове, набирал силу как потенциальный кандидат в президенты от националистов и силовых структур. Я со своим опытом работы во власти мог бы занять место его главного оппонента от демократов и поддерживающих их избирателей. Мог бы? Меня мучили сомнения, в том числе связанные с моим неславянским профилем. А может быть, я просто струсил. Я выбрал второй вариант.

В аэропорту Ельцин пожал мне руку, как и другим.

— Я надеюсь, вы не приняли слишком близко к сердцу то, что я вчера сказал, Андрей Владимирович? Мои вчерашние слова были вызваны раздражением по другим причинам.

— Как раз, наоборот, принял. И я сомневаюсь, нужно ли мне лететь или разумнее прямо сейчас просить об отставке. И, если я лечу с вами, я прошу вас сообщить об этом прессе сейчас.

Ельцин обратился к репортёрам и повторил то, что только что сказал мне, показательно оставаясь вполоборота ко мне, чтобы я его услышал.

— Разумеется, Козырев должен лететь со мной. Это очень важная поездка, и он министр иностранных дел.

Затем он повернулся в противоположную сторону, как бы меняя тему и обращаясь к другой группе репортёров. Я не слышал, как он добавил: «Пока». Узнал об этом только на следующее утро из выпуска новостей CNN в Нью-Йорке.

Я думаю, Ельцин был навеселе на протяжении всего визита. Строуб Тэлбот в своих мемуарах подробно описывает его эксцентричное поведение. Не менее подробно он описывает и поведение Клинтона, который подыгрывал бахвальству Ельцина, в том числе на итоговой пресс-конференции. «Клинтон таким образом, — писал Тэлбот, — старался избежать неприятного для него серьёзного разговора о взаимоотношениях с Россией накануне американской президентской гонки. Особых успехов тут не было. Я почувствовал нечто вроде удовлетворения от того, что не мне одному ради успеха международного сотрудничества пришлось терпеть буйство и грубость на публике моего шефа».

А успех у саммита определенно был. Ельцин согласился направить российские подразделения для участия в миротворческих силах, которые действовали под руководством США, хотя формально считалось, что под контролем НАТО. Участие в операции отвечало интересам Москвы: благодаря этому решению роль России в мирном урегулировании на Балканах стала более заметной.

По возвращении в Москву Ельцин слёг с сердечным приступом и был госпитализирован прежде, чем нам удалось переговорить. Выбора у меня не было — и я обнародовал свою позицию в телеинтервью.

«На протяжении месяцев, — сказал я, — мы двигались в сторону конфронтации с Соединёнными Штатами — я был против этого. И вот, после встречи с американским президентом, президент России публично заявил: „Нет, партнёрство не умерло, мы решительно намерены продолжать его!“ Я подчеркнул, что если бы мы стабильно строили партнёрство, то такая сцена была бы не нужна и мы смогли бы добиться на саммите большего. Я был готов остаться министром, если курс на партнёрство будет восстановлен и мы будем проводить его не только на саммитах, но и в ежедневной практике».

Девятого ноября мне разрешили навестить Ельцина в больнице. Он был физически слаб, но в суждениях более здрав, чем всё последнее время. Он говорил на почти забытом к этому времени языке лидера-реформатора. Мне казалось, что мы вернулись в 1991–92 годы. Президент согласился, что сейчас, когда разрушительное воздействие югославского кризиса на европейскую и внутреннюю российскую политику стало ослабевать, мы можем вернуться к партнёрству с Западом по широкому спектру вопросов, включая НАТО. Мы вновь говорили как единомышленники.

Признаюсь, мне было трудно и даже неловко в этой дружелюбной атмосфере перейти к обсуждению собственного будущего. Но деваться было некуда. Когда я это сделал, президент спокойно и устало сказал, что понимает мои чувства, потому что сам много раз сталкивался с незаслуженной критикой и даже с оскорблениями. Пока он говорил, я достал и положил на кофейный столик, стоявший между нами, два листа бумаги. Один я вручил ему. Другой, моё прошение об отставке, я оставил на столике так, чтобы он мог его видеть. Он прочитал первый документ, подписал его знаменитым каллиграфическим почерком «Одобряю. Борис Ельцин» и вернул мне.

— А это заберите, — приказал он, взглядом указывая на второй документ на столе. — С этим всё, не так ли? — сказал он, глядя мне прямо в глаза.

— Почти, — сказал я, но осёкся, увидев, как усталость снова появилась в его глазах. — Я уже занял слишком много вашего времени сегодня. Я очень благодарен за ваше внимание и понимание, Борис Николаевич. Я просто счастлив, что увидел того самого президента, кого я знаю и люблю с 1991 года.

Похоже, ему понравились мои последние слова. Когда доктор упрекнул меня в том, что я задержался дольше дозволенного, Ельцин улыбнулся.

Бумага, подписанная президентом, гласила, что он подтверждает проводимый во внешней политике курс и выражает мне поддержку «в проведении политики и в координации её осуществления с другими правительственными структурами». Я передал её первому помощнику президента Виктору Илюшину и моему пресс-атташе. Это немедленно попало в заголовки российской прессы.

Однако скоро моя эйфория сошла на нет. Илюшин не передал документ с подписью президента кремлёвскому пресс-секретарю, который впоследствии не смог ни подтвердить, ни опровергнуть факт существования этой бумаги, когда его спро-

сили об этом журналисты. Ельцин проводил бóльшую часть
времени в больнице и, в отличие от большинства других должностных лиц, добивавшихся встреч, мне более не было позволено встретиться с ним. Тем временем дела шли как обычно:
мои предложения, касающимся партнёрства с Западом, редко
доходили до президента, их тормозили сотрудники аппарата,
требовавшие, чтобы я согласовал их с другими ведомствами.

США и другие члены НАТО тщетно посылали нам сигналы — они были готовы к углублению сотрудничества с Россией. В этой ситуации я считал своим долгом объяснять об-
ществу, что миролюбивые инициативы Запада блокируются
на нашей стороне. Мне казалось важным зафиксировать этот
факт, поскольку любимым аргументом моих оппонентов
было утверждение: это Москва хочет партнёрства, а НАТО его
блокирует. Я решил ещё раз обратиться к прессе, чтобы изложить ситуацию.

Первого декабря 1995 года газета «Известия» напечатала
моё интервью с журналистом Леонидом Млечиным, в котором
я прямо сформулировал свою позицию: «До настоящего времени у нас нет решения по фундаментальному вопросу: мы стре-
мимся к партнёрству или к конфронтации с НАТО? Мой ответ
ясен: возражая против расширения НАТО, мы должны продолжать выстраивать с ней партнёрские отношения. Каково наше
важнейшее возражение против него? Что он с нами не консуль-
тируется. Однако это мы сами отказываемся выстроить механизм для консультаций и взаимного доверия!»

Я также ещё раз заявил о своём намерении уйти в отставку
и объяснил политические причины такого решения. Я не стал
скрывать, что это является катастрофой для карьерного дипломата. Строитель или инженер, пришедший в политику, может
вернуться потом к своей основной профессии. Моя же профес-
сия была слишком политической для этого.

Чего я не сказал в интервью, так это того, что я был связан
словом, данным Ельцину.

***

В 1995 году моя мурманская кампания за место в думе была ещё сложнее, чем в 93-м. Избиратели были безразличны к политике. Несмотря на президентскую критику моего прозападного курса, которая попала в заголовки российской и мировой прессы, мне только изредка задавали вопросы по внешней политике. Очевидно, рейтинг одобрения Ельцина был так низок, что к его словам не относились серьёзно. Много критики высказывалось в адрес партии «Выбор России», её неразрывно связывали с олигархическим капитализмом, признаки которого становились всё отчетливее. Мой независимый статус беспартийного кандидата снова помог мне. Большинство вопросов относились к моим возможностям пролоббировать региональные интересы в московских ведомствах. Это касалось распределения бюджетных трансферов, получения субсидий для региона и так далее. Конечно, людей тревожило негативное отношение ко мне президента, они опасались, что я не смогу из-за этого выполнить свои предвыборные обещания. Поэтому я считал уместным сохранять некий налёт таинственности относительно моей будущей должности. Многие мурманчане верили, что в нашей стране возможно всё, включая нарушение российской конституции, а значит, не исключено, что, получив депутатский мандат, я сохраню министерский пост.

Меня часто спрашивали, почему я не вступаю в новую партию власти — «Наш дом — Россия» — во главе с премьером Черномырдиным. Избиратели не без оснований полагали, что членство в ней укрепит мои лоббистские возможности. Но, на мой взгляд, эта партия, которую тут же прозвали «Наш дом — Газпром», была фактически воссозданием бюрократического ядра КПСС, только красные марксистские знамёна заменили на «патриотические». Для меня это было неприемлемо.

Несмотря на победу в Мурманске с огромным преимуществом, перспективы моего будущего в парламенте выглядели мрачными. Только одна из демократических партий, «Яблоко» Григория Явлинского, преодолела пятипроцентный барьер, необходимый для того, чтобы быть представленной в Думе, в которой доминировали коммунисты (плюс близкие к ним депутаты от Аграрной партии) и ЛДПР Владимира Жириновского. Почти от отчаяния я продолжал настаивать на правильности либерального курса. Отвечая на вопросы корреспондентов 19 декабря, я доказывал, что, несмотря на слабые результаты демократического крыла, ни наши зарубежные партнёры, ни мы не должны впадать в панику и терять надежду. Моя победа в одномандатном округе в Мурманске, регионе с крупнейшей военно-морской базой, показала, что россияне не отвергают ни идею партнёрства с Западом, ни внутренние реформы. Что до моего будущего, я пообещал обсудить его с президентом в ближайшие несколько дней.

Прощай, Ельцин

25 декабря 1995 года. Ельцин на своей государственной даче, выглядит плохо — домашние тапочки и похожий на пижаму костюм. Старый больной человек. Всё — начиная с приветственного поцелуя Наины Иосифовны, открывшей мне дверь, до ельцинского костюма — свидетельствует о неформальной и дружеской обстановке.

— Давайте просто поговорим, как старые друзья, — с теплотой произносит Ельцин.

— Благодарю вас за это предложение, — охотно отвечаю я. — И буду откровенен с вами, Борис Николаевич. Несмотря на результаты думских выборов, я верю по-прежнему, что остается возможность для продолжения политики сотрудничества с Западом и реформ внутри страны. Такая повестка способна принести вам победу в вашей президентской кампании, которая скоро должна стартовать. Восхищаюсь вами и ценю вашу дружбу, но я не тот человек, который может быть полезным в проведении другой политической линии. Сейчас, когда я избран в думу, станет легче: мне нужно только выполнять наказ избирателей, без особых объяснений. Я не хочу ослабить вашу позицию по отношению ко всем этим безумным коммунистам и националистам. Уходя из правительства, я не предаю вас, Борис Николаевич.

— Я в этом не сомневаюсь! — воскликнул он и через паузу добавил: скажите, что вас беспокоит. В конце концов это ведь политика президента; я президент, и я не изменился.

Вся обстановка встречи говорила о возможном новом предложении. Думаю, если бы я признал какие-то технические ошибки, попросил о небольшом одолжении, вроде назначения себе ещё одного заместителя и, что самое важное, обозначил бы согласие с новым политическим курсом, скорее всего, я смог бы остаться в должности. Так в чём же была проблема?

Я сделал успешную дипломатическую карьеру в советской системе. И, казалось, для меня не было ничего легче, чем вернуться к обычному советскому недоверию по отношению к Западу. Если старая система балансировала на грани войны с Соединёнными Штатами и НАТО, новая будет балансировать на рубеже политической конфронтации с тем же самым врагом. Да, я хорошо знал правила игры по-старому, но не мог растоптать собственную мечту о коренных переменах в нашей стране. Я гнался за Жар-птицей, а должен был радоваться пойманной курице?

Эти мысли одолевали меня весь последний год и сейчас промелькнули в голове с быстротой молнии. Я продолжил.

— Меня беспокоит стратегия, Борис Николаевич. — Его лицо потемнело, но я продолжил. — Её целью должно быть всеобъемлющее соглашение о союзе с НАТО. Однако мы видим взрыв антинатовской риторики. Это портит внутриполитический климат к выгоде неосоветских сил и готовит почву для унижения России в 1997 году, когда завершится процесс расширения НАТО. Расширение уже неизбежно, как стопроцентный прогноз дождя, и мы можем либо запастись зонтиком — зонтичным соглашением о союзе — или промокнуть.

Он почти не слушал последнюю часть моего монолога: вопрос о НАТО для него не подлежал обсуждению. Я остановился, и он сказал, словно размышляя вслух:

— Мы ошиблись, да?

Я энергично кивнул, в отчаянной надежде, что он имеет в виду нашу антинатовскую стратегию.

— Мне кажется, нам просто не хватило опыта, — продолжил он. — Иначе как бы мы могли проголосовать за ооновские санкции против Сербии в 1992 году?

Моя надежда рухнула.

— Я по-прежнему уверен, Борис Николаевич, что голосование в Совете Безопасности было отрезвляющим сигналом для Милошевича. Мы разговаривали с ним несколько дней назад на мирной конференции в Париже, и он очень высоко оценивает нашу роль. Я сказал ему, что скоро будет другой министр иностранных дел, более «просербский», но что ему не следует поддаваться искушению применять силу в Косово. Держать Милошевича под контролем — самая сложная задача нашей дипломатии на ближайшие несколько лет. И опять: этого можно достичь только в сотрудничестве с Западом.

Иллюзий у меня уже не было. Никто ещё не осмеливался читать лекции Ельцину, а тем, кто пытался, это не сходило с рук. Но я сполна использовал свой последний шанс сказать ему то, что, по моему мнению, было правильно.

— Что-нибудь позитивное для выборов есть в вашем арсенале? — его голос напрягся.

— Есть очевидные и простые вещи. «Большая семёрка» готова официально объявить себя «Большой восьмёркой», приняв Россию в статусе полного члена летом 1996 года, но объявлено об этом будет весной. Кроме того, члены этого престижного клуба уже приняли ваше приглашение провести весной в Москве чрезвычайную встречу, посвящённую ядерной энергии. Это станет не только проявлением уважения к России и её президенту, но и признанием наших достижений в области высоких технологий. Весной Совет Европы наконец примет Россию в свои ряды как полноправного члена. И последнее, но не менее важное, — главы государств СНГ просят вас председательствовать в Содружестве в следующем году. Предстоит несколько важных двусторонних мероприятий с этими странами, с которыми нас объединяет общее прошлое.

Я видел, что мои слова произвели на него впечатление, но он не хотел этого показывать. Странная мысль пришла мне в голову: все эти позитивные результаты проклятой «прозападной политики» присвоит себе безупречный патриот Евгений Примаков, который уверяет, что жёсткость в отношениях с Западом более продуктивна. И фактически западные демократические клубы будут приветствовать кремлёвского лидера после того, как он под влиянием бюрократии и силовиков окончательно откажется от попытки установить демократию.

Давая понять, что время, рекомендованное врачами для деловой встречи, вышло, Наина Иосифовна присоединилась к нам, чтобы выпить чашку чаю и немного поговорить о моей дочери Наташе, которая, похоже, ей искренне нравилась, и о своих внуках.

Прощаясь, я попросил Ельцина ответить мне по поводу будущей работы как можно скорее.

— Да, я помню и выполню наш уговор. Дайте мне ещё немного времени. В любом случае, мы ещё поговорим, перед тем как решение будет принято, — сказал он.

***

На следующее утро я отправил в Кремль заявление о бессрочном отпуске и передал помощнику заявление об отставке, чтобы он в нужный момент мог его отправить президенту. 7 января раздался звонок, и Ельцин сказал, что будет лучше, если я поработаю в думе, хотя, разумеется, мы останемся друзьями. «Полностью согласен, Борис Николаевич!» — ответил я с почти невежливым энтузиазмом: неопределённость длилась слишком долго. После этого я позвонил в мой офис, попросил помощника отправить заявление, налил стакан виски и попробовал обдумать следующий этап моей жизни.

И уже в сотый раз я вспомнил чаепитие с Ельциным у него на даче. Как я и подозревал, оно оказалось нашей последней встречей. То, что я увидел, произвело на меня гнетущее впечатление — старый больной человек, с трудом справляющийся даже с ограниченными официальными обязанностями. При этом — мечтающий об избирательной кампании и об ещё одном сроке во главе одной из самых беспокойных стран в мире, страны, отчаянно нуждающейся в динамичном лидере, полном решимости провести всеобъемлющие реформы, которые сейчас застряли на полпути.

Невыносимо было видеть, что теперь политическая повестка Ельцина свелась к выживанию на вершине бюрократической пирамиды. Эта странная конструкция была смонтирована из остатков системы, которую он однажды захотел разрушить. В этом он был похож на бо́льшую часть российских граждан, оказавшихся между двух миров — опустошённых сложностями переходного времени и не желающих ни повернуть назад, ни двигаться вперёд.

**

Ельцинская страница в книге моей жизни была перевёрнута. Не в его привычках было возвращаться к отставным помощникам, особенно ближайшим, казалось, ему было необходимо было вырвать их из своего сердца раз и навсегда. Я тоже не был готов оставаться в команде Ельцина образца 1996 года.

Думские перспективы были не намного лучше — там преобладали коммунисты, популистская банда Жириновского и черномырдинские центристы-лоббисты. Единственная партия демократического направления, «Яблоко», мне не подходила, хотя я давно знал Явлинского как преданного реформатора. Однако его соперничество с Гайдаром и другими демократическими лидерами, осложнённое симптомами звёздной болезни, подтолкнуло его к союзу с полулиберальными «шестидесятниками». Такими, как Владимир Лукин или Анатолий Адамишин, и другими политическими персонажами, которые были совсем не в моём вкусе. Если бы мне пришлось выбирать партию, я бы предпочёл «Выбор России», но она не преодолела пятипроцентный барьер. Избранный как беспартийный кандидат, я решил занять место в задних рядах, среди политически разношёрстной и неорганизованной группы независимых депутатов, мнение которых в дискуссиях не имело веса.

Вскоре я получил болезненное подтверждение моим пессимистическим ожиданиям в сфере не только политического влияния, но и финансовых возможностей депутата думы. В отличие от Америки, бывшие члены правительства в России не могут рассчитывать на доходы от публичных выступлений или издания книг — этот рынок у нас не развит. Я получал предложения от некоторых олигархов, но, если бы я принял одно из них, пришлось бы либо уйти из думы, бросив народный мандат, либо лоббировать частные интересы, злоупотребляя парламентским статусом и компрометируя его. Ни то, ни другое меня не привлекало. Тем не менее некоторое время я поддерживал дружеские отношения с некоторыми бизнесменами, которые симпатизировали реформам, и пользовался их безвозмездной поддержкой. Таких, как Олег Бойко и Владимир Гусинский.

Разговаривая с крупным бизнесом, я поражался упрощённому пониманию политики, которое разделяли многие из его представителей, в том числе молодые и успешные банкиры. Они думали, что могут купить всё, включая политиков, генералов и избирателей. И они решили поддержать переизбрание Ельцина, назначив Анатолия Чубайса, по сути, руководителем избирательной кампании (хотя должность его называлась скромно: «руководитель аналитической группы избирательного штаба). Оба эти решения хорошо иллюстрируют логику богатых «новых русских». Они почти не скрывали своих надежд на то, что слабым Ельциным, в случае его избрания при их финансовой поддержке, можно будет управлять в своих деловых интересах и что Чубайс, только что уволенный Ельциным, будет так им благодарен за своё политическое возвращение, что поможет им управлять президентом.

Тем из них, кто интересовался моим мнением, я сказал, что считаю такую стратегию ошибочной. Прежде всего Россия нуждалась в продолжении радикальных демократических и рыночных реформ. Нужно было пройти непростой путь до того времени, когда права частной собственности будут надёжно обеспечены, а с властью бюрократии и спецслужб будет покончено. Иначе все эти постсоветские состояния будут недолговечны и ненадёжны. Для этой задачи нужно найти молодого реформатора, а не обессилевшего ветерана, при всём моем уважении к Ельцину. Им может стать Явлинский или Немцов, или кто-то ещё. Шансов поднять рейтинг любого из молодых реформаторов было намного больше, чем поднять катастрофически низкий рейтинг Ельцина.

На эти аргументы мне отвечали, что в среднесрочной перспективе большому бизнесу выгоднее иметь управляемого президента и нарастить богатство, чем выстраивать отношения с условным молодым реформатором, который будет настаивать на свободной рыночной конкуренции, верховенстве закона, серьёзном ограничении коррупции и других мерах, опасных для олигархии почти так же, как для бюрократии.

Кроме того, на мой взгляд, у олигархов не было никаких гарантий, что Ельцин будет играть по их правилам. Рядом с президентом всегда будут могущественные группы и личности, которые сами захотят стать олигархами вместо того, чтобы обслуживать уже существующих. Этот довод вызывал смех и недоверие: генералы службы безопасности находились на содержании олигархов, а бюрократия в целом была слишком дезориентирована и ослаблена в постсоветской обстановке, чтобы породить что-нибудь кроме коррупции. Такое мнение разделяли почти все представители крупного бизнеса.

Моя очередь посмеяться, но без радости, пришла в декабре 1999 года, когда Ельцин ушёл в отставку и передал власть главе Федеральной службы безопасности, бывшему подполковнику КГБ Владимиру Путину, решительно собирающемуся стать царём и завести олигархов по своему выбору для управления российскими бизнес-картелями. Недавно рассекреченные записи разговоров между Биллом и Борисом показывают, что Клинтон отнёсся к этому назначению легкомысленно.

Выполнив свои депутатские обязанности до конца срока, в декабре 1999 года, я отказался от переизбрания и начал новую жизнь в качестве бизнесмена. С тех пор я занимался многим, от совместного владения и управления торговой компанией среднего размера, заседания в советах директоров российских банков, консультирования международных корпораций, действующих на развивающихся рынках, до выступления с платными лекциями о российской и международной политике.

Эпилог.
1996 и далее. Сможет ли демократия победить в России?

Надеюсь, прочитав эту книгу, читатель убедился, что в начале девяностых реформаторскому движению в России удалось взлететь на огромной волне народной поддержки. К сожалению, уже с середины десятилетия оно утратило энергию и даже повернуло вспять. Почему?

Часто приходится слышать, что русские в принципе отличаются от европейцев и органически не приемлют демократию и рыночную экономику. Я очень хотел бы, чтобы моя книга стала весомым аргументом против этих утверждений.

Я сознаю, конечно, что даже непосредственные участники исторических событий часто различаются в своих взглядах на них. Не раз с этим сталкивался. Например, участники подписания Беловежских соглашений на конференции в Гарварде, посвящённой 25-летней годовщине этого события, представили разные версии даже ключевых моментов.

И все-таки я надеюсь, что мое изложение событий очень близко к реальному. Не в последнюю очередь потому, что я старался показать их через поступки, сомнения, столкновения людей. Я старался избегать чёрно-белых оценок, потому что в жизни не так часто встречаешь абсолютное добро или абсолютное зло.

Если какая-то высшая сила и управляет событиями, то она это делает через поступки людей. Из своего опыта знаю, что люди часто встают перед выбором, который влияет на ход событий, а иногда и резко меняет его в намеченном или, наоборот, в совершенно неожиданном направлении. Попытка путча 1991 года является тому особенно драматичным примером. «Ястребы» обещали спасти Советский Союз, а вместо этого отправили его на свалку истории.

Подводя черту этим воспоминаниям, я позволю себе сделать несколько выводов.

Прежде всего, настаиваю: провал реформ в России не был неизбежен. Мы потерпели неудачу по целому ряду причин. Среди них — советская биография Бориса Ельцина, которая в кризисных ситуациях тянула его назад. К сожалению, демократы, к которым я отношу и себя, не смогли действовать самостоятельно, не преодолели соперничество между собой и не выдвинули нового лидера. Это было нашей главной ошибкой и основной причиной поражения демократии в России. Мои друзья-реформаторы и я — мы разделяем ответственность за эту неудачу.

В годы реформ народ был изнурён экономическими трудностями и предан политиками, не желавшими, а скорее — неспособными идти вперёд. Властные структуры контролировались глубоко укоренившейся бюрократией, спецслужбами и растущей буржуазией, а не гражданским обществом.

В девяностые так и не было установлено никакого демократического гражданского контроля над КГБ. КГБ поменял имя (теперь это ФСБ и СВР), но суть его в новой России осталась прежней. Это поражало меня всякий раз, когда я имел дело с этими ведомствами или его представителями. То же самое произошло с армией и с милицией (ныне — полицией).

Первый российский президент продолжал опираться на силовые ведомства, хотя все они насаждали враждебность к Америке и к НАТО. Это было для них принципиально важно. Если бы не было расширения НАТО, они бы нашли другой предлог для антиамериканской и антизападной пропаганды. Даже если бы НАТО самораспустилась, остались бы ещё Пентагон и ЦРУ, которых можно было бы держать за врагов. Образ Запада как врага служил предлогом для оправдания власти силовиков над обществом. Ельцин пошёл у них на поводу, и вскоре стал сам использовать антизападную риторику. Так он рассчитывал компенсировать потерю популярности и отвлечь внимание от своей растущей неспособности руководить страной.

Надежды на то, что предприниматели станут новой позитивной силой в модернизации и развитии страны, быстро сошли на нет. Многие представители этого класса были бывшими правительственными чиновниками и советскими директорами заводов. Бюрократическое управление экономикой было фирменным знаком советского государства и осталось преобладающим в новой России, несмотря на реформы. Их половинчатый характер и незавершённость были на руку тем, кто сохранял позиции или связи в государственном аппарате. Среди новобранцев капитализма наиболее выдающимися и успешными стали молодые предприниматели, которые смогли вписаться в эту бюрократическую систему и играть по её правилам.

Противоречивая программа приватизации позволила старой и новорусской элите захватить государственные активы. Большинство этих бизнесменов получали особенно большую выгоду от теневой и полутеневой торговли природными ресурсами, особенно нефтью. Держатель актива продавал сырьё по низким внутренним ценам или обменивал по бартеру какому-то аффилированному посреднику, который затем экспортировал его на западные рынки по намного более высокой цене и откатом возвращал деньги источнику. Бывшие сотрудники КГБ и других силовых ведомств принимали активное участие в таких бизнесах, обеспечивая защиту, что закладывало их будущую экономическую и финансовую базу.

Результатом стало возникновение российских олигархов и вопиющее экономическое неравенство. Рост богатства немногих контрастировал с тяготами большинства. В народном сознании эти перемены произошли под знаменем капитализма, демократии и прозападной внешней политики. Подъём олигархов нанёс огромный ущерб этим понятиям в глазах рядовых россиян.

К 1993 году коррумпированная военно-полицейская бюрократия в переплетении с новой олигархией достигла достаточной критической массы, чтобы приступить к пошаговому захвату власти. С одной стороны, новый правящий класс зависел от торговли с Западом и предпочитал хранить свои деньги в западных банках, но с другой, он отчаянно пытался уменьшить западную конкуренцию своим отечественным активам. Он видел угрозу Запада не только в том, что тот поддерживал права человека и демократию, но и в его более высоком уровне конкуренции и прозрачности. Новые русские бизнесмены хотели иметь нефтедоллары, высококачественные западные товары, роскошные особняки в Лондоне, Нью-Йорке и Париже, и в то же время они отвергали равноправное сотрудничество с Западом и западные ценности. В том числе потому, что не смогли бы преуспеть экономически, соблюдая западные стандарты.

В 1996 году президент Ельцин назначил главу Службы внешней разведки Евгения Примакова министром иностранных дел с целью изменить мою «прозападную» внешнюю политику. В 1999 году он же назначил директора ФСБ Владимира Путина главой правительства, обеспечивая ему отличную стартовую позицию на очередных президентских выборах. Уже тогда, в 99-м, Ельцина обвиняли в том, что он с помощью Путина хотел гарантировать безопасность себе и своей семье. Сторонники Ельцина отвергали эти обвинения, заявляя, что Путин образца 1999 года был прозападным демократом. Думаю, они не заметили (или сделали вид, что не заметили) всё большей опоры Кремля на коррумпированную бюрократию, олигархов и наследников КГБ. Выбор Путина преемником был неслучаен, базовые скрепы его режима, не в последнюю очередь — идеология враждебности демократическому Западу — складывались с середины девяностых. В итоге сама идея демократии оказалась дискредитированной. Замечу также, что объективно этому способствуют и попытки некоторых сторонников реформ замолчать в широких публичных дискуссиях негатив второй половины девяностых из-за стремления идеализировать Ельцина как историческую фигуру. ˙

Выходец из КГБ, Путин очень быстро начал укреплять властные и силовые структуры советского типа, поставив бывших офицеров КГБ на влиятельные должности. Политическая система в России уже давно не имеет ничего общего с теми идеалами, за которые мы боролись в начале девяностых. Экономика окончательно возвращается под контроль государства, а значит — бюрократии. Сегодня Кремль контролирует все важнейшие отрасли: прежде всего нефтегазовый комплекс, энергетику и оборонную промышленность. Судебная система, без которой немыслимы демократия и цивилизованный рынок, подмята Кремлем. И, разумеется, он контролирует СМИ — от традиционного ТВ до интернет-ресурсов.

На этом фоне растёт социальное расслоение. Один процент населения России владеет семьюдесятью пятью процентами богатств страны. При этом государственная пропаганда подогревает ностальгию по советским временам. Это помогает направить недовольство рядовых россиян на реформаторов девяностых. Как будто бы не Путин находится у власти уже третье десятилетие — достаточное время, чтобы исправить любые возможные ошибки предшественников.

Советское наследие давит на российскую внешнюю политику, которая, по сути, сегодня опирается на стереотипы холодной войны. Всё, с чем я боролся в девяностые — антиамериканизм, неприятие НАТО, вмешательство в дела соседних государств, — всё это вновь на вооружении российских властей.

По сути, победила партия войны, против которой я выступил во время противостояния в Кремле жарким летом 1992 года. Только теперь эта партия действует не в конфликте с зарождающейся демократией, как в начале девяностых, а как неотъемлемая часть воинственного авторитарного режима, воплощения агрессивного национализма и милитаризма. Агрессия, скрытая и открытая, превратилась в средство удержания власти.

Используя старые и новые подрывные средства, включая кибер- и информационное оружие против демократий в Америке и Европе и против стремящихся к демократии Украины и Грузии, Кремль вновь вступил на тропу холодной войны.

Моя карьера в советском МИДе совпала с президентством Рональда Рейгана. Первым делом он выступил против СССР политически — как против «империи зла», и подкрепил эти слова размещением в Европе ракет «Першинг-2», чтобы противостоять советским ракетам СС-20, которые Кремль рекламировал как неуязвимые. Это был сильный шаг. Именно в ответ на него советские вожди стали искать пути к диалогу. Горбачёв заговорил о новом политическом мышлении вместо угроз в адрес Запада и не только свернул интервенцию в Афганистане, но и ослабил железную хватку в восточноевропейских странах-сателлитах. Эти перемены открыли путь для диалога, и стороны договорились о значительных сокращениях вооружений. Берлинская стена пала. Твёрдость в политике таким образом доказала свою эффективность.

Защитники Путина на Западе приводят доводы в пользу «большой сделки». Они предполагают, что, если ему дать «на откуп» пространство бывшего СССР в обмен на сотрудничество с Западом в других очагах напряжённости, это принесёт позитивный результат. Уверен, что такая политика стала бы не только предательством по отношению к миллионам людей в этих регионах, но и близоруким повторением политики умиротворения, которая уже не раз в истории приводила к катастрофическим результатам.

Амбиции Кремля далеко не ограничиваются пределами бывшего СССР. Из первой пятёрки стран — получателей российской зарубежной помощи за последние десять лет только одна находилась в его границах. Четыре остальных — это Куба, Венесуэла, Сирия и Северная Корея. А киберoperaции против демократии носят глобальный характер.

Размахивая ядерной дубинкой, Путин делает ставку на создание образа самого сильного мирового лидера. При этом под его руководством экономика страны стагнирует и сейчас составляет менее одной десятой экономики США. Тем не менее он претендует на то, чтобы разговаривать с Вашингтоном с позиции силы. Сегодня популярный при коммунистическом режиме лозунг Кремля «Пролетарии всех стран, соединяйтесь!» звучал бы как «Автократы, за мной против свободного мира!»

Апологеты Кремля и их западные единомышленники любят говорить, что Америка унизила Россию после развала СССР, а расширение НАТО разбило наивные надежды ранней ельцинской администрации на добрососедские отношения с Западом. Это прямое искажение фактов. Администрация Клинтона действительно не оказала Ельцину достаточной помощи для перехода к свободной рыночной экономике и не нашла должного понимания с ним по ключевым вопросам внешней политики, особенно в вопросе расширения НАТО. Однако Вашингтон был далёк от того, чтобы унижать или отталкивать Россию. В целом США и Запад оказали значительную политическую и экономическую помощь России и предложили бывшему противнику партнёрство с НАТО, основанное на общих демократических ценностях. Москва отвергла это и повернулась спиной к партнёрству, используя в качестве предлога ошибки отдельных политиков и дипломатов в Вашингтоне.

Партнёрство, а затем союз с Западом — это не уступка ему, а трудная задача на годы вперед. Как говорил Черчилль, «Демократия — наихудшая форма правления, если не считать всех остальных». Избравшие её страны не идеальны и весьма различны, политические настроения и правительства в них меняются регулярно. С этим приходится считаться. Надо учиться сотрудничать и спорить. Идеализация этих партнёров почти так же вредна, как и их демонизация. Но все другие гораздо хуже.

Другая ложная идея, которую регулярно навязывают общественному мнению, чтобы объяснить агрессивность Кремля сегодня, состоит в том, что России и русским судьбой назначено быть недемократичными и империалистическими. На самом деле русская культура и идентичность всегда были связаны с Европой. Мечта о том, что когда-нибудь мы будем «жить как люди», глубоко укоренена в русской душе. Как какие люди? Китайцы? Северные корейцы? Конечно, как европейцы: при демократии, с более высоким уровнем жизни.

Сегодня интересы режима более, чем когда-либо противоречат настоящим национальным интересам России. А они состоят в том, чтобы догнать другие европейские страны, которые после Второй мировой войны отказались от устаревших исторических трактовок своих национальных интересов. Вместо того чтобы в сотрудничестве с Украиной преодолевать тяжёлое советское наследие, строить современное общество и двигаться в Европу,

Россия втянута в преступную кровавую войну с этой страной. И это в то время, когда эпоха колониальных войн в Европе давно отошла в прошлое!

Например, Франция и Германия прекратили соперничать за дополнительные территории в Европе. Вместо этого, наряду с другими европейскими странами, они нашли свой национальный интерес в построении сотрудничества и открытого общества. Новые демократии в бывших советских сателлитах в Центральной Европе последовали их примеру. Не НАТО наступает и расширяется за их счёт, а они вступают в НАТО, которая обеспечивает мир и безопасность на европейском пространстве, веками страдавшем от войн, причина которых — не только и даже не столько агрессия со стороны России, сколько внутренние конфликты между населявшими его народами. Об этой роли НАТО в Западной и Центральной Европе хорошо бы помнить тем, кто любит задавать вопрос, почему НАТО не самораспустилась, когда распался Варшавский договор. Потому что Варшавский пакт был навязан Советским Союзом, чтобы крепче держать так называемые социалистические страны в подчинении, в то время как НАТО была и остаётся добровольным союзом, цель которого — обеспечение безопасности его членов. Абсурдно даже думать, что этот союз благополучных стран хотел бы напасть на огромную Россию, обладающую ядерным оружием. Зачем? Чтобы захватить природные ресурсы, которые еще Советский Союз охотно поставлял на Запад?

Я уже был свидетелем того, как русские поднялись с колен, чтобы построить в стране демократию. Это случилось в конце восьмидесятых годов, когда они избрали Бориса Ельцина президентом и демократически настроенных представителей в парламент — с народным мандатом на проведение реформ в европейском духе. Они стояли живой стеной вокруг российского Белого дома в августе 1991 года и победили. На плечах той победы Россия успешно следовала своему реальному национальному интересу — сотрудничала с соседними и наиболее развитыми странами, прежде всего с Америкой, в начале девяностых годов. Я горжусь той политикой, которая всё ещё остаётся в памяти народа как обещание на будущее.

Российскую демократию не удалось создать в 1990-е годы потому, что её предали те, кто ей клялся в верности, но спасовал перед трудностями политической борьбы и риском потерять обретённую власть. Они предпочли сделку с нереформированными силовыми структурами, управленческой бюрократией и олигархами, используя для оправдания привычные антизападные и националистические политические установки.

Эта книга, надеюсь, поможет реформаторам, которые придут нам на смену в России, а также их американским и всем западным друзьям избежать прошлых ошибок.

Рано или поздно Россия присоединится к семье европейских народов, избравших мир вместо войн, будущее вместо прошлого, взаимное уважение вместо имперских амбиций.

Рано или поздно русский народ снова поднимется и заявит свои права на Россию, которой он достоин.

Гонорар за эту книгу автор направляет на поддержку независимого российского гражданского общества, свободных СМИ и правозащитников, многих из которых вынудили эмигрировать из-за репрессивной политики Кремля.

В издательстве Freedom Letters вышли книги:

Проза
Владимир Сорокин. НАСЛЕДИЕ
Дмитрий Быков. VZ. ПОРТРЕТ НА ФОНЕ НАЦИИ
Дмитрий Быков. ЖД
Дмитрий Быков. КВАРТАЛ
Дмитрий Быков. БОЛЬ/ШИНСТВО
Сергей Давыдов. СПРИНГФИЛД
Алексей Макушинский. ДИМИТРИЙ
Ваня Чекалов. ЛЮБОВЬ
Сборник рассказов МОЛЧАНИЕ О ВОЙНЕ
Юлий Дубов. БОЛЬШАЯ ПАЙКА
Первое полное авторское издание
Юлий Дубов. МЕНЬШЕЕ ЗЛО
Послесловие Дмитрия Быкова
Ася Михеева. ГРАНИЦЫ СРЕД
Николай Йорданов. НЕ ГОВОРИ МАМЕ!

Серия «Крафт»
Илья Воронов. ГОСПОДЬ МОЙ ИНОАГЕНТ
Ксения Букша. МАЛЕНЬКИЙ РАЙ
Константин Куприянов. НОВАЯ РЕАЛЬНОСТЬ

Серия «Лёгкие»
Иван Филиппов. МЫШЬ
Сергей Мостовщиков, Алексей Яблоков
ЧЕРТАН И БАРРИКАД. Записки русских подземцев
Елена Козлова. ЦИФРЫ
Иван Чекалов, Василий Тарасун
БАКЛАЖАНОВЫЙ ГОРОД, или Бутылочные эпизоды
Валерий Бочков. БАБЬЕ ЛЕТО
Юрий Троицкий. ШАТЦ

Серия «Отцы и дети»
Иван Тургенев. ОТЦЫ И ДЕТИ
Предисловие Александра Иличевского
Лев Толстой. ХАДЖИ-МУРАТ
Предисловие Дмитрия Быкова
Александр Пушкин, Тарас Шевченко, Николай Карамзин,
Евгений Баратынский, Михаил Лермонтов,
Григорий Квитка-Основьяненко
БЕДНЫЕ ВСЕ
Предисловие Александра Архангельского

Александр Грин. БЛИСТАЮЩИЙ МИР
Предисловие Артёма Ляховича
Михаил Салтыков-Щедрин. ИСТОРИЯ ОДНОГО ГОРОДА
Предисловие Дмитрия Быкова

Детская и подростковая литература
Александр Архангельский. ПРАВИЛО МУРАВЧИКА
Сборник рассказов для детей 10–14 лет СЛОВО НА БУКВУ «В»
Шаши Мартынова. РЕБЁНКУ ВАСИЛИЮ СНИТСЯ
Shashi Martynova. BASIL THE CHILD DREAMS
Translated by Max Nemtsov
Алексей Шеремет. СЕВКА, РОМКА И ВИТТОР

Поэзия
Демьян Кудрявцев. ЗОНА ПОРАЖЕНИЯ
Дмитрий Быков. НОВЫЙ БРАУНИНГ
Татьяна Вольтская. ТЫ ДОЖИВЁШЬ
Вера Павлова. ЛИНИЯ СОПРИКОСНОВЕНИЯ
Алина Витухновская. ТИХИЙ ДРОН
Евгений Клюев. Я ИЗ РОССИИ. ПРОСТИ
Виталий Пуханов. РОДИНА ПРИКАЖЕТ ЕСТЬ ГОВНО
Вадим Жук. СЛИШКОМ ЧЁРНАЯ СОБАКА
Дифирамб Владимира Гандельсмана
Сборник современной поэзии
КАК НАМ ЭТО ПЕРЕЖИТЬ/
HOW ARE WE MEANT TO SURVIVE THIS
Составитель Татьяна Бонч-Осмоловская

Драматургия
Светлана Петрийчук
ТУАРЕГИ. СЕМЬ ТЕКСТОВ ДЛЯ ТЕАТРА
Предисловие Михаила Дурненкова
Сергей Давыдов. ПЯТЬ ПЬЕС О СВОБОДЕ
Сборник ПЯТЬ ПЬЕС О ВОЙНЕ
Составитель Сергей Давыдов

«Слова України»
Генрі Лайон Олді. ВТОРГНЕННЯ
Генри Лайон Олди. ВТОРЖЕНИЕ
Генрі Лайон Олді. ДВЕРІ В ЗИМУ
Генри Лайон Олди. ДВЕРЬ В ЗИМУ
Генри Лайон Олди. ЧЁРНАЯ ПОЗЁМКА
Андрій Бульбенко, Марта Кайдановська
СИДИ Й ДИВИСЬ

Серия «Версии»
Хаим Бен Яков. ЧЕМОДАН, ВОКЗАЛ, ИЗРАИЛЬ
К истории антисемитизма в СССР
Вступительное слово Тамары Эйдельман
Предисловие Давида Маркиша

Серия «Не убоюсь зла»
Натан Щаранский. НЕ УБОЮСЬ ЗЛА
Илья Яшин. СОПРОТИВЛЕНИЕ ПОЛЕЗНО
Выступления российских политзаключённых и обвиняемых
НЕПОСЛЕДНИЕ СЛОВА